AtV

»Demokratie« ist am Ende des 2. Jahrtausends zum Spielball von Wirtschaft, Parteien, Karrieristen und Medien geworden. Dominanzstrategien haben Vorrang vor weitsichtiger Vernunft.

Im Kosovo-Konflikt wurde der politische Diskurs in seltener Einmütigkeit drastisch verengt und auf die NATO-Doktrin eingeschworen. Einstige Antimilitaristen wie Scharping und Fischer übertrumpften sich darin, die Bundesrepublik kriegskompatibel zu machen. Auch die wenigen Kritiker aus den eigenen Reihen wurden als Verräter ausgegrenzt und die Schäden des Krieges vertuscht.

Das Ausblenden der Realität, die gefährliche Demontage des Rechts, der Demokratie und der Solidarität ist keine zwangsläufige Folge internationaler Verpflichtungen und nationaler Zwänge, sondern Resultat der Furcht, konfliktbereit Politik zu betreiben, die sich am Grundgesetz orientiert. Um so dringlicher ist es, den Ausbau plebiszitärer Elemente zu initiieren, wenn die Bürgergesellschaft sich nicht selbst entmündigen will.

Stefanie Christmann
Dieter S. Lutz

Die Zerstörung der Vernunft in Zeiten des Krieges

Zum Demokratieverlust nach 1989

Aufbau Taschenbuch Verlag

ISBN 3-7466-7024-1

1. Auflage 2000

Umschlaggestaltung Henkel/Preuße & Hülpüsch Grafik Design
unter Verwendung eines Fotos von PhotoDisc GmbH
Satz LVD GmbH, Berlin
Druck Elsnerdruck GmbH, Berlin
Printed in Germany

www.aufbau-taschenbuch.de

Inhalt

Stefanie Christmann

Vernunft zu *vernünftig* zu beugen, wird *modern* – schließlich *sind wir wieder wer*!

Das letzte Jahrzehnt des 20. Jahrhunderts begann mit der Hoffnung auf eine Zeit des Friedens. 1990 schien die Vision greifbar nahe: Nun werde statt in Rüstung in Vernunft, in sozial, ökologisch und global nachhaltige Entwicklung investiert. Die Frage, ob NATO und Warschauer Pakt künftig noch notwendig seien, wurde diskutiert. Für einen kurzen Moment glaubten manche, nun werde der Geist der Nord-Süd-Kommissionen von Willy Brandt und Gro Harlem Brundtland konkrete Politik. Als 1992 Al Gore, der Autor des Buchs »Wege zum Gleichgewicht. Ein Marshallplan für die Erde«, Vizepräsident der einzig verbliebenen Weltmacht wurde, war diese Hoffnung in Deutschland schon zerstoben. Sieben Jahre später, am Ende des Jahrzehnts, griff Deutschland sogar gemeinsam mit den USA und den anderen NATO-Verbündeten aus der Luft Jugoslawien an, verwüstete und vergiftete eine Region. Unbestreitbar ein Bruch des Völkerrechts. Die vollständige Abwendung von der Vernunft. Mehr als einen Monat dauerte dieser nie erklärte Krieg. Eine Situation, die für Deutsche in Ost und West über Jahrzehnte unvorstellbar gewesen war. Nun galt sie als *vernünftig,* und es gab kaum Proteste. Kein Vergleich zu den Demonstrationen gegen den Golfkrieg, der noch eindeutig als gefährliche Unvernunft verstanden worden war und bei dem Deutschland eine sehr viel marginalere Rolle gespielt hatte.

Was also war geschehen während des vergangenen Jahrzehnts? Wie wurde das Tabu des Krieges in der seit 1945 friedenswilligen Bevölkerung gebrochen? Wer betrieb wie den Prozeß der Umwertung von Krieg zum hehren Instrument der Wahrung von Menschenrechten? Weshalb überließen die BürgerInnen ihren Repräsentanten die Entscheidung über Krieg und Frieden ohne in großer Zahl protestierend auf die Straße zu gehen? Die Proteste gegen den NATO-Überfall waren minimal, vergleicht man sie mit den Großdemonstrationen gegen den NATO-Doppelbeschluß. Ostern 1999 bombardierte Deutschland mit der NATO Jugoslawien – trotzdem erreichten die Ostermärsche nicht Teilnehmerzahlen wie zu Beginn und Mitte der 80er Jahre, zu Friedenszeiten.

Die Euphorie der Vereinigung führte nicht zu einer Politisierung der BürgerInnen, sondern im Gegenteil: Heute schweigt die Mehrheit außerhalb der Wahlen, schaut allenfalls zu. Die Zahl der Nichtwähler steigt insbesondere bei den wirtschaftlich Ausgegrenzten in erschreckendem Maße. Immer mehr BürgerInnen scheinen die Hoffnung aufgegeben zu haben, auf der staatlichen Ebene mitgestalten zu können. Sie haben sich stattdessen zurückgezogen in lokale Initiativen, Kirchen und Nichtregierungsorganisationen. Nahmen die vielen Schritte der Entsolidarisierung, die vielen Rechtsmißbräuche des Staates gegen die Bürger, die ständigen (gebrochenen) Wahlversprechen, die Parteien würden ihren Wählern die Sorgen abnehmen, paternalistisch Zukunft managen, den Bürgern ihre Lust, sich politisch zu beteiligen? Der insbesondere von Kanzler Gerhard Schröder Ende der 90er Jahre vorgetragene Satz, es gebe zum eingeschlagenen Weg keine Alternative, machte die trotzige Suche nach einem besseren Weg für viele sinnlos. Ist es Resignation oder haben immer mehr Deutsche das Vertrauen in ihr eigenes Urteilsvermögen verloren? Wenn ja, weshalb? Erziehungsmuster tradieren sich über Generationen. Auch Systemwechsel für eine Dauer von 40 bis 50 Jahren haben keine alles verändernde Wirkung, sondern führen nur zu graduellen Unterschieden. Das weitgehende Schweigen zum Jugoslawienkrieg (vor allem im Westen Deutschlands) konfrontiert deshalb mit der Frage, ob Demagogen an vertraute, seit Generationen weitergegebene Kindheitsmuster angeknüpft, sie sich zunutze gemacht haben, auf daß Frauen und Männer, Erwachsene und Jugendliche (wieder) Untertanen wurden.

Politik wird Ende der 90er mehr als noch vor zehn Jahren als Infotainment präsentiert: Shows und Talkshows sind zu wichtigen low-level Foren der Politikpräsentation geworden. Sie drängen fundierte Politmagazine in die zweite oder dritte Reihe. Für den Bürger haben diese Showkämpfe bei Böhme, Christiansen & Co. nur Unterhaltungswert, aber keine (gesetzlichen) Konsequenzen. Hinzu kommt die endlose Wiederkehr von Fernsehbildern, die nichts als gepanzerte Wagen zeigen, in denen Politiker zu Begegnungen gefahren werden, ohne daß dort Entscheidenderes geschähe als shake hands eines exklusiven Kreises vor den Blitzlichtern der Kameras. Ein öffentlicher Ritus, bei der die bloße Begegnung zur Erlösung von Problemen geweiht wird. Nur bleibt das beschworene Wunder aus. Hat die dauernde Wiederholung solcher Bilder dazu geführt, daß Fernsehzuschauer auf der einen Seite Politik nur noch als virtuelles Spiel erleben, während auf der anderen Seite Arbeitsplatzverlust und gekürzte Sozialleistungen schmerzhaft spürbarer Alltag sind? Können diese beiden Ebenen nicht mehr verbunden werden? Möglicherweise sind die BürgerInnen aber auch vom Ausmaß der politischen und wirtschaftlichen Globalisierung derart schockiert, daß sie nicht mehr hoffen, ihre nationalen Repräsentanten könnten darauf Einfluß nehmen.

Gedanken-, Fragensplitter. Nicht zu allen Fragen sollen, können Antworten präsentiert werden. Sie alle kreisen um das Phänomen der Akzeptanz demokratieunwürdiger, sich jeder Vernunft versagender Politik, die sich im Kosovokrieg manifestierte. Weshalb wurde zehn Jahre nach dem Mauerfall die Hoffnung aufgegeben, mit einer Politik der Vernunft könne man Frieden schaffen? Können Vernunft und Demokratie re-animiert werden?

Ein Grund für die weitgehende gesellschaftliche Apathie gegenüber der Frage von Krieg und Frieden, ist wahrscheinlich der Umstand, daß es im vereinigten Deutschland nicht gelungen ist, eine kollektive Identität zu entwickeln. Menschen können das ideelle Fundament verteidigen, auf dem sie stehen, wenn sie es kennen und sich mit ihm identifizieren; sie können sich gegen das Eindringen zerstörerischer Ideen in ihr Haus wehren. Aber wie will jemand einen ideellen Ort behaupten, mit dem ihn nur wenig mehr verbindet als der Zufall? Genau dies trifft aber seit der Vereinigung für viele zu.

Was bedeutet es, daß beide Teile Deutschlands 1989/90 Freiheit und nationale Souveränität gewonnen haben? Freiheit ist das Recht, die eigenen Maßstäbe selbst zu bestimmen, sie im Kollektiv mitzubestimmen. Weshalb waren sich die Deutschen vor zehn Jahren dieser Freiheit sehr bewußt, 1999 aber kaum? Gerade weil Deutschland wieder militärische »Einsätze durchführt« und Menschen in Folterstaaten abschiebt, gebietet es die Vernunft, sich bewußt zu werden, wie weit persönliche Verantwortung gehen kann und unter Umständen gehen muß. Welchen Umfang hat Freiheit? – Aus der Sicht derer, die einen reibungslos funktionierenden Staat wollen, ist es natürlich nicht *vernünftig,* diese Frage zu stellen. Was also wurde in diesem Jahrzehnt *vernünftig*, »normal«, »unvermeidbar« – und war es das wirklich? Wie veränderten sich das Selbstbild und das Rollenverständnis der politischen Klasse?

Das Selbstverständnis der 90er Jahre war: *Wir sind wieder wer!* Dies gilt insbesondere für die politische Klasse, deren neues Selbstwertgefühl sich mehr und mehr verselbständigte. Das gesteigerte Selbstbewußtsein führte zum überheblichen Standpunkt, man könne das tun, was einem besonders nützlich sei. Das Gemeinwohl geriet derart aus dem Blickfeld, daß mit dem Arbeitsplatzargument u. a. von Gerhard Schröder sogar Rüstungsexporte »gerechtfertigt« werden. Ergebnis des neuen Gefühls eigener Stärke war auch eine Aufwertung des Militärischen. Verbrämt wurde der pragmatisch-egoistische Charakter des Wortes »nützlich« mit der Vokabel *»vernünftig«,* die in langen Jahrzehnten der Be- und Vernutzung durch die (klein-)bürgerliche Familie[1] ihren Sinnzusammenhang mit dem Wort »Vernunft« nahezu verloren hat zugunsten von Bedeutungsaspekten wie: pragmatisch, im Rahmen eigener oder sogar egoistischer Interessen momentan sinnvoll, opportun, opportunistisch. Nicht von ungefähr ist *vernünftig* ein Lieblingswort der heute Regierenden (insbesondere Gerhard Schröders), ebenso wie *modern,* der Euphemismus für reaktionäre Anpassung an die Interessen des Kapitals.

Die Frage nach dem *»wer«* (wir wieder sind) wurde im übrigen kaum diskutiert. Auch die Dekade nach dem Epochenbruch brachte bezeichnenderweise keine zukunftsfähige Vision einer nachhaltigen Gesellschaft hervor, sondern re-etablierte neoliberalen Zeitgeist und die Anpassung an den common sense der Mächtigen, seien es die USA, die Deutsche Bank oder der BDI.

Die Zerstörung der Vernunft, ihre Beugung zu *vernünftig*, wird in den 90er Jahren begünstigt von dem Rahmen, den die Interessen dieser Starken für die Außen- und die Wirtschaftspolitik vorgeben. Dagegen sind in den 90er Jahren Vernunft und Verantwortungssinn des Club of Rome aus dem Blickfeld geraten.

Vernunftgeleitete Politik der Selbstbeschränkung wurde zugunsten *vernünftiger* Lösungen diskreditiert. Roman Herzogs Forderung, man solle *»unverkrampft«* diskutieren, beinhaltet – anders als die Vokabel »offen« – die abwertende Unterstellung, die Art früherer Diskussionen sei verkrampft, voreingenommen, »behindert«, unfrei gewesen. Das Unwort des ehemaligen Bundespräsidenten eroberte im Flug die politische Sprache: *»Unverkrampft«* wurden Grundrechte eingeschränkt und das soziale Netz noch weiter durchlöchert, *»unverkrampft«* wurden Gruppen aus der Gesellschaft ausgeschlossen, indem man sie als »Mißbraucher« (Heribert Prantl) an den Pranger stellte – nur weil sie ihnen gesetzlich zustehende Rechte in Anspruch nahmen. »Unverkrampft« betrieb man die Zerstörung demokratischer Kultur im Namen und im Rahmen des *Vernünftigen*. *»Unverkrampft«* diskreditierte Roman Herzog mit seinem Diktum, als souveräner Staat könne sich Deutschland nicht mehr auf Scheckbuchdiplomatie zurückziehen, das hohe politische Gut der Selbstbeschränkung und den Friedenswillen der Bevölkerung.

Wir sind wieder wer! Der Satz war 1990 Allgemeingut, wurde aber von der Bevölkerung in Ost- und Westdeutschland und auch von den Generationen mit sehr unterschiedlichen Inhalten gefüllt. Dem zum Trotz griffen Politiker dieses Gefühl sogleich auf, instrumentalisierten es über die Köpfe der Bevölkerung hinweg. Damit waren auch eine qualitative Veränderung und eine Radikalisierung nach rechts verbunden.

Wir sind wieder wer! Im Westen schwoll aus vielerlei Gründen die Brust: Der Osten, der »Verlierer«, war keine Konkurrenz, sondern Chance: für die Ausweitung des Geschäfts, für Gewinn, für die Karriere, bei manchen für die Zuerkennung ehemaligen Besitzes. Das zahlenmäßige Verhältnis der Bevölkerungen von 3 : 1, die wirtschaftliche Potenz des Westen und die angemaßte Richterrolle, die fortdauernde Gültigkeit des West-Rechts garantierten dem Westen das Sagen.

Der Zusammenbruch des anderen Deutschlands wurde umgemünzt in den Sieg des eigenen Systems. Das war *vernünftig* in den Augen der Stärkeren. Dabei steht das Westsystem umso makelloser da, je mehr die DDR diskreditiert wird. Und je makelloser, desto leichter, die Pflicht der Vernunft, die Selbstbeschränkung, über Bord zu werfen. Die Gauck-Behörde erfüllte auch in diesem Sinn einen politischen Zweck. Die Diffamierung der DDR trieb grelle Blüten, vor allem dann, wenn sie unmittelbar mit Gewinn- oder Auflageninteressen verbunden war. So beispielsweise, als der »Spiegel« unter dem reißerischen Titel »Kinder für Führer und Stasi« berichtete, daß der Staatssicherheitsdienst Biographien einzelner »Lebensborn«-Kindern benutzte, um Agenten im Westen zu plazieren (Der Spiegel, 25/1997). Feindbildaufbau unter dem Deckmantel »Aufklärung«.

Kohl und Genscher präsentierten die 2+4-Verträge als Gewinn nationaler Souveränität. Die Abkommen waren in gewissem Sinne (z. B. bei territorialen Fragen) ein Schlußstrich unter die Geschichte des Nationalsozialismus, sie läuteten fatalerweise aber auch die Reflexionen ein über einen Schlußstrich unter die Shoah. Nun sprach man von »Normalität«, eine Vokabel, die zum Synonym für Konformität, für die willige Unterwerfung unter die Entscheidungen der Stärkeren (USA, NATO) wurde. Rasch wurde die Frage, ob Deutschland ein Platz im Sicherheitsrat der Vereinten Nationen zustehe, zum Thema gemacht. Öffentliche Gelöbnisse und medial inszenierte »humanitäre« Einsätze der Bundeswehr bahnten dem erneuten Vormarsch des Militärischen, einer *normalen Nation* den Weg, die sich *vernünftig* ins Glied der Staatenwelt einreihte. Diskussionen über die Notwendigkeit des Aufbaus von Krisenreaktionskräften waren bald kein Tabubruch mehr, sondern *»normal«*[2]. Die Hoffung, man könne den Verzicht auf Militär zur Norm machen, versickerte.

Die gewonnene Weltmeisterschaft 1990 setzte sogar »die Überlegenheit der Deutschen« erlebnisbeteiligend ins Bild. Bereits am Abend des Endspiels zogen Gruppen junger Männer die Deutschlandfahne schwingend durch die Innenstädte, pöbelten Ausländer an und solche, die sie dafür hielten, und interpretierten den Satz im Sinne wachsenden Dominanzdenkens: *Wir*, nicht ihr, *sind wieder wer*. Die Koalition von CDU/CSU und FDP griff dies mit ihrem verheerenden Bild »Das Boot ist voll« gerne auf.

Wir sind wieder wer! Im Osten fühlten sich viele – mit etwas Westgeld und Reisefreiheit ausgestattet – nun endlich auch als »Bürger erster Klasse« (Christiane Ziller), wenn auch nur für kurze Zeit. Viele wollten zunächst ganz in die

Westkultur eintauchen. Manche hofften auf Wiedergutmachung für geleistete Reparationen an die Sowjetunion. Schließlich war der Reichtumsrückstand der DDR auch Ergebnis der deutlich höheren Reparationsleistungen an die Sowjetunion.

Daß man nur im Westsystem *wieder wer* sein könne, wurde zum unausgesprochenen Dogma. Für etliche Bürgerrechtler war weniger *»wir«* als vielmehr *»wieder«* das entscheidende Wort: Sie wollten ihre vom DDR-Staat gebrochenen Biographien hinter sich lassen, endlich eine besondere Rolle im mainstream spielen, was sie zu einer Zusammenarbeit mit der Westelite verführte. Zuvor allerdings wollten sie – verständlicherweise – ihre Verfolgung durch den DDR-Staat aufdecken. Die Akten über ihre Bespitzelung waren die Beweismittel der herausgehobenen individuellen Identität der Bürgerrechtler. – Auch die Mitläufer des Regimes, die Masse der Bevölkerung, hatten ein Interesse am *Wir sind wieder wer!*-Gefühl und an der Herabsetzung der DDR insgesamt. Denn je größer die Schrecken des alten Systems, desto mehr waren die Mitläufer vor möglichen Vorwürfen geschützt, sie hätten sich dem System widersetzen können und müssen. – Diese Einstellung der Mehrheit im Osten und eben auch der Bürgerrechtler erleichterte dem Westen seinen Siegeszug.

Mit der Vereinigung wurden 45 Jahre unterschiedlicher Entwicklung weggewischt, als hätten sie keine – möglicherweise – divergierenden Träume hervorgebracht. War die Vorstellung, 1989 habe es noch eine Art gesamtdeutschen Nationalbewußtseins gegeben, auf der Realität gegründet oder Wunschvorstellung oder zweckdienliche Behauptung? Sollte der Anschluß der DDR ans kapitalistische Westsystem der Idee Sozialismus die letzten Funken ausschlagen?

Die Vereinigung selbst gab bereits einen Vorgeschmack auf das kommende Jahrzehnt, das stetig mehr die Ideologie manifestierte: »Es gibt keine Alternative«. Gab es wirklich keine Alternative zur Vereinigung, die insbesondere von den

Politikern der älteren Generation zielstrebig betrieben wurde? Willy Brandt und Richard von Weizsäcker erklärten beide – mit der Formulierung *Nun wachse zusammen, was zusammengehöre* – die Vereinigung wieder und wieder zum Quasi-Naturgesetz.

Obwohl beispielsweise im Osten der Demokratische Aufbruch (Wolfgang Schnur, Friedrich Schorlemmer, Edelbert Richter, Christiane Ziller, Rainer Eppelmann, Erhard Neubert, Günther Nooke), das Neue Forum (Jens Reich, Werner Schulz, Ingrid Köppe, Reinhard Schult) Demokratie Jetzt (Wolfgang Ullmann, Konrad Weiß, Ulrike Poppe) und Initiative Frieden und Menschenrechte (Wolfgang Templin, Gerd Poppe, Marianne Birthler) zumindest programmatisch reformsozialistische Ziele vertraten und die DDR zu einem humanen sozialistischen Staat fortentwickeln wollten. »Seit dem Tag des Mauerfalls wurden die Oppositionsgruppen von den Ereignissen nur noch getrieben. Die am 4. November[3] erlebte Gemeinsamkeit trug nicht. Aus ›Wir sind das Volk‹ wurde ›Wir sind ein Volk‹. Für ein Leben nach der DDR hatte niemand Konzepte«, interpretiert Christiane Ziller diese Zeit (Freitag, 7. 1. 2000). *Zusammenwachsen* und Zusammengehören waren im Osten nicht common sense.

Ähnlich in Westdeutschland: Insbesondere die Jüngeren hielten eine stärkere politische Integration in Westeuropa und die Einbürgerung von in Deutschland lebenden Menschen ausländischer Herkunft für naheliegender und notwendiger als die Vereinigung mit der ihr weitgehend fremden DDR. Die Interrail-Generation, also die damals 20- bis 30jährigen Westdeutschen, hatte Ende der 80er Jahre weniger eine deutsche als vielmehr eine westeuropäische Identität. Für viele war die Vereinigung Deutschlands deshalb ein nicht aus der Geschichte abzuleitender, sondern ein diese geradezu vergewaltigender Akt. Aber das zu sagen war ein Tabubruch, der einen außerhalb der »ernstzunehmenden« Leute stellte.

So war für viele junge Wessis die erste politische Lebenserfahrung nach 89, marginalisiert, sogar lächerlich gemacht zu werden – was sie paradoxerweise mit den Befürwortern eines humanen Sozialismus im Osten vereinte.

Da sich vorgeblich ein Naturgesetz des Wieder-Zusammenwachsens Bahn brach, löste Bonn (technokratisch konsequent) 1990 das Ministerium für innerdeutsche Angelegenheiten[4] auf – ohne eine mit Geld und kreativem Personal ausgestattete Instanz zu schaffen, die Begegnungen zwischen Ost- und Westdeutschen anregte, einen Rahmen auch für die schuf, die zunächst kein Interesse an den jeweils anderen hatten. Das Zusammenwachsen wurde privatem Engagement überlassen und fand zuwenig statt. Noch nach zehn Jahren hat ein großer Teil der Wessis die neuen Bundesländer nie besucht. Statt mit der DDR-Geschichte bekannt zu machen, wird sie bis heute, wo nicht diskreditiert, verdrängt. Auch in Museen, Geschichtsbüchern und Kursen. Man möchte die Rhetorik von 1989/90 neudeutsch parodieren: ›Nun wird überwuchert, was überwuchert gehört‹.

Im vereinigten Deutschland wurde die Linie zwischen Starken (Jetzt sind *wir* wieder wer) und Schwachen schon bald neu bestimmt. Dies geschah ganz *vernünftig* u. a. entlang der ehemaligen Grenze.

Als Damoklesschwert schwebte über den jenseits der eingerissenen Grenzzäune Lebenden die sich verselbständigende Gauck-Behörde. Der »Sonderbeauftragte der Bundesregierung für die personenbezogenen Daten des ehemaligen Staatssicherheitsdienstes« erfüllte zunächst eine Funktion im Sinne der Ostbürger: Er gewährte ihnen Akteneinsicht. Bald schon diente die Gauck-Behörde jedoch politisch dazu, jeden DDR-Bürger unter Generalvorbehalt zu stellen, nicht die Unschulds-, sondern die Schuldvermutung dominierte. Unterstellt wurde entgegen aller Vernunft, alles sei wahr, was in den Akten stehe. Und nur das sei wahr, was dort vermerkt sei. Für ehemalige DDR-Bürger wurde die Gauck-Behörde damit zur jederzeit drohenden Diskreditierungsinstanz, prominente Opfer sind u. a. Manfred Stolpe, Gregor Gysi und Stefan Heym. Nicht alle Opfer der Bespitzelung konnten sich erfolgreich dagegen wehren, daß aus ihren Akten öffentlich zitiert wurde (Hans Mayer!). Sogar von der Stasi selbst zerstörte Bänder wurden rekonstruiert. – Zwar gab es vor allem im Westen – zu Recht – laute Empörung, als der »Große Lauschangriff[5]« (Ferdos Forudastan) geplant wurde, aber daß nach dem Fall der Mauer die Bespitzelungsergebnisse der Stasi öffentlich vermarktet und – beispielsweise bei Stolpe und Gysi – gezielt politisch benutzt wurden, war ein Skandal viel größeren Ausmaßes, ohne daß es deshalb zu ähnlichen Protesten gekommen wäre. Zwar wurde der Chef der Stasi angeklagt, aber die Ergebnisse seiner Behörde wurden wider jede Vernunft eifrig benutzt.

Die Gauck-Behörde ist heute ein völlig undurchsichtiges Herrschaftsinstrument des Westens über den Osten. Daniela Dahn schrieb 1998: »Bislang sind etwa zwei Millionen Ersuchen vom öffentlichen Dienst, von Parteien, Justiz, Kirche und Wirtschaft zur ›Sicherheitsüberprüfung‹ in der Behörde eingegangen, außerdem fast 400 000 Anfragen von Rentenversorgungsträgern, mit der Maßgabe, eventuell zahlungsmindernde Daten herauszubekommen. Es sind also schätzungsweise schon zehnmal mehr Ostdeutsche bösgläubig *durchleuchtet* (Hervorhebung: D. D.) worden, als je bei der Stasi gearbeitet haben können.«[6] 98 Prozent der DDR-Bürger haben laut Gauck-Behörde nie für die Stasi gearbeitet.

Die Gauck-Behörde dient politisch noch einem weiteren, ebenso fatalen Zweck: Sie leiht der heutigen politischen Elite den Anschein, rücksichtsloser Aufklärer dunkler Vergangenheiten zu sein. De facto wurden aber nur zwielichtige Akten zu Wahrheiten erklärt. Vermieden wurde durch diesen breiten Umweg die Konfrontation mit wichtigen gesellschaftlichen Fragen, wie sie beispielsweise Richard von Weizsäcker im Dezember 1991 bei der Verleihung des Heine-Preises nannte: »Welchen Zwang übte es (das Staatssicherheitssystem – S. C.) aus? Welche Freiheiten ließ es? Wie weit war die Bereitschaft zur Anpassung notwendig? Welchen Spielraum gab es noch, sich zu versagen oder zu widerstehen? Welche moralische Schuld ist den Menschen zurechenbar? Wie läßt sie sich (...) überwinden?« Friedrich Schorlemmer forderte, die Auseinandersetzung mit dem Stasi-System nicht Gerichten zu überlassen, sondern sie in einem Tribunal grundsätzlich, konzentriert und offen zu führen. Daran hätten auch die Westdeutschen ein großes Interesse haben müssen. Auch sie hätten sich »unter den Bedingungen eines SED-Staates wohl nicht anders verhalten« (von Weizsäcker).

Doch im Westen wollte man sich die Frage so gar nicht stellen. Man begriff dort die Vereinigung nicht als Chance, sich gemeinsam der jeweiligen Krücken eigener kollektiver Identität bewußt zu werden. Aber in den Debatten um eine Rehabilitierung von Wehrmachtsdeserteuren, um Daniel Goldhagens Buch »Hitlers willige Vollstrecker« und um die Wehrmachtsausstellung zeigte sich, wie angstvoll Westdeutschland jede Auseinandersetzung mit der Frage von sich weist, wieviel Handlungsspielraum der einzelne innerhalb eines diktatorischen Systems hat.

Wir sind wieder wer! Während also das *»wer«* nicht konstruktiv bestimmt wurde, widmete man sich stattdessen um so intensiver dem *»wir«*: Es wurde fragmentarisiert: In IM-verdächtige Ost- und lupenreine Westbürger, in erwerbstätige Leistungsträger und »Mißbraucher« der vorgeblichen sozialen Hängematte, in brave Wähler und Nichtwähler. Der neue Artikel 16 machte Asyl für die meisten Antragsteller unerreichbar. In Deutschland geborene Kinder z. B. türkischer oder tunesischer Herkunft erklärte man zu Ausländern mit Visumspflicht. Mehrere Gerichte befanden das Zusammensein mit Menschen, die – nach den Maßstäben der Leistungsgesellschaft – behindert sind, als Schadensfall. Die letzte Dekade des Jahrhunderts begann mit dem Postulat des integrierenden *»wir«* (Wir sind ein Volk), entpuppte sich aber rasch als Jahrzehnt, in dem auf allen Ebenen Ausgrenzung und Abgrenzung nach unten betrieben wurde: Die Rote-Socken-Kampagne der CDU, die Diffamierung Gregor Gysis als »Weißwäscher der Politik eines neuen Faschismus« (Joseph Fischer am 15. 4. 1999 im Bundestag), Staatsminister Ludger Volmers Erklärung beim Staatsbesuch in Südafrika (1999), Deutschland müsse die Entwicklungshilfe für Afrika zugunsten der Hilfe für europäische Länder zurückschrauben, und die ausländerfeindliche Kampagne der hessischen CDU im Landtagswahlkampf 1999 sind nur einige Beispiele von vielen.

Da die zunehmende Exklusivität der Gesellschaft als unvermeidbar dargestellt wurde, suchten die meisten nicht nach Alternativen, sondern sie hofften, selbst nicht betroffen zu sein. Die Tendenz, nicht so genau hinzuschauen oder sogar wegzuschauen, wuchs. Die Zivilcourage, für andere einzutreten, war gering. Anders als das Kirchenasyl, das Menschen wirklich schützt, dienten die Lichterketten des Winters 1992/93 primär dazu, die eigene Abscheu gegen die Angriffe auf Asylbewerberheime zu inszenieren. So war man selbst auf der Seite der Guten, ohne mehr zu riskieren als einen Schnupfen. Mehrere Gerichte sprachen Zuschauer rechtsradikaler Gewalttaten gegen einzelne, vor Skins mit Baseballschlägern flüchtende Afrikaner frei und gaben damit ein für die Bürgergesellschaft verheerendes Signal.

Die Würde der Menschen, insbesondere jener ausländischer Herkunft, wurde nicht nur für antastbar erklärt, sondern der Staat selbst brachte Menschen durch grundrechtswidrige Abschiebeknäste (zahlreiche Selbstmorde) und unverantwortliche Abschiebungen in Lebensgefahr. Flüchtlinge wurden, insbesondere vom früheren Innenminister Manfred Kanther, als »Asylanten« und »Asylmißbraucher« diskreditiert und dem Volkszorn preisgegeben.

Fatal war, daß wichtige Verfassungsorgane und Parteien, die sich vor 1989 als Hüter von Vernunft, politischer Kultur und Demokratie bewiesen hatten, während dieses Jahrzehnts ihren Teil zur Erosion beitrugen bzw. demontiert wurden. Das demokratische System verrohte.

Bundespräsident von Weizsäcker hatte sich immer wieder ausländerfeindlichen Tendenzen entgegengestellt, vor allem als 1992/93 CDU/CSU und SPD in einer informellen Großen Koalition mit ihren Plänen zur Abschaffung des Asylparagraphen der gewalttätigen Ausländerfeindlichkeit Zunder gaben. Er hatte mehrfach nachdrücklich und in bezug auf Maßnahmen sehr konkret die Verantwortung für das Ökosystem Erde und die Rechte der Menschen auf der südlichen Halbkugel angemahnt und dabei Wegweiser gesetzt. Roman Herzog (1994–1999) erwies sich jedoch als Präsident, der sich in seinen Reden darauf beschränkte, Ortsschilder aufzustellen. Seit dem Amtsende Richard von Weizsäckers wirkt das oberste Verfassungsorgan ziemlich verwaist: ohne vorausschauende, intellektuelle Impulse für den politischen Diskurs, ohne entschlossene Mahnung an die Parteien, Populismus und Eigeninteressen nicht über die Vernunft und die demokratische Verantwortung zu stellen.

Zudem verlor in den 90er Jahren der Bürgerrechte verteidigende Freiburger Kreis der FDP an Einfluß. Seit 1996 verfolgen die Liberalen unter Geschäftsführer Guido Westerwelle einen ausschließlich wirtschaftsliberalen Kurs, auch wenn einzelne Abgeordnete nach wie vor den bürgerrechtlichen Flügel engagiert vertreten, insbesondere Sabine Leutheusser-Schnarrenberger und (der 1998 aus dem Bundestag ausgeschiedene) Burkhard Hirsch.

Daß die Grünen Positionen in der Ökologie- und Friedenspolitik preisgaben, wurde häufig kommentiert. Weniger bemerkt wurde hingegen, daß auch Bündnis 90/Die Grünen ihre eigenen Anwälte einer an Menschen- und Bürgerrechten orientierten Politik als sogenannte »Gutmenschen« (gemeint waren Claudia Roth u. a.) zunehmend aus dem Kreis der vorgeblich Politikfähigen ausschloß. 1998 gaben die Grünen außerdem den Kampf für eine faire Asylgesetzgebung weitgehend auf und beschränkten sich auf Integrationspolitik für in Deutschland lebende Menschen ausländischer Herkunft.

Besonders verheerend war im vergangenen Jahrzehnt die zunehmende Aushöhlung der Verbindlichkeit des Rechts, der Rechtsstaatlichkeit und der Rechtssicherheit. Der Umgang mit den Stasi-Akten und der Große Lauschangriff sind bereits genannt. Vier weitere Beispiele: Der bayerische Ministerpräsident Stoiber erklärte das Kruzifix-Urteil des Bundesverfassungsgerichts (10. 8. 1995) als für Bayern nicht verbindlich und beschädigte damit das Ansehen des Verfassungsorgans und die Verbindlichkeit des Rechts. – Das Bundesverfassungsgericht erklärte am 14. 5. 1996, Flüchtlinge könnten künftig abgeschoben werden, auch wenn sie eine Verfassungsbeschwerde angestrengt hätten. Ihr Ergebnis müsse nicht abgewartet werden. – Der Bundestag beschloß am 26. 6. 1997, Ausländer könnten auch dann wegen einfachen Landfriedensbruchs abgeschoben werden, wenn sie wegen der Tat nicht verurteilt seien. Für die Abschiebung genüge der Vorwurf der Polizei, der Betroffene habe an einer Demonstration teilgenommen, aus der heraus Gewalttätigkeiten geschehen seien. In mehreren Bundesländern wurden in den 90er Jahren Innen- und Rechtsressort zusammengelegt; nur in Nordrhein-Westfalen gelang es, den Ministerpräsidenten (Wolfgang Clement, SPD) zu zwingen, dies wieder rückgängig zu machen.

Es ist zu fragen, ob Politiker es gewagt hätten, das Völkerrecht für den Überfall auf Jugoslawien zu brechen, wenn sie nicht hätten hoffen können, dieser Rechtsbruch würde genauso wenig Probleme bereiten wie die voraufgegangenen. Ebenso drängt sich die Frage auf, ob all diese staatlichen Rechtsverletzungen das Rechtsempfinden der Bevölkerung so nachhaltig gestört haben, daß sie den Bruch des Völkerrechts möglicherweise als gar nicht so gravierend empfand. Die überraschte Empörung, die der Parteispendenskandal Ende 1999 hervorrief, deutet darauf hin, daß die Bevölkerung, aber auch Teile des Parteivolks und der Presse allen Rechtsbrüchen und -beugungen zum Trotz immer noch glauben, die »Obrigkeit« halte sich an die Gesetze.

Weshalb wurde nicht entschlossener für eine Politik der Vernunft gestritten? Weil es in den vergangenen zehn Jahren nicht gelungen war, die unterschiedlichen Wir-Gefühle miteinander und mit einer zukunftsfähigen Vision einer gerechten, nachhaltigen Gesellschaft zu verbinden? Weil keine kollektive Identität entwickelt wurde? Kaum, daß es überhaupt versucht worden wäre. Wollte man Peter Handkes Bild vom »Herrgottswinkel«, in den die Familien während des Nationalsozialismus den Volksempfänger stellten,[7] in diese vergangene Dekade übertragen, dann würden dort ein Modell des Towers der Deutschen Bank neben Stier und Bulle der Frankfurter Börse stehen. Was der katholischen Kirche das Kreuz war, ist unserem System der Standort. Jede »Sünde« bestraft er mit Arbeitsplatzverlust, längst besteht die Bereitschaft, sich und vor allem Minder- und Unterprivilegierte im Namen der Religion Standort zu geißeln. Die Repräsentanten des Souveräns wetteifern – mit Ausnahme der PDS und kleiner Teile der Grünen und der SPD – darin, als verlängerter Arm der Wirtschaft zu fungieren. Wer anders denkt, wird massiv öffentlich gemobbt und verstoßen: Oskar Lafontaine ist das prominenteste Beispiel. Besonders fatal wirkt sich aus, daß es seit der Bundestagswahl 1998 keine anerkannte politische Opposition von links mehr gibt. Die PDS wird weiterhin ausgegrenzt, obwohl sie längst in sozialdemokratische Fußstapfen tritt. Die rotgrüne Koalition hat viele Positionen von der früheren Regierung übernommen. Die gesamte Republik hat sich nach rechts verschoben. Wir leben in einer »Konsensdiktatur« (Hermann Scheer), die alternative Entwürfe bekämpft.

Während auf der einen Seite immer noch ein *»Wir sind wieder wer!«*-Selbstbewußtsein auftrumpfende Politik begründet, wird auf der anderen Seite der Bevölkerung mit den zu Schlagstöcken mutierenden Schlagworten »Standort« und »Es gibt keine Alternative« jeder Gedanke an andere Handlungsmöglichkeiten ausgetrieben. Hatten sich die Menschen 1989 mehr Pluralismus und mehr Vernunft in der Politik erhofft, wurden sie enttäuscht. Pluralistisch ist nur die Gestaltung der Freizeit, da gibt es nahezu keine Beschränkungen außer materiellen. Befriedigt das, und täuscht es darüber hinweg, daß politisch eindimensionales Denken herrscht? Das Dogma der vermeintlichen Alternativlosigkeit unterdrückt das Aufkeimen von Lust, sich einzumischen, Freiheit zu nutzen. Damit unterhöhlt es die Demokratie.

Wohin es aber führt, wenn man die Politik Repräsentanten überläßt und sich auf einen Status zurückzieht, der dem von Untertanen gleicht, hat der Überfall auf Jugoslawien gezeigt. Die deutsche Beteiligung war die extreme Konsequenz der Tatsache, daß unsere Demokratie innerhalb von zehn Jahren ihr Fundament preisgegeben hat: ihr Rechtsbewußtsein. Die Leidtragenden dieser Show der Stärke waren und sind Serben und Kosovaren, deren Menschenrechte durch die Luftangriffe verletzt wurden. Viele verloren bzw. verlieren aufgrund der zerstörten Infrastruktur und des gewachsenen Hasses ihr Leben. Dieser Völkerrechtsbruch, der militärische Überfall war ein Verbrechen. Wollte man eine Ausstellung dazu konzipieren, wer stünde dann hinter dem bestimmten Artikel: »Verbrechen der ...«? Die rotgrüne Regierung? Wie würde das weitgehende Schweigen der Bevölkerung zur Politik bewertet?

Und wie könnte die Rückkehr zu einer der Humanität und dem Recht verpflichteten Demokratie gelingen, an der sich die Menschen beteiligen wollen?

1 *Sei doch vernünftig!:* Tu, was man von dir verlangt! Versuch nichts Utopisches! Tanz nicht aus der Reihe!

2 Am 26. März 1993 sprach sich der damalige Verteidigungsminister Volker Rühe in einer Rede unverhüllt für gemeinsame militärische Einsätze innerhalb der UNO, der NATO oder der EU zur Durchsetzung »vitaler Interessen« aus.

3 Berliner Demonstration für Rede-, Meinungs-, Reise- und Versammlungsfreiheit; Christiane Ziller war im Gründungsvorstand des Demokratischen Aufbruchs, danach im Vorstand von Demokratie Jetzt, dann von Bündnis 90 bzw. von Bündnis 90/Die Grünen.

4 Als »innerdeutsche« Angelegenheiten wurden die Beziehungen zwischen den Staaten BRD und DDR bezeichnet.

5 Abhören von Anwälten, Ärzten, Redakteuren, Priestern aufgrund eines *einfachen* Tatverdachts (d. h. es reicht bereits, daß ein Patient oder Mandant in irgendeiner Weise verdächtig ist, um den Arzt oder Anwalt abzuhören). Das hat zur Folge, daß man sich durch legales Verhalten nicht dem Lauschangriff entziehen kann. Verabschiedet wurde der Große Lauschangriff am 16. Januar 1998.

6 Daniela Dahn: Der Waschzwang des Staates oder Wem gehört die Gauck-Behörde? In: dies., Vertreibung ins Paradies. Reinbek b. Hamburg 1999.

7 Aus der Erzählung »Wunschloses Unglück«.

Stefanie Christmann

»Repräsentiver Absolutismus« macht sich breit

> Welche Anteile wir im historischen Rückblick den Personen, welche den Umständen zuschreiben, wo wir die Grenze zwischen Freiheit und Zwang, Schuld und Entschuldigung ziehen, hängt auch von einem Vorverständnis ab, mit dem wir an das Geschehen herantreten. Die hermeneutische Bereitschaft, den wahren Umfang von Verantwortung und Mitwissen anzuerkennen, variiert mit unserem Verständnis von Freiheit – wie wir uns als verantwortliche Personen einschätzen und wieviel wir uns selbst als politisch Handelnden zumuten.
>
> *Jürgen Habermas*[1]

Jürgen Habermas bezog diese Worte auf die Diskussionen über Daniel Goldhagens Buch »Hitlers willige Vollstrecker«, sie thematisieren jedoch zugleich eine zentrale Frage der 90er Jahre, über die in bezug auf den Nationalsozialismus viel, aber losgelöst von aktueller Politik gestritten wurde: *»Freiheit und Zwang, Schuld und Entschuldigung«*, Mitverantwortung für die innere Verfaßtheit des politischen Gemeinwesens.

Eine der Lehren, die der Parlamentarische Rat aus der Erfahrung des Nationalsozialismus zog, war, das kritische Engagement von Bürgern hoch zu schätzen. Das spiegelt sich im Grundgesetz: Der Grundrechtekatalog schuf dem Volk eine sichere Basis, sich als Korrektiv der Regierung einzumischen. Die Parteien bauten jedoch in den folgenden Jahrzehnten, vor allem in den 90er Jahren ihre Macht den Bürgern gegenüber aus. Der gleiche Prozeß fand innerhalb der Parteien statt. Der Trend zur Aufspaltung in eine übermächtige Parteispitze und in ein geführtes, nützliches, zugleich nutznießendes, weitgehend entmächtigtes Parteivolk verstärkte sich. Geradezu mafiöse Strukturen offenbarte ein Jahr nach dem Verlust der Macht das »System Kohl«.

Die Vertreter des »repräsentativen Absolutismus« (Helmut Simon)[2] erklärten kritische Bürger regelrecht zu Störern. Damit schlossen sie das Volk immer mehr von der Mitverantwortung für den Staat aus. Das »*Wir sind wieder wer!*«-Gefühl der politischen Klasse schuf sich Raum auf Kosten der Bürger. Daß am Ende der Dekade die Mehrheit der Bevölkerung den rechtswidrigen Überfall auf Jugoslawien tolerierte, kann daher nicht verwundern.

Den kritisch engagierten Bürger aus der Politik zu drängen war vernunftwidrig und ein schwerwiegender Angriff auf die Lebenskraft der freiheitlich-demokratischen Grundordnung. Solch verfassungsfeindliches Verhalten von Politikern würde der deutsche Verfassungsschutz allerdings niemals monieren.

Kritische Bürger gezielt zu frustrieren und abzuschrecken rief eine wachsende Apathie des Souveräns hervor. Sie erleichterte es der Regierung Kohl, weitere wichtige Lehren aus der Zeit des Nationalsozialismus zu mißachten: sozialstaatliche Orientierung, individuelles Asylrecht, militärische Selbstbeschränkung, Rechtsstaatlichkeit und Achtung vor dem Grundgesetz sowie der Anspruch, zu einer würdigen Auseinandersetzung mit dem Nationalsozialismus zu gelangen. Im vernunftwidrigen Prozeß, der schließlich zur Kriegsbeteiligung führte, spielen die vier letztgenannten Aspekte eine besonders wichtige Rolle. Deshalb sollen sie in diesem Kapitel erörtert werden – anhand besonders markanter Ereignisse, Debatten und Persönlichkeiten. Der Fokus liegt dabei auf der Regierung Kohl; die internationale Ebene und ihre Verbindung mit der deutschen Politik stellt Dieter S. Lutz im dritten Kapitel dar; Bündnis 90/Die Grünen und die SPD stehen im Zentrum des vierten Kapitels.

Zwar wurde die Mauer 1989 eingerissen, aber das alte Feindbild-Denken überdauerte, Feindbild-Strategien wurden sogar noch brutaler umgesetzt als zuvor. Die Vereinigung und die neoliberale Gestaltung der wirtschaftlichen Globalisierung führten zu wachsender Angst vor Verarmung. Die Politik reagierte darauf nicht mit Maßnahmen der Wirtschafts- und Sozialpolitik, sondern sie schuf ein neues Feindbild: den (Schein-)Asylanten. Er »war« der »Mißbraucher« von Rechten, der »Störer«, die »Gefahr« für Wohlstand und kulturelle Identität. Mit dieser Projektion lenkte die Regierung beispielsweise auch den Sozialneid von Westbürgern, die OstbürgerInnen die Westrenten nicht gönnen wollten, ab. Andere Feindbilder waren die PDS und die SPD, die Helmut Kohl mit allen Mitteln von der Macht fernhalten wollte.

Die neue Rolle der NATO entlarvt die Behauptung, der Kalte Krieg sei vorbei, als Augenwischerei. Daß die OSZE nicht zum maßgeblichen Sicherheitsinstrument aufgewertet und ausgebaut wurde, ist Konsequenz nach wie vor bestehender Mauern. Die Politiker wollten nicht die Geduld aufbringen, Mitteleuropa eigenständig erstarken zu lassen, sondern nutzten rasch die Krise, um die Einflußsphäre des Westens nach Osten auszudehnen.

In den 90er Jahren erweckten Vertreter von Exekutive und Legislative den Eindruck, sie hätten keinen Raum zur freien Entscheidung. Zwar war Deutschland mit den 2+4-Verträgen souverän geworden, trotzdem flüchteten Entscheidungsträger der Union (und nach dem Regierungswechsel 1998 auch SPD und Grüne) in die vorgeschobene Behauptung, sie müßten sich Zwängen unterordnen, die Lage sei unausweichlich, ihnen seien die Hände gebunden. Der »Standort«, die Verbündeten oder die Straße »zwangen« angeblich Legislative und Exekutive zu Entscheidungen. Aber: Diktierten nach dem Golfkrieg wirklich Frankreich, Großbritannien und die USA mit ihren Forderungen die Militarisierung der deutschen Außenpolitik oder wollten sich vielmehr zunächst Unions- und später SPD- und Grünenpolitiker unter den Augen von USA und NATO »bewähren«? Oder selbst eine möglichst einflußreiche Rolle spielen?

»Die hermeneutische Bereitschaft, den wahren Umfang von Verantwortung (...) anzuerkennen, variiert mit unserem Ver-

ständnis von Freiheit – wie wir uns als verantwortliche Personen einschätzen und wieviel wir uns selbst als politisch Handelnden zumuten.« (Jürgen Habermas) Die Regierung Kohl mutete sich und uns eigenständiges Denken und Handeln nicht zu, sondern diffamierte dies sogar ängstlich als »Sonderweg«. De facto gab es einen Konsens über die neue Richtung, er spiegelte sich im allgemeinen Vorwurf gegen den auf das Grundgesetz pochenden Hans Dietrich Genscher, bloß »Scheckbuchdiplomatie« zu betreiben. Militärische Einsätze entsprachen dem »*Wir sind wieder wer!*«-Selbstbewußtsein und dem Verständnis Kohls, Schäubles und Rühes von einem souveränen Staat.

Ausgrenzung und nationale Überheblichkeit, das Primat des Handelns und wachsendes Image der Macher machten sich breit. Nach dem Wegfall des sogenannten Systemfeinds nahmen sich Starke das »Recht«, schwächere Menschen (und Staaten), aber auch das Recht und die Lehren aus der nationalsozialistischen Vergangenheit beiseite zu drängen.

Folgenschwer ist im Hinblick auf die spätere Zerstörung der Vernunft in Zeiten des Krieges der von NATO-Generalsekretär Manfred Wörner, Gerhard Stoltenberg und insbesondere von Volker Rühe forciert betriebene Wandel von der militärischen Selbstbeschränkung und der überflüssig gewordenen Verteidigungspolitik zur Militärpolitik. Rühe schuf immer wieder Tatsachen, deren Rechtmäßigkeit im nachhinein geprüft wurde. Das Recht des Stärkeren zum Handeln, das Skins auf den Straßen gegen einzelne Ausländer exekutierten, das BDI und BDA in der Wirtschaft gegen Erwerbstätige ausübten, praktizierte Verteidigungsminister Rühe auf höchster Ebene. Ohne den Pionier Volker Rühe wäre die völkerrechts- und grundgesetzwidrige Beteiligung der rotgrünen Regierung am NATO-Überfall auf Jugoslawien nicht möglich gewesen: Denn erst die Art und Weise, wie Rühe seine Militäreinsätze am Bundestag und am Recht vorbei durchsetzte, schuf den verheerenden Eindruck, das Militär stehe faktisch über dem Recht. In den 90er Jahren muteten

Politiker wie Rühe und Schäuble dem Volk zu, sich an die staatliche Mißachtung des Rechts zu gewöhnen. Die CDU betrieb in der Militärpolitik die Strategie, das Jahr 1989 zur ersehnten Stunde Null umzufunktionieren.

Ein ähnlicher, angeblich von außen erzwungener Paradigmenwechsel ist in der Innenpolitik zu beobachten. Parlament und Regierung folgten den Rechtsradikalen auf der Straße gern und hängten das Recht auf Asyl in nahezu unerreichbare Höhe. Die Volksvertreter bemäntelten ihre eigenen Interessen mit angeblichem »Zwang der Straße«. Dem lag nicht unbedingt Ausländerfeindlichkeit zugrunde, sondern machtpolitisches Kalkül. Ähnlich war es beim Lauschangriff: Nicht wachsende Kriminalität zwang Politikern die Einschränkung von Grundrechten auf, sondern Politiker stellten sie auf der Basis schräger Statistiken in Frage, um unerwünschten kritischen Bürgern, Störern, das Engagement innerhalb der Demokratie zu vergällen.

Welchen Anteil hat die politische Klasse daran, daß die Bevölkerung gegen die deutsche Beteiligung am Krieg gegen Jugoslawien kaum noch protestierte, während der Golfkrieg, an dem Deutschland nicht mit Soldaten beteiligt war, Massen auf die Straßen gebracht hatte? Kohls Positionen zum Widerstand gegen Hitler belebten das vordemokratische Gesellschaftsbild, das Volk sei nicht befähigt zum politischen Handeln. Die Union verfolgte mehrgleisig das Ziel, die Politik als Betätigungsfeld ausschließlich der politischen Klasse zu requirieren und den Souverän unter Vormundschaft zu stellen. Hinzu kam, daß die Parteien ihre Werbestrategien veränderten. Bei Wahlkämpfen bot die politische Klasse »dem Verbraucher« verschiedene, schwarze, rote, gelbe, grüne Modelle einer Maschine an, zwischen denen sich der Konsument nur noch zu entscheiden brauchte – alles andere, versprach der Anbieter, mache die Maschine dann allein.

Während die Union in den 90er Jahren die Republik mit dem Argument, es gebe unausweichliche Zwänge, weit nach rechts verschob, lieferten sich Abgeordnete, Wissenschaftler,

Journalisten und auch das Volk einen hitzigen Schlagabtausch, ob Politiker, Generalität und auch Bürger vor und in der Zeit des Dritten Reiches wirklich keine Alternative zum Wegschauen und zur gehorsamen Beteiligung am Verbrechen hatten. Dies bezog sich sowohl auf direkten Widerstand gegen die Nationalsozialisten als auch auf den Schutz ihrer Opfer. Die Auseinandersetzung begann mit dem Streit um den 50. Jahrestag des 20. Juli und um Georg Elser. Sie wurde mit Erscheinen der Klemperer Tagebücher, Goldhagens Buchs »Hitlers willige Vollstrecker« und der durch Deutschland reisenden Ausstellung »Vernichtungskrieg. Verbrechen der Wehrmacht 1941 bis 1944« des von Jan Philipp Reemtsma geleiteten Hamburger Instituts für Sozialforschung in die breite Öffentlichkeit getragen.[3]

Die linken Positionen der Geschichtsdebatten[4], die Impulse, die Goldhagen, Jan Philipp Reemtsma und Hannes Heer (Kurator der Wehrmachtsausstellung) gaben, könnte man bündeln zur These: Die Nationalsozialisten hätten gegen eine sich ihr widersetzende Bevölkerung nicht sechs Millionen Juden ermorden können. Die Shoah war nur möglich, weil große Teile der Bevölkerung den »eliminatorischen Antisemitismus« (Goldhagen) teilten.

Die historischen Befunde konfrontierten Leser und Betrachter erneut mit der Frage nach der Mitschuld der Bevölkerung und nach von ihr nicht genutzten Handlungsoptionen. Das wurde in den 90er Jahren von vielen als Bedrohung empfunden, provozierte neue Sichtweisen in bezug auf Familiengeschichte. Die Diskussion war auch Anregung, die eigene gesellschaftliche und politische Rolle heute neu zu reflektieren. Habermas' Frage, wo der einzelne in der sogenannten Nazi-Diktatur die Grenze zwischen Freiheit und Zwang angesetzt habe, forderte die Nachgeborenen indirekt dazu auf, für sich selbst bewußt die Grenze zwischen Gehorsam und Widerstand in der Demokratie zu ziehen oder sich der unbewußten Grenze zumindest klar zu werden. Die politische Klasse, die während der 90er Jahre ihre Macht auf Kosten des Souveräns ausbaute, hatte jedoch keinerlei Interesse daran, daß die Bürger ihren eigenen Handlungsspielraum ausloteten, ihre Verantwortung wahrnahmen.

Auch der nach sogenannter Normalität strebende Zeitgeist verstärkte die gesellschaftliche Abwehr, sich mit den Fragen aus der Geschichte ernsthaft zu beschäftigen: Steffen Heitmann, Martin Walser und andere extreme Exponenten erklärten, man müsse einen Schlußstrich unter die deutsche Vergangenheit ziehen. Viele Intellektuelle widersprachen, aber die Union folgte den Schlußstrichverkündern. Sie versuchte die lebendige Auseinandersetzung mit dem Faschismus zu beenden, indem sie Mythen schuf oder revitalisierte und Großdenkmäler aus Stein und Erz in Auftrag gab. Der von Rot-Grün initiierte billige Freikauf von Entschädigungsklagen im Falle der Zwangsarbeiter entspricht ebenfalls diesem Denken.

Goldhagens Thesen, die Wehrmachtsausstellung, zaghafte Würdigungen Elsers und die Forderung nach Anerkennung des kommunistischen Widerstands hätten kritisches Bürgerengagement ermutigen können. Dies wurde nicht nur von Politikern, sondern auch von Journalisten als Gefahr interpretiert und sollte verhindert werden. In ihren Argumentationen traten fortdauernder Untertanengeist und Antisemitismus zutage. Auch bei vorgeblich Linken, beispielsweise bei Rudolf Augstein …

In welcher neuen gesellschaftlichen Wirklichkeit wurden die Geschichtsdebatten geführt? Rostock, Hünxe, Hoyerswerda, Lübeck, Mölln, Solingen – lauter Ortsnamen, die in den ersten drei Jahren nach der Vereinigung, also vor den Geschichtsdebatten, zu Synonymen für zunehmende rechtsradikale Gewalt wurden. Skins verübten tagtäglich Gewaltverbrechen an Ausländern und schändeten jüdische Friedhöfe, die CDU setzte 1991 flächendeckend eine ausländerfeindliche Kampagne in Gang, Staatsanwälte klagten nicht auf Mord, Richter sprachen läppisch »Recht«. Das Rechtsbewußtsein war nicht nur bei männlichen Jugendlichen zerrüttet, sondern auch bei den Hütern des Rechts. Spätestens im Herbst 1992 war unübersehbar, daß heute die Verantwortung für das Gemeinwesen keineswegs an die gewählten Repräsentanten delegiert werden kann, sondern die Zivilcourage eines jeden Nachbarn, Kollegen und Passanten gefordert ist – gegen Rechtsextreme auf der Straße und gegen Rechtsextreme (egal welcher Partei oder Volkspartei) in Parlamenten.

Exekutive (Innenminister Manfred Kanther), Legislative und Judikative mißtrauten jedoch dem Souverän. Der Verfassungsschutzbericht diffamierte bürgerliche Gruppen (die Anti-AKW Bürgerinitiative in Gorleben, Gewährer von Kirchenasyl etc.). Der Verfassungsschutz behinderte Bürger, für ihre Demokratie einzutreten. Auch sie wurden zu Mißbrauchern von Rechten erklärt. Die Pflege demokratischen Geistes im Sinne der Gedanken von Habermas lag der Union völlig fern, ja sie war aus ihrer Sicht kontraproduktiv. So wie rechtsextreme Jugendliche sich über ausländerfreie Zonen Selbstbewußtsein in einer sich globalisierenden Gesellschaft schaffen wollten, so eroberte die politische Klasse, die Macht an die Wirtschaft verlor, Terrain von den Bürgern: bürgerfreie Zonen.

Es war eine Zeit denkwürdiger Parallelen. Landesregierungen und Städte setzten – nach den bekannten hurenfreien Zonen – nun demonstrantenfreie Zonen, kurdenfreie Zonen (Frankfurt/M. 1995), punkerfreie Zonen (Hannover 1996) durch. Die »Säuberung« der Innenstädte von Obdachlosen und Junkies wurde ebenfalls vielerorts betrieben. Die von einer nationalistischen Mission erfüllten Skins brauchten das Verhalten der Polizei nur nachzuahmen. Das Ergebnis waren ausländerfreie Zonen.

Die Union förderte eliminatorische Ausländerfeindlichkeit großer Teile der Bevölkerung und exekutierte sie dann gemeinsam mit den anderen Altparteien mittels restriktiver Asyl- und Ausländergesetzgebung. Sie brach mit der Selbstverpflichtung, politisch Verfolgten Asyl zu bieten. Die Union sicherte sich wesentlich über eine Feindbildkampagne die

Macht – bzw. errang sie auf diese Weise wie im Frühjahr 1999 Roland Koch in Hessen. Mitte März 2000 schürte der CDU-Spitzenkandidat der nordrhein-westfälischen Landtagswahlen, Jürgen Rüttgers, Ausländerfeindlichkeit mit dem Slogan »Kinder statt Inder«[5].

Die Macht verschloß sich in den 90er Jahren dem Geist von Intellektuellen wie Goldhagen und Reemtsma. Plastisch vor Augen führen dies das von Kohl 1993 konzipierte Mahnmal in der Neuen Wache, die öffentlichen Gelöbnisse der Bundeswehr und die Militäraktionen Rühes, Fischers und Scharpings.

Man kann die 90er Jahre nicht einfach als zweite Hälfte der Ära Helmut Kohl abtun, denn die Bürger haben ihn trotz allen Widerwillens gegen Ergebnisse seiner Politik 1990 und 1994 wiedergewählt. Auch Schröder wurde gewählt. Die Frage der Mitschuld »unbeteiligter Bürger« z. B. an Abschiebungen von Asylbewerbern ist also nicht von der Hand zu weisen. Doch das Volk lehnt Mitverantwortung ab und deklariert die Handlungen zu Entscheidungen einer allmächtigen Regierung. Solche Projektionen nach einem auch für die NS-Zeit typischen Muster lassen manche Gedanken gar nicht mehr zu. Ängstlich wehren Volk und politische Klasse die Frage ab, ob eine Mehrheit gewählter Repräsentanten sich über die Werte der demokratischen Gemeinschaft hinwegsetzen dürfe (Art. 16, Überfall auf Jugoslawien) oder ob dann die Bürger in der Widerstandspflicht stünden. Wenige, z. B. das Komitee für Grundrechte und Demokratie, loteten die *»Grenze zwischen Freiheit und Zwang, Schuld und Entschuldigung«* aus, nahmen sich die Freiheit, sich selbst als *»verantwortliche Personen«* und als *»politisch Handelnde«* (Habermas) zu verstehen. Gab es auch in den 90er Jahren zu wenig kämpferische Demokraten?

Den vollen Umfang der kulturellen Veränderungen während der 90er Jahre zeigt der Bedeutungsverlust der Verfassung, die immer öfter als unerheblich oder als störend beiseite geräumt wurde. Schlaglichtartig offenbaren dies die Reden zum 40jährigen (24.5. 1989)[6] bzw. zum 50jährigen Bestehen (24.5. 1999)[7] des Grundgesetzes, gehalten von den jeweils amtierenden Bundespräsidenten, sowie Wolfgang Schäubles Essay »Weniger Demokratie wagen?« vom 13. September 1996 in der FAZ.

Während Richard von Weizsäcker die Frage zum Thema machte, ob wir, das deutsche Gemeinwesen, in so guter Verfassung seien, dem Geist des Grundgesetzes gerecht werden zu können, erwähnte Roman Herzog das Grundgesetz und seine Relevanz für Politik und Gesellschaft kaum. Obwohl die Verfassung in den 90er Jahren durchgängig Streitobjekt war. Herzog redete über Wohlstandswahrung.

Selbstverständlich ist die Rede eines Bundespräsidenten nicht nur Ausdruck des aktuellen Zeitgeistes, sondern vor allem seiner Persönlichkeit. Auf der einen Seite also ein leidenschaftlicher, streitbarer Demokrat, der gegen Helmut Kohls Willen das Amt des Bundespräsidenten angestrebt hatte und gewählt worden war. Auf der anderen Seite ein hochrangiger Richter, der immer wieder betonte, ihm sei das hohe repräsentative Amt »angetragen« worden.

Falsch wäre allerdings, die Unterschiede zwischen beiden Reden nur in den Personen begründet zu sehen. Jede Zeit sucht sich ihre Repräsentanten. Gegen Kohls ersten Kandidaten für die Nachfolge von Weizsäckers, Steffen Heitmann, hatte die Gesellschaft noch erfolgreich interveniert. Kohls zweite Wahl ließ man passieren. Obwohl Herzogs früheres Wirken ihn eher als autoritären Geist auswies denn als widerstandsfähigen Demokraten. Einen couragierten Präsidenten, der sich dem Geist des Parlamentarischen Rates verpflichtet fühlte, hätte die Republik Mitte der 90er aber dringend weiter gebraucht. Doch der Staat war Beute der Kanzlermehrheit, das Amt des Bundespräsidenten wurde zur Verschiebemasse erklärt, ein Stück Demokratie preisgegeben. Die Wahl am 23. Mai 1994 war insofern bereits eine Mißachtung des Geists des Grundgesetzes.

Wie wenig Wert der Gewählte, ein ehemaliger Verfassungsrichter, als Bundespräsident dem Grundgesetz beimaß, offenbarte seine Festrede beim Staatsakt »Fünfzig Jahre Grundgesetz«. Es wäre für ihn persönlich zugleich die letzte große Gelegenheit gewesen, fünf Wochen vor Ende seiner Amtszeit und während des grundgesetzwidrigen Überfalls auf Jugoslawien, auf Respekt vor dem Grundgesetz zu dringen. Johannes Rau, am Tag zuvor zum Nachfolger Roman Herzogs gewählt, hatte sofort die Gelegenheit der kurzen Dankworte nach der Wahl genutzt, um die Beendigung des Krieges zu fordern und darauf zu pochen, daß der Grundgesetz-Artikel »Die Würde des Menschen ist unantastbar« für Nicht-Deutsche ebenso Geltung habe wie für Deutsche. Die wenigen, aber klaren Sätze Raus riefen nicht nur bei der Union, sondern auch bei Teilen der SPD Empörung hervor – die überheblich gewordene politische Klasse war keine Präsidentenkritik mehr gewohnt. Herzog dagegen gab am folgenden Tag wieder den »ehrlichen Werner« (Minna von Barnhelm), der Treue zur Person (Kanzler) über die Treue zu Grundwerten (Verfassung) stellte.

Doch zunächst zur 89er Rede, die den Grad des späteren Verlustes demokratischer Substanz deutlich macht. Der selbstkritische Text reflektiert die Geschichte des Grundgesetzes und setzt dieses gesetzliche Axiom in Bezug zu neuen, es herausfordernden Entwicklungen: Wissenschaft, Technik, Globalisierung und Gefährdung der Natur. Richard von Weizsäcker beschrieb die Verfassung immer wieder als das aus Vernunft geborene, verbindliche Instrument, um friedlich und zu aller Nutzen das Zusammenleben im eigenen Land, die Verantwortung innerhalb der Staatengemeinschaft und innerhalb des begrenzten Ökosystems Erde zu organisieren. »Aller« meinte dabei explizit nicht nur Deutsche. Von Weizsäcker betonte, der Parlamentarische Rat habe »höheres Vertrauen in das Recht als in die Politik« gesetzt (vgl. das Kapitel »Krieg ist das Versagen der Politik – Frieden das Meisterwerk der Vernunft«). Insbesondere warnte er vor dem Trend, daß Parteien zunehmend ihren eigenen Machtinteressen Priorität vor dem Gemeinwohl einräumen.

Die Grundrechte seien unantastbar und einklagbar. Der Staat sei zum Schutz der Rechte des einzelnen verpflichtet, sagte von Weizsäcker 1989. Der Präsident fragte, ob »wir«, Bürger, Politiker, Institutionen, auch die Fähigkeit hätten, die Herausforderungen, die Gefahren für die Grundrechte aller, zu erkennen und ihnen zu begegnen. Er warnte davor, sich vom ewigen, quasi naturgesetzlichen Bestand vortäuschenden Indikativ der Verfassung einlullen zu lassen: »Das Grundgesetz gewährt Schutz und bietet Chancen, aber nicht ohne unser Zutun.«

Von Weizsäcker präsentierte das Grundgesetz als fragiles Kulturgut, das nur trage, wenn es selbst von einem Konsens getragen werde. Entscheidend sei, daß Bevölkerung und Regierende wüßten, was sie dürften und wollten. – Gab es diesen Konsens zur Zeit der Rede? In den 90er Jahren jedenfalls gab es ihn nicht. Ihn herzustellen würde fortdauernde politische Bildung und kritische öffentliche Auseinandersetzung in breitem Umfang voraussetzen. Was einmal vom Parlamentarischen Rat beschlossen worden ist, wird nicht von allein kollektives Selbstverständnis späterer Generationen.

Ganz nah an den Kern der Geschichtsdebatten und an die politisch-gesellschaftlichen Scheidewege der 90er Jahre kam von Weizsäcker mit seiner Formulierung: »Auch die Freiheits- und Grundrechte leben von dem, was wir aus ihnen machen. (...) Ihre tiefere Bedeutung liegt in den Rechten, die jeder dem anderen zugesteht.« – Schon kurz nach der Vereinigung wurde deutlich, daß es keinen Konsens mehr gab, Menschen ohne deutschen Paß im eigenen Land Grundrechte und sozialstaatliche Leistungen im vollen Umfang zuzugestehen. Mitte der 90er Jahre wurde die Würde aller, die nicht als »Leistungsträger« identifiziert wurden, als antastbar erklärt. Dies traf Menschen ausländischer Herkunft und Bürger mit einer definierten Behinderung ebenso wie auf Sozialhilfe angewiesene alleinerziehende Frauen und Langzeiterwerbslose.

Immer wieder forderte von Weizsäcker Aktivität von den Bürgern – nicht im Sinne ehrenamtlicher Erfüllung von Aufgaben, die der Staat in Zeiten knapper Kassen von sich wälzt, sondern im Sinne informierter, wacher und beherzter Zeitzeugenschaft. »Nichts schadet einer Gesellschaft mehr als nachlassendes Mitdenken.« Die großen Parteien folgten aber in ihren Wahlkämpfen der 90er Jahre dem Prinzip der Re-Infantilisierung, der suggerierten paternalistischen Daseinsfürsorge.

Die schwarz-gelbe und dann vollends die rot-grüne Regierung überholten auch von Weizsäckers Satz, es sei Vergangenheit, daß der »Staat die Kraft seiner Bürger und in den Kriegen ihr Leben eingesetzt (habe), um selbst an Macht und Größe zu wachsen«. Von Weizsäcker definierte noch unzweideutig, alleinige Aufgabe des Bündnisses und der Bundeswehr seien Verteidigung und insbesondere die Verhinderung von Krieg. Der Wehrdienst sei de facto ein »Kriegsverhinderungsdienst«.

Er wehrte sich dagegen, Deutschland sei »Spielball« der anderen Staaten. Vernunft und freiheitlicher Verantwortung räumte er Priorität vor blinder Bündnistreue ein.

Roman Herzog ertränkte in seiner selbstgefälligen Rede am Ende des Jahrzehnts das Grundgesetz, Anlaß des Festakts, im neuen nationalen Selbstwertgefühl. Auch der Bürger als politisch kleinste Basiseinheit, ging in der Rede unter. Herzog stellte gleich im ersten Satz fest: »(...) um den 50. Geburtstag unseres Staates zu feiern, sind wir im neugestalteten Reichstagsgebäude versammelt, das wie kaum ein anderes Bauwerk die Geschichte der deutschen Demokratie verkörpert.«

– Bloße nationale Floskel. War der Reichstag Schauplatz der Demokratie des Grundgesetzes? Herzog nannte die Verfassung in seiner Rede zwar ein paarmal, sprach aber die größten Gefahren nicht an: nicht die in der Hand der Parteizentralen zur Farce verkommene Gewaltenteilung, nicht die unzureichenden Ergebnisse der Verfassungskommission, nicht die de facto Abschaffung des Asylparagraphen, nicht die grundrechtswidrige Existenz von Abschiebeknästen, nicht die Einschränkung rechtsstaatlichen Schutzes für Bürger ausländischen Herkunft, nicht die immens hohe Zahl von Menschen, die aus der Erwerbsgesellschaft ausgesondert wurden, nicht den großen Lauschangriff, nicht den völkerrechts- und grundgesetzwidrigen Charakter des Kriegs gegen Jugoslawien.

In geradezu demagogischer Weise leugnete Herzog sogar die Verfassungswirklichkeit: »Nie war die individuelle Freiheit größer als heute.« Er setzte mit der Kraft seines Amtes einfach Behauptungen in den Raum: »Unser Staat ist zuallererst ein freiheitlicher Rechtsstaat, der die Rechte und Würde seiner Bürger gewährt und sichert.« Herzog sprach nur noch über die Deutschen. Geflissentlich übersah er Asylbewerber und Bürgerkriegsflüchtlinge, deren Grundrechte der deutsche Staat längst mißachtete, deren Leben er passiv durch weitgehendes Gewährenlassen Rechtsextremer und aktiv bei Abschiebungen riskierte. Herzog sah über die neue Mißachtung der Menschenrechte im Inland hinweg und erklärte: »Der Einsatz für die Menschenrechte ist zu einem zentralen Leitmotiv der deutschen Außenpolitik geworden.« Unter dem Vorwand, Beteiligung an Kriegen einzuschränken, entsprach der Präsident im Frühjahr 1999 den Großmachtallüren der Regierung: »Der Einsatz militärischer Gewalt darf heute und in Zukunft immer nur ultima ratio sein« – was in völligem Gegensatz zu den Zielen des Parlamentarischen Rates steht (vgl. das Kapitel »Krieg ist das Versagen der Vernunft – Frieden das Meisterwerk der Vernunft«). Mit militärischen Mitteln »für die Freiheit einzustehen« heiße, zurückzugeben, »was uns selbst gegeben wurde«. Herzog verfälschte durch

Verallgemeinerung die gesellschaftliche Realität, als er pathetisch anfügte: »Die Deutschen sind in diesen Tagen mit ihren Gedanken und Herzen (...) besonders (...) bei unseren Soldaten, die auch in diesen Minuten Leben und Gesundheit für Frieden und Menschenrechte einsetzen, und bei ihren Familien, die in Angst um sie sind.« Damit stülpte er dem Volk das reaktionär-patriarchalische Gesellschaftsbild über, nach dem die Männer heroisch draußen kämpfen, während Frauen und Kinder zu Hause Angst um sie haben. Geradezu dreist ist Herzogs Versuchs, mit Hilfe dieser Schablone den Eindruck zu erwecken, die Bevölkerung stünde auch hinter der gesetzwidrigen Regierungspolitik. Sie wurde de facto von vielen nicht mitgetragen.

Herzogs Rede war affirmativ zur Regierungspolitik. Sie vertuschte grundgesetzwidrige Entscheidungen und Entwicklungen. In den 90er Jahren häuften sich Anschläge auf Menschen ausländischer Herkunft so sehr, daß sie oft nicht mal mehr eine Meldung in der Tageszeitung nach sich zogen. Trotzdem ging der Bundespräsident über die Gefährdung der Grund- und Menschenrechte von mehreren Millionen Einwohnern hinweg und sagte: »Der Dialog zwischen den Kulturen hat – nach innen wie nach außen – begonnen, und die großen Probleme, die auf diesem Feld liegen, werden angepackt.«

Das Wort »Wohlstand« zog sich leitmotivisch durch den Text, ergänzt durch Worte wie »prosperierend«, »erfolgreich«, »soziale Marktwirtschaft«. Firmengründer mit pragmatischem Tatendrang wurden als Vorbild hingestellt. Herzogs Adressat war nicht mehr der Citoyen, sondern der Bürger als aktiver Teil der Wirtschaft. Kohls Zögling erklärte, die Zustimmung zur Demokratie hänge auch davon ab, ob es den Menschen »gut geht«. Das ist richtig, aber die Konsequenz kann nicht lauten, unbedingt für Wohlstand der eigenen Gruppe zu sorgen, sondern sie müßte darin liegen, demokratisches Bewußtsein zu fundieren, das sich auch in Zeiten mit schlechterer Wirtschaftsentwicklung bewährt. Ansonsten müßte man konzedieren, daß Armut dazu berechtige, gegen Grund- und Menschenrechte, gegen die Gesetze der Demokratie zu verstoßen.

Herzog schloß seine Rede mit den hohlen Worten: »Wir können mit Zuversicht ins 21. Jahrhundert gehen. Dieses Jahrhundert wird einer Generation gehören (...), die das wichtigste Erbe antritt, das wir ihr vermachen können: Freiheit, Gerechtigkeit und Demokratie. Oder sagen wir es mit den Worten unserer Nationalhymne: Einigkeit und Recht und Freiheit.«

Verantwortungsbewußt hatte von Weizsäcker, an die Präambel erinnernd, seine Rede beendet: »Das Grundgesetz ruft uns auf, vor unseren Kindern dieser Verantwortung für die Schöpfung gerecht zu werden. Das ist der Kern. Unsere Verfassung, die sich in vierzig Jahren bewährt hat, erfüllt damit ihre große Bedeutung für unsere Zukunft. Darin können wir alle einig sein.«

Als Kohl, Schäuble, Kanther und Rühe koordiniert rechte Politik durchsetzten, Denken und Maßstäbe grundgesetzwidrig veränderten, war Staatsoberhaupt Herzog ihnen kein Stein im Wege. Der schwammige Ja-Sager ließ sich vielmehr mitziehen, vertrat teilweise sehr wortgewaltig die neue Politik männlich definierter Stärke nach innen und außen. Herzog war Symptom der Geistlosigkeit großer Teile der politischen Klasse der 90er Jahre, die weitgehend unberührt von Intellekt und vor allem von Empathie hinter den führenden Köpfen hertrottete. Die Masse der Politiker hatte den Machtmenschen der 90er Jahre nichts entgegenzusetzen oder wollte ihnen nichts entgegensetzen. Herzog war einer aus dieser Masse, zugleich aber durch sein Amt hervorgehoben. Er gab das schlechte Vorbild dafür, nicht so genau hinzusehen, Mißstände nicht wahrzunehmen oder über sie hinwegzureden. Er sprach vom Standpunkt der Macht aus. Es waren Betrachtungen eines Unpolitischen, und Herzog blieb darin Einfühlung in die Sichtweise der Ausgeschlossenen schuldig.

Herzog wurde nicht müde, jene zu würdigen, die in der einen oder anderen Funktion in eine neoliberale, obrigkeitsstaatliche Gesellschaft passen – Unternehmensgründer und ehrenamtlich tätige Menschen –, mit kritischen, potentiell widerständigen Bürgern ging er sehr viel rüder um. Gegen sie schuf er vom Beginn seiner Amtszeit an eine künstliche Bannmeile, düpierte sie konsequent und sehr gezielt. Als im Juli 1994 der damalige Bundesvorstandssprecher der Grünen, Ludger Volmer, gemeinsam mit Linken und Bürgerrechtlern gegen den Besuch Li Pengs (verantwortlich für das Massaker auf dem Platz des Himmlischen Friedens) protestierte, versetzte ihnen Herzog von Paris aus über die Medien eine schallende Ohrfeige: So empfange man keinen Staatsgast, *das gehöre sich nicht.*

Herzog gerierte sich autoritär und äußerte sich oft oberflächlich und widersprüchlich. Eine Mischung, die irritierte. Vor der Enquete-Kommission des Bundestages zur SED-Diktatur erklärte er, für schwerwiegende Menschenrechtsverletzungen könne es keine Amnestie geben. In bezug auf China, wo die Menschenrechte viel gravierender verletzt werden, als sie es je in der DDR wurden, erklärte er jedoch Pragmatismus zur geeigneten Methode der Durchsetzung von Menschenrechten, wirtschaftliche Zusammenarbeit sei sinnvoll. Ohnehin müsse der »Inhalt der Menschenrechte (...) immer wieder aufs neue diskutiert werden«, da sie in westlichen Verfassungen unterschiedlich niedergelegt seien. – Damit erweckte er den Eindruck, es gäbe keine allgemein gültigen Menschenrechte, auch nicht die beiden anerkannten internationalen Kataloge politischer bzw. wirtschaftlich-sozialer Menschenrechte. Herzog ging es letztlich immer wieder darum, im Sinne eines vorteilhaften Scheinkonsenses Unterschiede zu verwischen. Damit gab er aber Opfer preis. Er erklärte, Hinduismus, Konfuzianismus, Buddhismus, Islam, Judentum und Christentum hätten »ähnliche Standards der Humanität«. Die Dalits, die Unberührbaren des hinduistischen Kastenwesens, oder Frauen im Islam sehen das anders. Wer sich, wie Herzog, in einer Rede über Menschenrechte auf die (erweiterte) Ringparabel beruft, gibt die Menschenrechte preis. Lessing distanzierte sich im »Nathan« selbst von der Toleranz-Idee der Ringparabel: In der Schlußszene liegen sich zwar alle als große Familie in den Armen – aber der einzige Jude, Nathan, steht allein und abseits.

Herzog strickte an der Mär, man müsse nur die Menschenrechte in allen Erdteilen verkünden – und die Marktwirtschaft einführen. Dabei übersah er geflissentlich, daß gerade MenschenrechtlerInnen, also Verkünder der Menschenrechte, in aller Welt verfolgt werden. Herzog benutzte das Wort »Menschenrechte« als bloßes Klangwort. Lapidar formulierte er, es gebe Länder, in denen die Verwirklichung der Menschenrechte »noch zu wünschen übrigläßt«. Wenn Menschen »Verfolgungen und Lebensbedrohungen ausgesetzt sind, kann das auch niemandem auf der Welt gleichgültig sein«. Aber man solle nicht »auf jene Kuh einprügeln, von deren Milch wir leben«, sagte er in anderem Zusammenhang so derb wie opportunistisch. Die Vernutzung des Wortes »Menschenrechte« durch den Präsidenten war der Boden, auf dem die Akteure der politischen Klasse sie zum Argumentationsbaustein machen konnten, um wirtschaftlich und außenpolitisch global an Einfluß zu gewinnen.

Während die 89er Rede den aufgeklärten, kritischen, den engagierten und politisch bewußten Bürger, den Citoyen, im Blick hatte, betonte die 99er Rede, die Bürger bräuchten »Führung«. Nach Erscheinen der Klemperer-Tagebücher beschrieb Roman Herzog in seiner vorgezogenen Rede zum Holocaust-Gedenktag anschaulich, daß die alltägliche Diskriminierung von Juden unter aller Augen geschah, er zählte Schikanen und Verbote der NS-Zeit auf. Er nutzte diese Gelegenheit nicht, um auf die vor aller Augen geschehende Entwürdigung hinzuweisen, auf die Gettoisierung durch zentrale Unterbringung von Asylbewerbern, auf Lebensmittelgutscheine und »Freßpakete« (so der den zugrundeliegenden Rassismus outende Volksmund). Stattdessen große

Worte im unreflektierten Vertrauen auf die Allmacht des Indikativs: »Die Würde des Menschen ist unantastbar.« Wenn das Staatsoberhaupt zu Mißständen schweigt, ist das für die Bürger eine Anleitung zum Wegschauen.

Spiritus rector des Rechtsrucks, der das Grundgesetz in die Schublade verbannte, war der Fraktionsvorsitzende der CDU/CSU im Bundestag: Wolfgang Schäuble. Die Medien ergingen sich während der 90er Jahre endlos in der behindertenfeindlichen Frage, ob jemand im Rollstuhl Kanzler werden könne oder nicht, statt die »brutale Offenheit des Schäubleschen Diskurses«[8] kritisch zu verfolgen.

Ende 1992, zur Zeit des sogenannten Asylkompromisses zwischen den Altparteien und vor der Grundgesetzänderung im Mai 1993, war das Grundgesetz bereits nicht mehr der Rahmen, in dem politische Auseinandersetzungen stattfanden, sondern selbst Objekt der Auseinandersetzung. Rühe nahm zur selben Zeit das Grundgesetz zu militärpolitischen Zielen verstärkt unter Beschuß. Den 94er Wahlkampf gestaltete die CDU u. a. mit der Behauptung, man müsse die Verfassung ändern, um der Kriminalität begegnen zu können. Das Grundgesetz hatte sein positives Image und seine Relevanz verloren. Es wurde von der Macht zum Störer erklärt.

Drei Jahre, bevor Herzog das Grundgesetz beim Festakt zu dessen 50. Geburtstag übersah, hatte der Jurist Schäuble in seinem Essay »Weniger Demokratie wagen?« ganz *»unverkrampft«* erklärt, die Verfassung verwandle sich immer mehr zur »Kette, die den Bewegungsspielraum der Politik lahmlegt«. Mit Hinweis auf die Verfassung würden »Tabuzonen gegen politisch gewollte Veränderungen geschaffen«.

Der Fraktionschef der CDU/CSU war Mitte der 90er Jahre durch die SPD-Mehrheit im Bundesrat zu zeitraubenden Diskussionen und manchmal zu Kompromissen gezwungen. Deshalb wollte er das ihn störende Grundgesetz, den Rettungsanker der Opposition gegen Verfassungsbrüche der Koalition, möglichst weit aus dem Weg räumen, in seiner

Bedeutung abstufen. Despektierlich formulierte er, 1990 »war bezeichnenderweise zunächst die von der Opposition vom Zaun gebrochene Diskussion zu führen, ob nicht der Artikel 146 des Grundgesetzes gebiete, erst einmal eine verfassungsgebende Versammlung einzuberufen«. Er lästerte regelrecht, »Parteien, Verbände und Gruppen« würden all ihre Ziele »am liebsten ganz nahe der Menschenwürde, in unabänderlichen Artikeln des Grundgesetzes« verankert sehen. Die »Achtung von Tier und Pflanze (...), vieles an sich Gute und Richtige wurde da gefordert, was in Lehrbüchern der Politikwissenschaft oder in Parteiprogrammen durchaus seinen wohlverdienten Platz haben mag, deshalb aber noch lange nicht in die Verfassung als höchste Norm der Rechtsordnung gehört.« Dort würde es den machtorientierten Pragmatiker stören.

Explizit nannte er Asylrecht und Streitkräfteeinsätze der Bundeswehr, die beiden Punkte also, in denen die Union mit den Lehren aus der Zeit des Nationalsozialismus definitiv brach. Schäuble interpretierte die in den 90er Jahren zunehmende Anrufung des Bundesverfassungsgerichts als »Entdemokratisierung unseres politischen Systems«. Dabei übersah er geflissentlich, daß in der Regel die Tabubrüche der Koalition Anlaß für die Gänge nach Karlsruhe waren. Im Frühjahr 1993, als FDP-Fraktionschef Solms zum Schein gegen die CDU/CSU/FDP-Bundesregierung klagte, war der Grund sogar die Unfähigkeit der Koalitionsmitglieder, eine gemeinsame, rechtlich gesicherte Position für oder gegen das Mitfliegen deutscher Soldaten in den Awacs-Maschinen beim Uno-Militäreinsatz in Bosnien zu finden. Die acht Richter des Zweiten Senats waren damals höchst verärgert darüber, von der Koalition für ihre Zwecke instrumentalisiert zu werden. Der Senatsvorsitzende Ernst Gottfried Mahrenholz sprach in der Verhandlung von »ominösen« Absprachen der Koalitionäre; der Richter Ernst-Wolfgang Böckenförde nahm FDP-Fraktionschef Hermann Otto Solms auf die Schippe: »Wollen Sie nun den Beschluß (der Regierung – S. C.) zu

Fall bringen, oder wollen Sie ein Gutachten von uns?« (Der Spiegel, 15/1993)

Schäuble, der meisterhaft die Kunst beherrscht, Sachverhalte falsch zu benennen und Ursache und Wirkung zu vertauschen, bemängelte, »die deutsche Klagefreudigkeit« habe dazu geführt, daß die parlamentarische Mehrheit nur »vorläufiges Recht« machen könne, »das seine Bewährungsprobe erst noch in der verfassungskonformen Interpretation in Karlsruhe bestehen muß«. Die Ursache blendete er aus und machte die Verfassung zum Störer. Schäuble sah eine »Entmachtung (...) der demokratisch legitimierten Mehrheit zugunsten einer Minderheit« und baute regelrecht ein Feindbild Verfassung/Bundesverfassungsgericht auf. Er unterstellte, das Grundgesetz diene dazu, »den Schutz der Minderheit zu gewährleisten«, was eine »Mehrheitslähmung« bedeute. De facto aber geht es um die Einhaltung des Grundkonsenses. So wie Helmut Kohl, dem Herrn der schwarzen Kassen, die SPD fälschlich zum Systemgegner geworden war, so war es Schäuble die Verfassung.

Der CDU-Fraktionschef beschwor eine »Konstitutionalisierung der Tagespolitik« und in der Folge eine Verschiebung im System der Gewaltenteilung hin zu einem »verfassungsvollziehenden Jurisdiktionsstaat«. Gedacht sei die Verfassung jedoch nur als »Rahmenordnung«, nicht aber, um dem Gesetzgeber »detailscharfe Vorgaben« zu liefern. Als »statisches Element in einer auf Dynamik angelegten Gesellschaft« sei die Verfassung »gerechtfertigt«, aber nur, wenn die Verfassungsrichter Selbstbeschränkung übten und die Parteien darauf verzichteten, Ziele in die Verfassung zu schreiben bzw. das Bundesverfassungsgericht anzurufen.

Auf dem Papier solle die Verfassung geduldet werden, aber sie dürfe nicht mehr relevant sein, nicht mehr Macht einschränken, nicht mehr binden – so die Quintessenz. Der Essay Schäubles ließ den Verfassungsschutz kalt. Schäubles Anstiftung zu weitgehend verfassungsungebundener Politik lähmte im Herbst 1996 das politische und gesellschaftliche

Gegenüber durch Frechheit: Das klang so atemberaubend, daß es doch wohl nicht ernst gemeint sein konnte. Tatsächlich jedoch machte sich dieser Recht und Gesetz geringschätzende Geist rasch breit. In der Parlamentsdebatte vom 16. Oktober 1998 (Beteiligung am Krieg in Jugoslawien, ActOrd-Abstimmung, vgl. Kapitel »Demokratieverrat zum Zwecke und als Konsequenz des Krieges«) war er Mehrheitsmeinung. Insofern war Herzogs Rede zum 50. Geburtstag des Grundgesetzes auch nicht erschreckend schlecht, sondern nur unfreiwilliges Spiegelbild der modern gewordenen Überhebung über die Verfassung.

Der Geist der Verfassung wurde in vieler Hinsicht verletzt. Der Parlamentarische Rat sah Regierungswechsel als normalen Bestandteil der Demokratie an. Helmut Kohl jedoch versuchte, den Verlust der exekutiven und legislativen Macht zu verhindern – mit allen, auch mit ungesetzlichen Mitteln. Obwohl der Verkünder der geistig-moralischen Wende in seiner Rede zum 50. Jahrestags des 20. Juli vollmundig erklärte, »das Beste an der Demokratie ist gerade dieses, daß nur sie geeignet ist, den Rechtsstaat zu sichern«. Kohl selbst fühlte sich nicht rechenschaftspflichtig. In den 90er Jahren machte er mit seinen Freunden, Staatschefs anderer Länder, internationale Politik und half im eigenen Land seiner Partei CDU, mit der Kriegskasse die Macht zu sichern. Er nahm weltpolitische Beziehungen ebenso wie parteipolitische als private wahr. Er agierte mit Machtanspruch und (bei Günstlingen) mit Fürsorgebereitschaft, gestützt auf Männerfreundschaften und abgesichert durch das Gesetz der Diskretion. Dem entsprach, daß er über Gespräche mit Regierungschefs nicht im Bundestag berichten wollte[9] und ein Ehrenwort, das er seinen zwielichtigen finanziellen Unterstützern gegeben hatte, über Recht, Gesetz und seinen Eid stellte. Wie wenig er Demokratie begriffen hat, offenbarte seine Erwartung, alles werde wieder gut, wenn er der CDU das zu erwartende Strafgeld per Spendensammlung beschaffe. Ganz selbstverständlich und *»unverkrampft«* begründete er seinen Anspruch, sein Abgeordnetenmandat bis 2002 zu behalten, damit, daß er sonst im Untersuchungsausschuß zur Spendenaffäre »völlig wehrlos« sei. Ein Gesetzesbrecher pochte auf sein Recht, Teil des Gesetzgebers zu bleiben. Das allein ist schon Bürgern schwer zuzumuten. Aber die egoistisch-dreiste Begündung, nur so behalte er politische Immunität, setzt dem ganzen die Krone auf.

Hintergrund der CDU-Finanzaffäre war ein Ermittlungsverfahren gegen sechs Personen, die verdächtigt wurden, beim Verkauf deutscher Spürpanzer an Saudi-Arabien Steuern hinterzogen zu haben. Nachdem am 4. November 1999 ein Haftbefehl gegen den früheren Schatzmeister der CDU, Walter Leisler Kiep, erlassen wurde, gab Kiep am folgenden Tag zu, 1991 von dem Rüstungslobbyisten Karlheinz Schreiber eine Million in bar erhalten zu haben. Erst danach gestand Geißler am 26. November schwarze Konten bei der CDU ein. Schließlich räumte am 30. November Kohl »getrennte Konten« ein. Ein undurchsichtiges und lange zurückreichendes Bargeldgeschäft, das noch auf Geldern aus der Flick-Affäre aufbaut, wurde zumindest teilweise aufgedeckt.

Der Verdacht auf Korruption veranlaßte schließlich die Staatsanwaltschaft zu Ermittlungen. Millionenbeträge sollen vom Rüstungskonzern Thyssen an die frühere Parlamentarische Staatssekretärin im Verteidigungsministerium, Agnes Hürland-Büning, gezahlt worden sein – gekoppelt an den Verkauf des Leuna-Werks. Auch aufgrund der im Kanzleramt vernichteten Leuna-Akten war Anfang 2000 das Interesse an den Hintergründen dieser Transaktion besonders groß. Weniger Neugier richtete sich im Januar und Februar 2000 auf die Frage, ob die Union im Zusammenhang mit Rüstungsexporten Schmiergelder annahm. Deutschland war laut SIPRI-Statistik 1992 bereits drittgrößter, 1993 zweitgrößter Rüstungsexporteur der Welt. Auch der Aufbau der Krisenreaktionskräfte und die Auslandseinsätze unter Rühe entsprachen den Interessen der Rüstungsindustrie.

Die Öffentlichkeit reagierte Ende 1999 erstaunt und erschüttert, obwohl angesichts all der früheren Verletzungen der Menschen- und Grundrechte sowie der Verfassung niemand hätte erwarten können, daß die CDU-Spitze das Parteienfinanzierungsgesetz respektierte. Die Union, die insbesondere zur Zeit von Innenminister Manfred Kanther mit law and order und strikter Bestrafung von Bagatelldelikten Wahlkämpfe bestritt, hatte auch nicht dafür gesorgt, daß persönlich strafrechtlich verfolgt werden kann, wer gegen das Parteienfinanzierungsgesetz verstößt. In einem Parteienstaat ist die Legislative nicht der geeignete Ort, Regeln für die Parteien zu beschließen; unübersehbar ist die Notwendigkeit, hierfür ein parteienunabhängiges Gremium zu schaffen.

Nicht nur die Verwalter, sondern auch die Mitwisser und die Empfänger von Bargeld, die Landes- und Kreisverbände, handelten verantwortungslos innerhalb dieses System, das ihnen Nutzen versprach. Sie stellten keine Fragen, obwohl der Geldsegen hätte stutzen machen müssen. Durch welche Hände diese Summen zu welchen Zwecken gegangen waren, konnte schließlich niemand wissen. Nehmen und schweigen, diese verbreitete Mentalität, mit der Deutsche sich vor 60 Jahren jüdischen Besitz und die Arbeitskraft von Zwangsarbeitern zunutze machten, hat überdauert. Manche Beträge in Hessen wurden gar als »jüdische Vermächtnisse« ausgegeben (so der frühere hessische CDU-Schatzmeister Casimir Prinz Wittgenstein).

Die illegale Parteienfinanzierung bei der CDU, der vermutliche Tatbestand der Geldwäsche durch die Law-and-order-Partei entlarvte zugleich einen noch viel fataleren Umstand: Helmut Kohl und die Seinen hatten den im Grundgesetz fixierten Konsens verlassen, daß zu einer Demokratie Regierungswechsel gehören. Richard von Weizsäcker hatte in seiner Rede zum 40jährigen Bestehen des Grundgesetzes gesagt: »Mit keinem demokratischen Machtwechsel droht der Untergang (...) Ein Gegner ist immer auch ein Lehrer.« Für Kohl war der politische Konkurrent jedoch der Feind, den es notfalls mit einer Kriegskasse und Feindbild-Kampagnen zu bekämpfen galt. Die Hetzkampagnen vor Wahlen richteten sich dabei gegen Dritte – Ausländer oder die PDS –, Kohls eigentlicher Gegner war aber die SPD, der er das Land nicht anvertrauen (in Kohls Gedanken- und Wortwelt: ausliefern) wollte.

CDU-Generalsekretär Heiner Geißler hatte Helmut Kohl 1989 auf die schwarzen Konten angesprochen. Auf dem Bremer Parteitag im September 1989 löste Kohl ihn »daraufhin« (Geißler) gegen den Willen der Mehrheit des Parteipräsidiums und des Bundesvorstands ab. Geißler, der das Wissen um die schwarzen Konten laut eigener Aussagen für sich behielt, statt den Parteitag zu informieren, setzte sich nicht für die Rückkehr zu Recht und Gesetz ein. Er schwieg. Verhielt sich *vernünftig*. Daß auf dem Bremer Parteitag der Versuch von Heiner Geißler, Rita Süssmuth u. a. scheiterte, durch eine Kandidatur Lothar Späths für den CDU-Vorsitz zumindest innerparteilich die Allmacht Kohls zu beenden, wurde bisher ausschließlich mit dem Allwissen und der Allmacht Kohls begründet. Hätte Geißler nicht gezaudert und seine Kenntnisse über die schwarzen Konten publik gemacht, wäre der Sturz Kohls möglicherweise gelungen.

Geißler hielt fest am System, dessen Rechtsbrüche er entdeckt hatte, schwieg zehn Jahre lang, machte wider besseres Wissen weiter mit.[10] Kohl hielt sein »Ehrenwort« gegenüber dubiosen Geldgebern und stellte es wider besseres Wissen über seinen Eid. Die Frage der Geschichtsdebatten, wann man umkehren muß, um nicht mitschuldig zu werden, die Frage nach der Verantwortung des einzelnen für das Gesamte wurde 1999/2000 nicht gestellt.[11] Im Spendenskandal sah sich Kohl selbst zum »Sündenbock« gemacht. Der frühere Innenminister Manfred Kanther, einer der Hauptverantwortlichen für den hessischen Kontenskandal, sah sich als »Opfer einer Treibjagd«. Täter stilisierten sich selbst zu Opfern, auch dies war in den Geschichtsdebatten diskutiert worden. Auch die Art, wie machtversessene, selbsternannte Aufklärer, vor allem

Roland Koch und Wolfgang Schäuble, vertuschten, logen, versuchten, sich aus der Affäre zu ziehen, erinnert fatal an die Strategien, die Wahrheiten der nationalsozialistischen Zeit zu verdrängen.

Der zweite Teil der Ära Kohl, innenpolitisch markiert durch die Vereinigung Deutschlands und außenpolitisch durch das verstärkte Zusammenwachsens Europas, begann mit dem Mauerfall. Zu dieser Zeit, Ende 1989, hatte Kohl seine innerparteilichen Gegner bereits weitgehend ausgeschaltet und kaltgestellt. Er ging mit fest geschlossenen Reihen, mit einer ihm getreuen Kampfmannschaft in die 90er Jahre. Neuer Generalsekretär wurde der forsche Kohlianer Volker Rühe, dessen clever-strategisches Denken durch keinerlei Skrupel gebändigt wird.

Der Versuch, Kohl 1989 nach damals bereits 16 Jahren an der CDU-Spitze abzulösen, wäre ein normaler Akt innerhalb einer demokratisch organisierten Partei gewesen, wurde jedoch als »Putsch« diffamiert. Auch Medien und Historiker übernahmen kritiklos diese Vokabel, obwohl wir nicht in einer Diktatur leben. Daß die von Kohl immer wieder geringschätzig und rüde behandelten Journalisten, die sogenannte vierte Säule der Demokratie, Kohls diskreditierende Terminologie benutzen, kommt einer *vernünftigen* Unterwerfung gleich. Dieser Zeitgeist, die Faszination durch Macht, verdrängte in den 90er Jahren oft die Vernunft von Politikbeobachtern. Das unterscheidet diese Dekade von der vorangegangenen.

Wahlen zu gewinnen wurde immer mehr zum primären Ziel der Politik. Es gab keine Themen wie »Chancengleichheit durch Bildung« oder Brandts Ostpolitik, aber auch keine neuen Visionen. Während Kohl 1990 von einer Welle der Vereinigungslust getragen wurde, gelang ihm trotz zusätzlicher Finanzmittel und trotz Tricks der Sieg im Oktober 1994 nur knapp. Eine demokratisch-gerechte Neuregelung der (große Parteien begünstigenden) Überhangmandate hatte die CDU vor der Wahl nicht zugelassen. Sie konnte

– mit der scheinbar gegen die PDS, de facto aber gegen die SPD gerichteten Rote-Socken-Kampagne – im Osten so viele Direktmandate erringen, daß die Fraktion aufgrund der Überhangmandate größer war, als sie aufgrund der Zweitstimmen hätte sein dürfen. Kohl gewann somit – in der Tendenz ähnlich wie der Wahlkreise gezielt unterschiedlich groß zuschneidende kenianische Präsident Daniel Arap Moi – aufgrund der Zahl der gewonnenen Wahlkreise. Außerdem hatte er ein Wahlrecht für Ausländer bzw. eine Einbürgerung von Menschen, die seit langem hier leben, immer wieder verhindert. Laut Meinungsumfragen unter sogenannten Ausländern hätten sie in so großer Zahl für die SPD gestimmt, daß allein dies den erneuten Wahlsieg Kohls vereitelt hätte.

14 Monate vor der nächsten Bundestagswahl verkündete der Kanzler im Sommer 1997 in der Bundespressekonferenz, er werde nun nur noch Wahlkampf machen. Mehr als ein Viertel der Legislaturperiode nur für den Kampf um den Erhalt der Macht beim nächsten Urnengang zu verschwenden ist eine Veruntreuung der Macht. Dem Land oder der Partei »zu dienen«, war Kohl zu ein- und derselben Sache geworden, wie viele, beides gleichsetzende Formulierungen vom Januar/Februar 2000 offenbaren. Die CDU und die Exekutive führte er seit Jahren in Personalunion.

Wo kämen wir denn hin, wenn der Bevölkerung im nachhinein Widerstand gegen Hitler erlaubt würde!

Immer wieder setzten sich in den 90er Jahren die Feuilletons, aber auch Ausstellungsbesucher, Zeitungs- und Bücherleser mit der Zeit des Nationalsozialismus bzw. Forschung zu jener Zeit auseinander. Die Essays, Interviews und Kommentare stehen in einem seltsam ambivalenten Verhältnis zur Politik dieser Dekade. Welche Verantwortung hat(te) der einzelne für das Gesamte – als jüdische Nachbarn beschimpft und deportiert wurden, welche Verantwortung hat er, wenn die Exekutive Bürgerkriegsflüchtlinge abschiebt, wenn Skins in den Straßen Jagd auf Schwarze machen, wenn deutsche Soldaten in einen völkerrechtswidrigen Krieg ziehen. Wenn in Österreich die FPÖ Jörg Haiders in die Regierung kommt. Als Geißler die schwarzen Konten entdeckte, als Nutznießer sie ahnen mußten. Statt aber – beispielsweise mit Blick auf die 30er Jahre – in der Öffentlichkeit die Frage aufzuwerfen, ob ein freies Individuum das Recht oder sogar die Pflicht zum Widerstand gegen einen rechtsbrechenden Staat hat, zeigte die CDU in den restaurativen 90er Jahren ein erhebliches Interesse daran, festzustellen, wessen Widerstand überhaupt salonfähig sei und wer nicht das Recht zum Widerstand gehabt habe bzw. heute habe. In manchen Äußerungen wurde dabei nicht nur das 1989 überdauernde Denken des Kalten Krieges[12], sondern sogar vordemokratische Einstellung offenbar.

Teile der politischen Klasse hatten ein instrumentelles Verhältnis zur Geschichte. Deutlich wurde das im inflationären Gebrauch der Termini »Hitler« als Chiffre für unliebsame Regierungschefs und »Auschwitz« für Massaker. Während in den Geschichtsdebatten die Gegner der Aufklärung hartnäckig daran festhielten, das Volk oder auch die Wehrmacht hätten nichts von den Massenmorden wissen können (bzw. es habe solche Verbrechen gar nicht gegeben), wurde spätestens seit Srebrenica Propagandamaterial aus Jugoslawien leichtgläubig als wahr und erwiesen angesehen und in einer geradezu panikartigen Reaktion als »Fratze der eigenen Geschichte« (Rudolf Scharping, 28. 4. 1999 in der ARD) oder als »Fratze des Faschismus« (Helmut Lippelt, taz 1. 4. 1999) erlebt und zum Angriffsgrund erklärt.

Vorläufer der Geschichtsdebatten war die Diskussion um die Neue Wache in Berlin. Helmut Kohls fragwürdiges Verhältnis zur deutschen Geschichte hatte sich schon gezeigt, als er 1985 mit Ronald Reagan die Soldaten- und SS-Gräber in Bitburg besuchte. Nach der Vereinigung wollte er eine nationale Gedenkstätte schaffen, an der ausländische Staatsgäste einen Kranz für gefallene deutsche Soldaten niederlegen sollten. Er erklärte die Konzeption dieses »sinn- und einheitsstiftenden« Mahnmals zur Chefsache. Vertreter der Gesellschaft forderten, die zwiespältige Rolle des deutschen Militärs dürfe nicht verschwiegen werden. Mit der überdimensional vergrößerten Pieta von Käthe Kollwitz (geschaffen in der Trauer um ihren im Ersten Weltkrieg gefallenen Sohn) nutzte Kohl die Gedenkstätte jedoch politisch, um das Militär früherer deutscher Reiche entpolitisiert darzustellen. Als Inschrift wählte er: »Den Opfern von Krieg und Gewaltherrschaft«. Damit tauchte er die deutschen Soldaten – 16jährige Flakhelfer der letzten Kriegswochen, Angreifer, Täter, Mörder – insgesamt ins Licht von Opfern einer politischen Führung. Statt der Kollektivschuld- die Kollektivopferthese.

Dieses Mahnmal markiert eine Phase im Imagewandel der Bundeswehr, den Volker Rühe, seit 1992 Verteidigungsminister, intensiv betrieb. Die instrumentalisierte Kollwitz-Plastik hatte die Funktion einer Puppe, aus der dann in der nächsten Phase der Metamorphose die Krisenreaktionskräfte mit humanitärem Gewand schlüpften. Öffentliche Gelöbnisse, zu Beginn der 90er Jahre ein Tabubruch, wurden nach wenigen Jahren so üblich, daß Jürgen Trittin, der als letzter prominenter Grüner noch auf Gegendemonstrationen sprach, 1997 bereits von Politikerkollegen und auch von liberalen Medien deshalb angegriffen wurde. *Das gehörte sich nicht mehr.*

Um der Bundeswehr Glanz zu geben, stellte Rühe sie mehrfach räumlich in die Nähe der Widerstandsgruppe um Claus Schenk Graf von Stauffenberg. Am 19. Juli 1993 eröffnete Rühe beim Einzug des Verteidigungsministeriums in den Bendlerblock die Ausstellung »Aufstand des Gewissens«. Bei der Gedenkfeier zum 50. Jahrestag des 20. Juli ließ Rühe gar ein Wachbataillon im Bendlerblock auftreten. Der Generalinspekteur der Bundeswehr, Naumann, empfahl, feierliche Gelöbnisse auf diesen Tag zu legen. Rühe suchte der Bundeswehr, die vom Parlamentarischen Rat gar nicht vorgesehen war, Mitte der 90er Jahre regelrecht die Väter, von denen sie gezeugt sein sollte. Im zeitlichen Abstand von 50 Jahren griff der 1942 geborene Rühe gänzlich *»unverkrampft«* einen Teil der Geschichte zwischen 1933 und 1945 heraus, den Widerstand der Generäle, erklärte ihn zum Erbe der Bundeswehr und stellte so einen Fuß auf den Teppich der Gerechten. Rühe handelte dabei durchaus im Einklang mit Kohl, der seit langem darauf drängte, das Thema Widerstand konservativ zu besetzen.

Die Heroisierung der Gruppe um Stauffenberg brachte nicht die Frage auf, ob bei systematischen Menschenrechtsverletzungen in Bürgerkriegen ein Attentat vertretbarer sei als ein Krieg. Im Gegenteil: Unter Rühes Händen versteinerte der Gedanke an ein Attentat, Stauffenberg wurde zum hocherhobenen, blankpolierten Denkmal, aber nicht zum lebendigen Vorbild. Der Kult um Stauffenberg verstärkte nicht antiautoriären Geist, nicht Auflehnung gegen Vorgesetzte, sondern das gestohlene Erbe lullte ein, ließ kritiklos bleiben gegenüber Autoritäten und falscher Traditionspflege. Schließlich stand man ja nun auf der richtigen Seite.

Die Füssener Bundeswehrkaserne blieb nach einem Nazi (Generaloberst Dietl) benannt. Auch die aus Sicht der Befehlshaber wenig opportune Frage, ob man die Deserteure der Wehrmacht rehabilitieren und ehren müsse, wurde nicht konstruktiv diskutiert, geschweige gesetzlich geregelt. Die Frage nach Eid und Desertion hätte auch wegen des Bundeswehrkonzepts vom »Bürger in Uniform« auf die Tagesordnung gesetzt werden müssen, doch eine Debatte über die Möglichkeit und Berechtigung zur Desertion aus Hitlers Wehrmacht wäre für das Erreichen der Ziele der 90er Jahre kontraproduktiv gewesen.

Kohl, Rühe, Schäuble und Kanther hatten ein erhebliches Interesse daran, den Widerstand gegen den Nationalsozialismus auf die Gruppe um Stauffenberg zu reduzieren. Dahinter stand das reaktionäre Gesellschaftskonzept, daß nur die politische Klasse – in den 30er und 40er Jahren vertreten u. a. durch den Adel, also Teile der Generalität, in den 90er Jahren durch Kohl und die Seinen – den erforderlichen politischen

Überblick und die richtige Wertorientierung, damit die Berechtigung zu schwerwiegenden Entscheidungen besäße. Das Volk, die Bürgerinnen und Bürger, sind in dieser Konzeption politisch unfähige Masse. Ihnen wird die Befähigung zum politischen Urteil und zum selbstbestimmten politischen Handeln abgesprochen. Der Staat müsse sogar unter dem Deckmantel des »Verfassungs«schutzes vor ihm geschützt werden. Ein vordemokratisches Gesellschaftsbild, das die Union in den 90er Jahren in mehrfacher Hinsicht wiederbelebte. Repräsentativer Absolutismus.

Während der 90er Jahre wollten manche sogar der Gruppe um Stauffenberg die Berechtigung zum Widerstand absprechen, weil die hohen Militärs zu Beginn Hitler unterstützt und auch zur Zeit des Widerstands keinesfalls die freiheitlich-demokratische Grundordnung zum Ziel hatten. Die meisten, insbesondere die einflußreiche Gruppe um Kohl, wollten jedoch die Stauffenberg-Gruppe hervorheben, den Widerstand der SPD, der Kommunisten, diverser linker Gruppen kleinreden, verschweigen, verdrängen. In seiner Rede zum 50. Jahrestag des 20. Juli erklärte Kohl, man dürfe sich »nicht auf die Frage beschränken, wogegen er (der Widerstand – S. C.) sich gerichtet hat. Wir müssen uns fragen, wofür die an ihm Beteiligten eingetreten sind.« Wenige Sätze später hob er jedoch den Widerstand der Generäle positiv hervor: »Es ist wohlfeil, aus der Sicht von heute (...) zu bemängeln, daß nicht alle Repräsentanten des 20. Juli eine Staats- und Gesellschaftsordnung vorschwebte, wie sie später in der Bundesrepublik Deutschland verwirklicht worden ist.«

Kommunisten verschwieg Kohl gezielt, als er, die historischen Tatsachen ausblendend, von einem koordinierten, auf das Stauffenberg-Attentat zulaufenden Widerstand verschiedener Strömungen sprach: »Die Wahrheit ist jedoch, daß der 20. Juli 1944 Höhepunkt und Endpunkt einer Entwicklung war, die seit Hitlers Machtergreifung Anfang 1933 Männer und Frauen aus unterschiedlichsten politischen Richtungen im Kampf gegen die Herrschaft des Verbrechens zusammengeführt hatte. Beteiligt waren Menschen aus allen Schichten, aus der Mitte des Volkes: Bürgerliche und Adlige; Gewerkschafter und Offiziere; Arbeiter und Diplomaten; Gelehrte und Geistliche.«

Im Vorfeld des 50. Jahrestages des 20. Juli versuchten Kohl und Rühe zu verhindern, daß in der von Peter Steinbach entwickelten Ausstellung (in der Gedenkstätte Deutscher Widerstand, Bendlerblock) z. B. der Widerstand der Roten Kapelle neben dem Attentat Stauffenbergs präsentiert werde. Schäuble verwehrte sich gegen Bilder von Pieck und Ulbricht. Kohl benutzte seine Rede zu Ehren der Hitler-Attentäter, um auf »Leiden und Sterben« in der »von Mauer und Stacheldraht umgebenen« DDR hinzuweisen.

Das stand auch in der den Mauerfall überdauernden Tradition des Kalten Krieges, aber nicht nur: Durch das Ausblenden des zahlenmäßig starken kommunistischen Widerstands, der Opposition aus dem Volk, gelang es der Union, das Bild einer dummen, in jedem Fall auf Führung angewiesenen Masse aufrechtzuhalten, die von nichts gewußt habe, die ohnehin nichts habe tun können. Damit sprach man für die Vergangenheit die Eltern und Großeltern von Mitschuld frei und »befreite« implizit zugleich die Masse heute von der Selbstverpflichtung, sich als Demokraten in das aktuell bestehende politische Gemeinwesen einzumischen.

Verräterisch war die Sprache Helmut Kohls, überzeugter Protagonist einer patriarchalischen Gesellschaft, in seiner Rede »Der 20. Juli – Verpflichtung und Vermächtnis«: »Wir verneigen uns ...« vor denen, die den »Umsturzversuch (...) vorbereitet, geplant und gewagt« haben. Dann nannte er Männer der Gruppe um Stauffenberg, des Kreisauer Kreises, Bonhoeffer. Von den Männern der Tat säuberlich durch einen Abschnitt getrennt, beschrieb Kohl dann die Konsequenzen für deren Familien: »Ehefrauen eingesperrt, Mütter von ihren Kindern getrennt«. Nach diesem Pufferabsatz zu den Helden des Widerstands folgte die Formulierung: »Wir ehren die Opfer der ›Weißen Rose‹ um die Geschwister

Scholl, wir gedenken der Tat eines einzelnen wie des Johann Georg Elser.« Aussagestark ist in diesem Satz die Abstufung der Verben. Studenten konnten die politische Lage Anfang der 40er Jahre so weit durchschauen, daß sie in den Widerstand gingen – dies paßte nicht in Kohls Gesellschaftsbild. Den hoch zu achtenden Handwerker, der das Sprengstoffattentat auf Hitler im Münchner Bürgerbräukeller (8. November 1939) ersann und durchführte, wollte er nicht einmal ehren, sondern nur der Tat gedenken. Daß ein einfacher württembergischer Schreiner viereinhalb Jahre vor Stauffenberg ganz allein das gleiche wagte, war für den Historiker Kohl unfaßbar; der Glückliche der späten Geburt hielt sich die Person zusätzlich durch den distanzierenden, grammatisch unnötigen, bestimmten Artikel vom Leib.

Mehr noch als die vielen Frauen und Männer, die Juden versteckten oder ihnen zur Flucht verhalfen, strafen Elser und seine Tat all jene Lügen, die auf der verdrängerischen Behauptung, man habe den Unrechtscharakter des nationalsozialistischen Regimes nicht erkennen können, die These aufbau(t)en, sie seien unschuldige Opfer einer verblendenden Diktatur. Wenn überhaupt Opfer, dann eher Opfer der eigenen Passivität. Elser ist der personifizierte Beweis des Gegenteils: Ein einfacher Bürger konnte sich sogar die Möglichkeit schaffen, gegen die Spitze des Systems vorzugehen. Das wollte man in den 90er Jahren gerade nicht wahrhaben und auch nicht vermitteln. Wo schließlich kämen wir hin, wenn sich die Menschen heute von Elser, aber auch von den Frauen und Männern des frühen kommunistischen Widerstands zu mehr Zivilcourage ermutigen ließen? – Elser konfrontierte auch mit der Frage, ob beispielsweise heute Attentate möglich sind. Ein Gedanke, an dem Rüstungsindustrie, Militär und Verteidigungsminister kein Interesse haben.

Der Geist Kohls trug faule Früchte: So hielt im Herbst 1999 an der TU Chemnitz der Privatdozent Lothar Fritze seine Antrittvorlesung[13], in der er sich anmaßte, nicht nur die Tat, sondern die Persönlichkeit Georg Elser moralisch zu bewerten. Er warf ihm moralisches Versagen vor, weil er den Ort des Anschlags frühzeitig verlassen habe, um sich selbst in Sicherheit zu bringen. Damit habe er aber sowohl den Fehlschlag als auch den Tod unschuldiger Dritter riskiert und verursacht, ohne zuvor deren Einverständnis einzuholen. All dies würde auch auf Stauffenberg zutreffen. Dessen Widerstand jedoch ließ Fritze gelten. Seine ahistorische und daher teilweise abstruse Argumentation gipfelte in der Behauptung, »der Täter (habe) seine politische Beurteilungskompetenz überschritten«. Der Dozent zitierte Literatur, in der Elser als »eigensinnig und rechthaberisch«, »unerbittlich und allzu konsequent« geschildert wird. Fritze fragte: Konnte »ein Durchschnittsbürger nach dem Münchener Abkommen im Herbst 1938 (als Elser mit Vorbereitungen bereits begonnen hatte) begründet mutmaßen, daß ein Krieg für den Hitler verantwortlich sein wird, ›unvermeidlich‹ sei?« Hinter Fritzes Worten steht vordemokratisches Denken: Nur die politische Klasse könne politisches Zeitgeschehen überblicken, nur sie sei deshalb berechtigt, in die Politik einzugreifen.

Über Fritzes Vortrag, der seine Befähigung, in einer Demokratie an einer Universität zu lehren, in Frage stellt, entbrannte eine öffentliche Diskussion, die jedoch nicht lange währte und sich zumeist oberflächlich mit Personalien des Hannah-Arendt-Instituts beschäftigte, statt mit dem Recht zum und den Möglichkeiten von Widerstand. Wichtig war allerdings die Replik von Peter Steinbach und Johannes Tuchel (Gedenkstätte Deutscher Widerstand in Berlin): »Wenn, so ist stattdessen zu fragen, dem ›Durchschnittsbürger‹ die ›politische Beurteilungskompetenz‹ abgesprochen wird, wer besitzt diese – und mit ihr das ganz individuelle Recht auf Widerstand in einer Diktatur – denn überhaupt?«[14]

Vielfalt und Unterschiedlichkeit des Widerstands gerieten teilweise in Vergessenheit, weil die Regierung Kohl sich weigerte, alle Gruppen aktiver Nazigegner zu würdigen. Führende Unionspolitiker erweckten den Eindruck, es gäbe nichts zwischen Mittäterschaft und dem selbstmörderischen Widerstand einiger von politischer Verantwortung besonders erfüllter Männer. Sie verzeichneten Widerstand zur Domäne der – männlichen – »Elite«.

Wie verbreitet obrigkeitsstaatliches Denken in Deutschland immer noch ist, offenbarte schlaglichtartig im Januar 1994, also ein halbes Jahr vor dem Gedenktag zum 20. Juli, ein sogenanntes Krisenexperiment zur Erforschung des Rassismus an der Universität Münster[15]: Die Studenten sollten durch zwei getrennte Eingänge – für »Deutsche« bzw. für »Ausländer« – zur Essensausgabe gehen. Ein überaus großer Teil der Studenten fügte sich dem anstandslos, *vernünftig*: Wenn sie sich in die falsche Schlange eingereiht hatten, wechselten sie in die Reihe der Deutschen, ohne sich auch nur zu mokieren. Einige fragten, wer dies angeordnet habe, wer verantwortlich sei. »Student 36: (...) Wenn es rechtmäßig geregelt ist, dann ist alles in Ordnung.« Nur ganz wenige murrten, noch weniger empörten sich, kaum jemand verweigerte sich. Nur Student 38 erklärte: »Ich billige dieses Vorgehen der Trennung zwischen Deutschen und Ausländern nicht, selbst wenn es rechtens sein sollte. Und ich werde auch etwas dagegen unternehmen.« Die vom Hausmeister – wegen der unangemeldeten Ordnungswidrigkeit der getrennten Eingänge – herbeigerufene Polizei schritt nicht ein. Ist solches Verhalten auch die Konsequenz jahrzehntelangen gegenaufklärerischen und antidemokratischen Umgangs der politischen Klasse mit dem Thema Widerstand?

Wohin kämen wir in einem Land mit vielen widerständigen Demokraten? Die Politik unterlief, ganz im Sinne Kohls, in den 90er Jahren regelrecht Möglichkeiten, politisches Bewußtsein und Zivilcourage von Bürgern für den Kampf gegen rechtsextreme Gruppierungen zu aktivieren und zu nutzen. So brachte die grüne Bundestagsabgeordnete Annelie Buntenbach vergeblich einen Antrag ein, der ein Verweigerungsrecht für ArbeitnehmerInnen bei Produktion und Verbreitung rechtsextremer Propaganda erwirken sollte. Die Debatte im Bundestag fand am 7. Mai 1998 statt, kurz nachdem die DVU in Sachsen-Anhalt mehr als 12 Prozent der Stimmen bei den Landtagswahlen erhalten hatte. Der Landesverband der DVU hatte zu jener Zeit (laut eigenen Angaben) 30 bis 40 Mitglieder, wäre also, ohne bezahlte Dienstleistungen in Anspruch zu nehmen, niemals zu der immensen Materialschlacht mit Postwurfsendungen und Plakaten in der Lage gewesen. Buntenbach, selbst gelernte Druckerin und aus der Antifa[16] kommend, forderte für Drukker, Briefträger, Kellner etc. das Recht, sich der Arbeit für offen rassistisch agierende Gruppen zu verweigern. Es sei unwürdig, von Erwerbstätigen zu verlangen, Rassismus mit ihrer Arbeitskraft zu unterstützen – oder den Arbeitsplatz riskieren zu müssen.

Hinter Buntenbachs Antrag standen erstens die Vorstellung, daß alle für den Schutz von Demokratie und Menschenrechten verantwortlich sind, und zweitens der Gedanke, daß Erwerbstätige in erster Linie Bürger einer Demokratie sind und dieser Aspekt Vorrang vor den Verwertungsinteressen des Kapitals hat. 1989, als die DVU erstmals mit Postwurfsendungen großen Stils auf Meinungsfang ging, hatte der damalige Postminister Bötsch nach heftigen Protesten der Postbeschäftigten erklärt, den Postmitarbeitern und den Postkunden künftig rechtsextreme Propaganda zu ersparen. Fast zehn Jahre später war in dieser Sache immer noch nichts geschehen. Deshalb der Versuch, nun das Kündigungsrecht zu verändern.

Der Unionsabgeordnete Helmut Heiderich lehnte dies prompt mit der Begründung ab, daß der Arbeitnehmer mit der Entscheidung, welche Druckerzeugnisse und welche Veranstaltungen rechtsextremen und fremdenfeindlichen Gruppen dienten, »grundsätzlich überfordert sein dürfte«. Eine Bemerkung, für die ihn CDU und CSU mit viel Beifall bedachten. Heiderich forderte, statt den Bürger zu ermächtigen, die Innere Sicherheit konsequent zu stärken, und zwar mit allen technischen Mitteln inklusive Schleierfahndung.

Doris Barnett, SPD, spielte Meinungs- und Informationsfreiheit gegen die Erwerbstätigen aus. Im Namen der Meinungsfreiheit verstieg sie sich schließlich sogar zu völlig unangemessenen Vergleichen: »Dann dürfe sich auch eine mohammedanische Reinigungskraft weigern, in Häusern anderer Glaubensgemeinschaften sauberzumachen.« Die Abgeordnete, die Kohl ein halbes Jahr später sein Ludwigshafener Direktmandat nahm, entsprach ganz der Strategie des Kanzlers und seines Innenministers Kanther (»Querulanten« müsse man ihr Werk so schwer als möglich machen), als sie erklärte: »Zivilcourage bedeutet, daß jemand auch auf die Gefahr persönlicher Nachteile hin seinem Gewissen folgt.« Gisela Babel, für die Partei der Liberalen im Bundestag, fürchtete, ein Verweigerungsrecht bei Gewissenskonflikten könne rasch ins Uferlose gehen. – Wehret des Volks! Die Furcht vor Anarchie war da.

Nicht nur Politiker legten sich in den 90er Jahren kämpferischen BürgerInnen in den Weg, sondern auch Gerichte. In Niedersachsen gab es bis vor kurzem 20 Kilometer von Bergen-Belsen (und nicht weit von Gorleben) entfernt ein rechtsextremes Schulungszentrum, Hetendorf 13, das nicht nur für die später vom Verfassungsschutz verbotene Wiking-Jugend, sondern für eine Vielzahl ultrarechter Gruppen aus ganz Deutschland und sogar aus dem Ausland zum zentralen Treffpunkt geworden war. Der rechtsextreme Rechtsanwalt Manfred Rieger hatte das Anwesen 1979 von der Bundesvermögensverwaltung für den »Freundeskreis Filmkunst« gekauft und zu einem Anziehungspunkt gemacht. Neonazi Frank Rennicke war häufiger Gast, 1995 wurde Manfred Roeder zu einer Podiumsdiskussion eingeladen. Skins und andere Bewohner bedrohten die Bevölkerung mit Gewalt. Gegen Hetendorf 13, gegen die von dort veranstalteten Märsche, Demonstrationen und Kundgebungen bildete sich ein wohl einmaliges Bündnis, dem Pfarrer ebenso angehörten wie Autonome, Kommunalpolitiker ebenso wie Bürger, Alte wie Junge. Dieses Bündnis beantragte, die Aktivitäten in Hetendorf 13 gerichtlich zu unterbinden. Aber die Richter fürchteten Rieger und wiesen die Klagen gegen die Rechtsextremen immer wieder ab. Das Bündnis versuchte mit Mahnwachen und Demonstrationen, mit Schmierseife und Wasserschläuchen Aufzüge der Rechtsextremen außerhalb des Gehöfts zu stören und handelte sich damit die Gegnerschaft der Polizei ein, die wie die Justiz über Jahre Hetendorf gegen die Demokraten verteidigte. Polizisten werden von Mitarbeitern des Polizeiapparates ausgebildet, folglich denken sie vom Machtmonopol her und fragen »Wo ist der Störer?« statt »Wer ist der Verursacher?«

In den 90er Jahren feierte dieses aus den Gerichtsprozessen gegen RAF und »2. Juni« nur zu bekannte Verfahren, nach dem Störer, nicht aber nach der Ursache zu fragen, fröhliche Urständ. Zwei Beispiele: Bei den Prozessen vor dem Amtsgericht Berlin-Tiergarten gegen Unterzeichner und Verteiler eines Aufrufs, Soldaten sollten sich der Beteiligung am Angriffskrieg verweigern, lösten die Staatsanwälte diese Aufforderung aus dem politischen Zusammenhang heraus. Die Völkerrechtswidrigkeit und die Grundgesetzwidrigkeit sollten nicht zum Thema gemacht werden, argumentiert werden sollte ausschließlich auf der Basis des Wehrstrafgesetzes. Roland Roth, Sprecher des Komitees für Grundrechte und Demokratie, sieht darin eine »Rechtsverkürzung, die in die Nähe der Rechtsbeugung führt«[17]. Den Verfassern des Aufrufs ging es (auch) darum, die Soldaten vor einer schweren Straftat zu bewahren: Beteiligung an der Vorbereitung eines Angriffskriegs (mindestens zehn Jahre bis zu lebenslänglicher Freiheitsstrafe). Den Staatsanwälten ging es aber nur um die optimale Funktionsfähigkeit der Armee, die ihnen höherwertig zu sein schien als das Grundgesetz. Das Militär erhalte so eine »vordemokratische Generalprävention«, kritisierte Roth und griff Jens Jessens Metapher der »Blockwartenkel«[18] auf, denen der Gedanke rechtmäßigen Widerstands völlig fern liegt, die aber den Geist der Berliner Republik prägen.

Opfer politischer Justiz wurde Anfang Februar 2000 auch der 29jährige Bremer Atomkraftgegner Bernhard Stoevesandt. Er wurde zu Schadensersatz an die Deutsche Bahn verurteilt, weil er sich, um einen Castor-Transport nach Ahaus zu verhindern, ans Gleis gekettet hatte. Der Strafrichter erklärte: »Unerheblich ist in diesem Zusammenhang, dass die Genehmigung für den Transport möglicherweise nicht hätte erteilt werden dürfen, weil drei der Castoren kontaminiert gewesen seien.«[19] Wenn die Justiz eines totalitären Staates den Verursacher ausblendet, mag das nicht verwundern, aber einer Demokratie ist das nicht würdig.

Gegen welchen Staat richtete sich der Widerstand der 90er Jahre? Das Bundesinnenministerium (BMI) observierte per Verfassungsschutz die Gegner rechtsextremer Propaganda, der Atompolitik, der Abschiebepraxis – und finanzierte Broschüren für Rechtsextreme teilweise mit. Staatliche Förderung erhielt beispielsweise der frühere Stellvertretende Geschäftsführer des Politischen Seminars der Universität Bonn, Professor Hans-Helmuth Knütter, der in seiner Habilitationsschrift den Juden eine Mitschuld an ihrer Vernichtung gab und die Befreiung vom Nationalsozialismus als Niederlage bezeichnete. Laut Urteil des Bonner Amtsgerichts vom 2. Juli 1996 darf er als »ideologischer Brandstifter« bezeichnet werden. Knütter förderte u. a. die Wiking-Jugend, gehörte aber auch jahrelang dem Beirat der Bundeszentrale für politische Bildung an, die wie der Verfassungsschutz dem Bundesinnenministerium unterstellt ist. Das BMI gab eine von Knütter verfaßte Broschüre über »Bedeutung und Funktion des Antifaschismus« heraus.

Präsident der Bundeszentrale für politische Bildung ist – nach wie vor – der frühere Büroleiter Alfred Dreggers, Günter Reichert. Autoren der in Schulen verteilten Hefte der Bundeszentrale waren beispielsweise Ansgar Graw, Karlheinz Weißmann und Bernd Kalinna. Rainer Zitelmann verteidigte hier auf Steuerzahlerkosten die Thesen des Auschwitz-Relativierers Ernst Nolte. Über Reichert gehen auch großzügige Zuschüsse an das von Hans Filbinger initiierte rechte Studienzentrum Weikersheim. Horst Waffenschmidt, unter Kanther Parlamentarischer Staatssekretär im BMI, sah darin kein Problem. Was nicht wundert, denn Waffenschmidt selbst war von 1990 bis 1993 Verwaltungsratsmitglied des Vereins für das Deutschtum im Ausland (VDA). Die VDA ehrte ihren 1982 verstorbenen Funktionär Karl Stumpp, einen an Selektionen beteiligten NS-Rasse-Ideologen, posthum auf Steuerzahlerkosten mit einer 240 000 DM teuren Broschüre. Einige Beispiele von vielen.

Der Geist der braunen Hemden mit weißen Kragen verbreitet sich nicht nur im Schriftgut, sondern auch über den sogenannten Verfassungsschutz. So wandte sich beispielsweise der 1997 vorgelegte Bericht explizit gegen Gruppen, die »gegen FaschistInnen, deren Strukturen oder gegen staatliche und wirtschaftliche Einrichtungen« vorgehen. Der »Verfassungsschutz«bericht kritisierte »intensive ›antifaschistische‹ Recherchen und Archivarbeit«. Selbst die Antifa-Kampagne gegen die vom Verfassungsschutz als »rechtsextremistisch« eingestuften »Jungen Nationaldemokraten« war dem Staatsmachtsschutz verdächtig. Verdächtig waren ihm ebenso Solidaritätsdemonstrationen für Safwan Eid und Demonstrationen gegen Abschiebungen. Schließlich gerieten sogar die Kirchen wegen des Kirchenasyls ins Visier der Staatsschützer.

Der Verfassungsschutz, der nicht das Grundgesetz und seinen freiheitlichen Geist gegen Politiker wie Schäuble, Rühe und Kanther schützte, sondern die Politik Kohls, diente der Einschüchterung und Diskriminierung. Der Bürger sollte parieren, selbst wenn seine Repräsentanten sich gegen den Willen der Bevölkerungsmehrheit zum Büttel der Atomenergiewirtschaft machten. Gezielt stellte die Kölner Behörde bürgerliche Widerstandsgruppen wie die Bürgerinitiative (BI) in Gorleben in einen Funktionszusammenhang mit gewalttätigen Gruppen. Der Verfassungsschutz evozierte so für Atomkraftgegner eine Kollektivschuld für eventuelle Straftaten. Da 1997 die Kollektivschuld für Menschen ohne deutschen Paß bereits de jure eingeführt worden war (Abschiebung bei bloßer Teilnahme an einer Demonstration, von der Gewalt ausging), wirkte diese Art der Beschreibung im Verfassungsschutzbericht um so mehr als Instrument der Einschüchterung. In den Geschichtsdebatten wehrte sich die Union selbstverständlich gegen das gedankliche Konstrukt Kollektivschuld.

Im abwehraggressiven Umgang mit historischer Schuld entblößt sich auch neuer Antisemitismus

Die frühere Verdrängungsstrategie, die Judenverfolgung auf Auschwitz zu fokussieren und damit alle nicht unmittelbar an der Vernichtung mit Gas Beteiligten von Schuld freizusprechen, wurde in Frage gestellt, als die Klemperer-Tagebücher, Goldhagen und Reemtsma den Blick von den Konzentrations- und Vernichtungslagern weg und auf den Alltag der Zivilbevölkerung bzw. der Wehrmacht lenkten. Die Forschungen waren eine klare Absage an das exkulpierende Erinnerungsmuster, die Verbrecher seien »die Nazis«, »der NS-Staat«, Hitler, jedenfalls immer die anderen oder die *»Umstände«* (Habermas) gewesen. Das Projekt des Hamburger Instituts für Sozialforschung widerlegte die Mär von der sauberen Wehrmacht, die nichts vom Ausrottungsprogramm am jüdischen Volk in Osteuropa gewußt habe und erst recht nicht daran beteiligt gewesen sei. Die Planung des Kriegszugs im Osten sah die aktive Beteiligung der Wehrmacht an den Massenmorden vor: Jeder Jude sollte per se als Partisan gelten. Auch der Tod von Millionen russischer Kriegsgefangener war einkalkuliert. Die Gewalt des Krieges förderte zusätzlich Verrohung. Soldaten meldeten sich freiwillig zu Massenerschießungen. Goldhagen verweist darauf, daß nicht jeder Nachteile erfuhr, der sich solchen Aktionen verweigerte.

Nachdem die Wanderstellung bereits in vielen Städten gezeigt worden war, fand im Frühjahr 1997 vor der Eröffnung in

München die größte Demonstration rechtsextremer Gruppen seit 20 Jahren (6 000 Teilnehmer) statt. Zu jener Zeit hatten die Auslandseinsätze der Bundeswehr und ihr neues Image sowie die Betonung des Nationalen im politischen Alltag das Selbstbewußtsein dieser selbsternannten jungen Rächer des Ansehens ihrer Väter schon erheblich gehoben. Daß der Vorstandssprecher der Grünen, Jürgen Trittin, die Ausstellung besuchte und so Solidarität mit den Ausstellungsmachern bekundete, war vielen Medien berichtenswert. Peter Gauweiler und das CSU-Blatt »Bayernkurier« diffamierten die Ausstellung als einen »moralischen Vernichtungsfeldzug gegen das deutsche Volk« und die Nürnberger Prozesse als Siegerjustiz. Die CSU gab damit Neonazis Auftrieb. Die NPD forderte Peter Gauweiler auf, die Hauptrede bei der Münchner Demonstration gegen die Ausstellung zu halten und trug ihm gar die Mitgliedschaft an. Die Äußerungen aus der CSU wurden immer greller: Schließlich versuchte sie Jan Philipp Reemtsma nahe an den Massenmörder Hitler zu rücken, indem sie ihm die Toten durch Zigarettenrauch vorhielt. Der Sprecher des CSU-Landesvorstands erklärte, Gauweilers Äußerungen entsprächen »der Linie der Bayerischen Staatsregierung und der CSU«. Die Spitzenpolitiker der CSU, Stoiber und Waigel, deckten die rechte Hetze aus den eigenen Reihen mit ihrem Schweigen.

Die Grünen, PDS und SPD wollten die CSU-Spitze zu einer öffentlichen Stellungnahme zwingen. Wer dazu schweige, wenn Angehörige »einer traditionsreichen demokratischen Partei die dumpfesten neonazistischen Ressentiments« mobilisierten, wer dem nicht entschlossen entgegentrete, gefährde ebenfalls den demokratischen Grundkonsens der Bundesrepublik, stellte Otto Schily, SPD, am 13. März 1997 in der wegen der Münchner Hetze angesetzten Bundestagsdebatte zur Wehrmachtsausstellung fest.

Diese Bundestagsdebatte sticht aus den üblichen Debatten heraus. Nicht nur ältere Abgeordnete, sondern auch jüngere, auch Kabinettsmitglieder offenbarten damals, daß in Deutschland der Geist Haiders längst Mandate errungen hat. Die Debatte spiegelte zudem, wie sehr neue Mythen – eine Kontinuität vom Widerstand der preußischen Generäle zur Bundeswehr –, bereits den Blick auf die heutige Zeit vernebeln. Dennoch bewies die Debatte zeitweise hohes Reflektionsniveau, als es einigen Politikern gelang, Brücken über die Schützengräben zwischen den Parteien zu schlagen und – als Vertreter des Volkes, nicht einer Partei – die Schnittstelle zwischen persönlicher und deutscher Geschichte zu thematisieren.

Die 1943 geborene CDU-Abgeordnete Erika Steinbach vertrat die Position der NPD. Die Wehrmachtsausstellung sei eine »Scheuklappenausstellung«, sie sei »einseitig« und verletze die Gefallenen: »Diese Ausstellung hat etwas Infames an sich. Sie will diskreditieren; davon bin ich überzeugt.« Hauptredner der CDU war der Altpolitiker und frühere Wehrmachtssoldat Alfred Dregger, der die Ehre seiner früheren Kameraden um jeden Preis verteidigen wollte und sich gar zu der Behauptung verstieg, das deutsche Volk habe den Krieg ebenso wenig gewollt wie das russische und andere Völker, die »in ihn hineingezogen worden sind«. Für Dregger trieb die Ausstellung einen Keil zwischen die Generationen. Er forderte im Sinne des Friedens, die Vergangenheit mit der Zukunft zu verbinden, und würdigte insbesondere den Beitrag »von erfahrenen Wehrmachtsoffizieren« beim Aufbau der Bundeswehr – nach einer »grundlegenden Militärreform«.

Otto Schily hob die Aussprache auf ein anderes Niveau, indem er die häufige Verwendung des Schutzschilds Passiv in historischen Retrospektiven problematisierte als »den Unwillen und die Unfähigkeit vieler Menschen, sich auf die historische Wahrheit, auf die Untaten der Schreckenszeit« einzulassen. Er forderte dazu auf, sich selbst zu fragen, wie man in einer solchen Extremsituation gehandelt hätte. Am Beispiel der eigenen Familie vollzog er nach, wer sein Leben (als Partisan) für eine gerechte Sache eingesetzt habe und wer es in bloßer Verzweiflung weggab.

Verteidigungsminister Volker Rühe dagegen polierte einen

selbstgeschaffenen Mythos. Zwar erklärte er »Historische und moralische Wahrhaftigkeit fängt mit einer genauen Beobachtung und präziser Sprache an«, vermied es aber geschickt, auch nur ein einziges Mal von Verbrechen der Wehrmacht zu sprechen, sondern wies sie stattdessen dem politischen System zu: »Name und Handeln der Wehrmacht« seien mit einer »Katastrophe verbunden: mit der Diktatur des Nationalsozialismus, der Ungeheuerlichkeit seiner Verbrechen, mit millionenfachem Leiden und Sterben, mit dem Zusammenbruch Deutschlands und all seinen Folgen«. »Die Wehrmacht hat großes Leid gebracht; ihre Soldaten selbst haben großes Leid erlitten.« Auch die Debatte über die Ausstellung zu den Verbrechen der Wehrmacht war für Rühe nicht mehr als ein gern genutztes Stichwort, um auf die ihm eigene Art einen Schlußstrich unter die NS-Zeit zu ziehen: Er lenkte von den Verbrechen ab, vermied das Wort »Befreiung« (und damit die entscheidende Rolle der Alliierten) und stellte stattdessen wortreich die Kontinuität von »20. Juli« und Bundeswehr dar. Zur »Wahrheit über die Wehrmacht« gehöre der militärische Widerstand gegen Hitler. Rühes konsequente Suche nach unbefleckten Vätern für die Bundeswehr war eines der Lügengebilde, ohne die Fischer und Scharping die Bundeswehr nicht in den Krieg gegen das serbische Volk hätten schicken können.

Die Debatte, zwei Jahre vor dem Jugoslawienkrieg, offenbarte, daß es überhaupt keinen Konsens über Rolle und Verantwortung des einzelnen Wehrmachtssoldaten gab, über »*Schuld und Entschuldigung*«. Das macht sehr zweifelhaft, ob ein Konsens in bezug auf Bundeswehrsoldaten bestand. Daß die Union immer wieder den Streit über das Tucholsky-Zitat »Soldaten sind Mörder« entfachte, selbst noch nach dem Urteil des Bundesverfassungsgerichts[20], legt das Gegenteil nahe.

Otto Graf Lambsdorff, von Mai 1944 bis Kriegsende »Angehöriger der Wehrmacht« (Soldat), sprach sich grundsätzlich für die Ausstellung aus, bemängelte aber, daß sie nicht zeige, wie der geleistete Eid die Soldaten in Konflikte gebracht habe. Ob eher Angst und Übereinstimmung sie zu Gehorsam führte als der Eid, thematisierte er nicht. Lambsdorff hielt daran fest, daß NS-Regime habe »gezielt« die »Verstrickung« der verschiedenen Organisationen betrieben, und dieser »Verstrickung« hätten sich viele Befehlshaber nicht entzogen. Lambsdorffs scheinheilige Vokabel »Verstrickung« griff der 1944 desertierte Gerhard Zwerenz, PDS, auf: »Reden wir (...) nicht von ›Verstrickung‹; reden wir vom geplanten Genozid«. »Ohne diese Wehrmacht hätte es keinen Holocaust, keinen Genozid, keinen Zweiten Weltkrieg und nicht seine 50 Millionen Toten gegeben.« Deshalb müsse man darüber nachdenken, weshalb sich die Soldaten nicht verweigert hätten. Er erinnerte an den Widerstand von 1933, getragen im wesentlichen von Kommunisten. Beim Thema Widerstand nur auf den 20. Juli zu blicken lenke von dieser entscheidenden Frage der Verantwortung von Soldaten ab. Zwerenz konfrontierte noch radikaler als Schily mit der Frage Habermas' nach dem »*Verständnis von Freiheit – wie wir uns als verantwortliche Personen einschätzen und wieviel wir uns selbst als politisch Handelnden zumuten*«.

Heiner Geißler, CDU, bemühte passive Bewegungsverben: Viele Soldaten seien »Verführung« »zum Opfer gefallen« bzw. sie »fielen auch der Repression des Machtapparates zum Opfer und wurden so selbst Täter. Aber die überwiegende Anzahl waren eben nicht Verbrecher, auch mein Bruder nicht, der im November 1944 gefallen ist, und ebenso mein Vater nicht. Die Trauer um diese beiden und viele andere Soldaten galt keinen Verbrechern, sondern den Opfern einer von Politgangstern angezettelten Weltkriegsorgie.«[21] – Christa Nickels, Bündnis 90/Die Grünen, dagegen erzählte, ihr Vater, den sie »sehr geliebt« habe, hätte jahrelang unter Alpträumen gelitten. Später habe sie erfahren, daß er als Teil der Totenkopfdivisionen in Rußland und Polen war. Für sie hatte der »verbrecherische Krieg« diese Männer »zu was« gemacht. Da ihr Vater für sie trotzdem ein Mensch blieb, den sie liebte, kam sie für sich persönlich zu der Konsequenz, falls sich ihr die Gelegenheit böte, einem Deserteur zu helfen. – Allerdings sprach sie sich zwei Jahre später, inzwischen Parlamentarische Staatssekretärin, für den Überfall auf Jugoslawien aus.

Theo Waigel, CSU, der im Plenum als letzter Redner das Wort ergriff, sorgte dafür, daß diese Debatte allen konstruktiven Argumentationsansätzen zum Trotz ausging wie das Hornberger Schießen. Er erklärte, es gebe die Freiheit, diese Ausstellung zu zeigen und sie zu kritisieren, er selbst sei »kein Zensor dieser (Gauweilers – S. C.) Kritik«. Waigel verweigerte jede persönliche Stellungnahme zu den Verbrechen der Wehrmacht. Er forderte stattdessen für die Soldaten damals das Recht auf Überleben ein: Einer seiner Bekannten habe sich nur so der Gestapo entziehen können. Waigel versuchte mit Einzelbeispielen die Wehrmacht reinzuwaschen. Ein General der Wehrmacht habe in Waigels Heimatort Ursfeld, in dem es ein großes Heim für behinderte Menschen gab, die Einquartierung der SS verhindert und so das Leben der Behinderten gerettet. Dann zitierte Waigel Harro Schulze-Boysen und Oberst Stauffenberg, um in direktem Anschluß zu enden: »Das, meine sehr verehrten Kolleginnen und Kollegen, ist die deutsche Geschichte in ihrer Gesamtheit, auf die wir auch stolz sein können.«

Es war bezeichnend für die Lethargie der gewählten Repräsentanten während der 90er Jahre, daß Rühe, ohne Empörung auszulösen, in dieser Debatte erklären konnte, in der Bundeswehr gebe es »die Bindung von Befehl und Gehorsam an Recht und Gesetz«, obwohl er 1993 240 Soldaten in einen rechtlich nicht geklärten Einsatz nach Somalia geschickt hatte. Daß 1998/99 in den Debatten zum rechtswidrigen Überfall auf Jugoslawien nicht mehr auf diese Diskussion zur Wehrmachtsausstellung Bezug genommen wurde, ist kaum anders als mit intellektueller Apathie vieler Parlamentarier zu erklären. Statt sich von den Impulsen der Historiker anregen zu lassen, saß das Parlament Debatten konsequent aus.

Diese Weigerung, sich Aufklärung und Vernunft zu stellen, ist auch eine Art, einen Schlußstrich zu ziehen.

Daniel Goldhagen, ein junger jüdischer Wissenschaftler aus den USA, wurde weit schärfer angegriffen als die deutschen Wissenschaftler des Hamburger Instituts.[22] Der Antisemitismus, der Goldhagen entgegenschlug, schockiert, obwohl er angesichts des wiedererstarkenden rechten Denkens nicht verwundert. Während die Aussagen Goldhagens zu geschichtlichen Ereignissen breit diskutiert wurden, entstand kein Metadiskurs, der den in Rezensionen und in Diskussionen zutage tretenden Antisemitismus zum Thema gemacht hätte. Obwohl sich dieser Antisemitismus in Medien mit großer Breitenwirkung und hohem Ansehen ausbreitete, also nicht zu übersehen war. Paradebeispiel ist der »Spiegel«.

Der 1923 geborene Rudolf Augstein stand der Wehrmachtsausstellung wohlwollend gegenüber. Wäre er hier mit gleichem Maßstab vorgegangen wie bei Goldhagen, hätte er gegen eine (vermeintlich) alle Wehrmachtsangehörigen treffende Kollektivschuldthese der Ausstellungsmacher zu Felde ziehen müssen. Der Titel von Goldhagens Buch, »Hitlers willige Vollstrecker. Ganz gewöhnliche Deutsche und der Holocaust« kam sogar ganz ohne bestimmten Artikel aus. Trotzdem warf der »Spiegel« Goldhagen vor: »Ein ganzes Volk muß büßen – diese Nazi-These von der kollektiven Schuld der Juden kehrten die Sieger 1945 vorübergehend gegen die Deutschen. US-Wissenschaftler Daniel Goldhagen hat sie wiederbelebt. Sind die Deutschen wirklich ein Volk von Judenmördern? (…) Jetzt, da die jüngsten volljährigen Deutschen von 1945 über 70 Jahre alt sind, tritt der Forscher Daniel Goldhagen eher wie ein Staatsanwalt denn als Historiker auf, urteilt der konservative Londoner Spectator: Er inszeniert einen zweiten Nürnberger Prozeß, nun ›gegen ein ganzes Volk‹.«[23] Fritjof Meyer, Autor der Titelgeschichte, suggerierte durch die Komposition des Artikels, nun folge 50 Jahre später der lange Arm jüdischer Rache. Meyer vertrat das Geschichtsbild, die Deutschen hätten sich aus Ohnmacht unterworfen. Wer anderes behaupte, wie Goldhagen, den wehrte er mit der abwehraggressiven Projektion jüdischer Rache ab. Im »Spiegel« vom 15. April 1996 wurde Goldhagen sogar als »jüdischer Scharfrichter« diffamiert.

Ätzender noch ist der Antisemitismus, mit dem sich Herausgeber Augstein einige Wochen später (Der Spiegel, 33/1996) selbst des Themas annahm. Anders als in seinem Artikel zur Wehrmachtsausstellung argumentierte er gegen Goldhagen ganz aus der Perspektive des Soldaten, für den Befehl Befehl war. Ein nach der Befreiung Bergen-Belsens aufgenommenes Foto mit einem Leichenkarren und SS-Unterscharführer F. Hosler trug die Unterschrift »Holocaust-Handlanger«. Für SS-Standartenführer Otto Ohlendorf, verantwortlich für die Ermordung von 90000, meist jüdischen, Zivilisten, brachte Augstein Verständnis auf: »Er galt als ›sanfter‹ Killer, als Humanist. (...) Es ging ihm um Disziplin, er selbst hat nie geschossen. Aber weil er (...) seine eigene völkische, den Nazis nur parallele Philosophie darlegte, wollte Reinhard Heydrich ihn unbedingt in sein Vernichtungsprogramm einbeziehen. Hätte Ohlendorf ablehnen können? Direkt, so wie ich das Regime kenne, wohl nicht. Aber einen Weg, ihn wegen Verweigerung nicht zu erschießen, hätte man wohl gefunden.« Der Herausgeber eines seltsamerweise immer noch als linksliberal eingestuften Magazins stellte diese rhetorische Frage.

In seinem Artikel wertete er den andersdenkenden Goldhagen ab: »ein 22jähriger Studiosus«, »der junge Politologiestudent«, er habe sich »in der Wagenburg seiner wissenschaftlichen Forschungen verschanzt«, »der Harvard-Professor«. Augstein räumte zwar am Ende seines Textes ein, es könne »nur gut sein könne«, »daß die Holocaust-Geschichte noch einmal aufgerollt wird«, zitierte aber direkt daneben Michal Bodemann, Soziologieprofessor aus Toronto: »Ob dieses Buch am Ende aufklärend wirkt oder die Glut verborgener Ressentiments aufs neue schürt, bleibt heute noch eine offene Frage.« Gedeckt durch das Zitat, vertrat er damit in seinem Massenblatt implizit die gleiche verheerende These wie Walser, die Juden seien selbst für den Antisemitismus, der ihnen entgegenschlägt, verantwortlich.

Im Gespräch mit Goldhagen (Der Spiegel, 33/1996) erklärte Augstein, die Reichspogromnacht »hat nur einen einzigen Vorteil gehabt: Sie hat sehr viele Juden doch noch überzeugt, daß sie wegmüßten.« Darin äußert sich, noch fünfzig Jahre nach der Befreiung, die Bereitschaft, die Ausgrenzung und Vertreibung der Juden zu akzeptieren, also das Denken, mit dem Augstein von Goldhagen nicht konfrontiert werden wollte.

Der »Spiegel«-Herausgeber warf Goldhagen vor: »Sie als junger, in einer Demokratie aufgewachsener Amerikaner können sich den Anpassungsdruck (...) während der Hitlerdiktatur sicher nicht vorstellen. Später hatten wir den Terror der Diktatur *und* den Terror des Krieges.« Er ließ den Einwand des Wissenschaftlers, daß die NS-Diktatur sich großer Popularität erfreut habe, nicht gelten: Die Bevölkerung habe sich nicht »um die Juden gekümmert«, »die Person Hitlers« käme bei Goldhagen »zu kurz«.

Noch dreister ließ Augstein Antisemitismus freien Lauf, als er im »Spiegel« 49/1998 Walser verteidigte, der in seiner Rede in der Paulskirche zur Verleihung des Friedenspreises des Deutschen Buchhandels[24] einen Schlußstrich unter die Erinnerung der Shoah gefordert hatte. Walser führte aus, manche Themen würden zu »Gewissensthemen« der Epoche »gemacht«: »Jeder kennt unsere geschichtliche Last, die unvergängliche Schande, kein Tag, an dem sie uns nicht vorgehalten wird.« Auschwitz werde als »Moralkeule« benutzt, das Holocaustdenkmal in Berlin sei die »Monumentalisierung der Schande«. »Meinungssoldaten« würden »mit vorgehaltener Moralpistole« Schriftsteller »in den Meinungsdienst nötigen«. Mehrfach relativierte Walser die Verbrechen, u. a. durch das Heidegger-Zitat »Das Schuldigsein gehört zum Dasein selbst.« Er kehrte die Position von Opfer und Täter um und stellte die Deutschen als Opfer von Leuten dar, die die Shoah benutzten, um Deutsche zu demütigen oder um Geld zu verdienen.

Augstein übersetzte dies in eine Sprache, die der Straße eingängig ist: das Holocaustmahnmal, ein »steinernes Brandmal«. Es werde den Deutschen aufgezwungen, dagegen könne sich Deutschland mit Blick auf »die New Yorker Presse und die Haifische im Anwaltsgewand« nicht wehren. »Das Weltjudentum ist eine jroße Macht«, zitierte er Adenauer. Die Weltpresse werde die Deutschen »jedes Jahr und lebenslang, und das bis ins siebte Glied« verfolgen. Der Fluch bis ins siebte Glied entstammt dem Alten Testament, dem »jüdischen« Teil der Bibel.

Dem Frankfurter »Baulöwen« (Bubis) und dem Zentralratsmitglied Michel Friedman sprach Augstein das Recht ab, zu Fragen der Erinnerung der Shoah Stellung zu beziehen. Bubis sei »zu befangen«, als daß man ein »diffiziles Vorhaben« wie die Nationale Gedenkstätte mit ihm diskutieren könne. »Michel Friedman, 42«, der festgestellt hatte, die junge Generation in Deutschland trage Mitverantwortung für die Pflege der Erinnerung an den Holocaust, wurde von Augstein ebenfalls abgeschmettert: »dies zu fordern, ist er auch nicht der Mann«. Die Perspektive der Opfer und ihrer Nachfahren störte Augstein, deshalb nahm er sich »das Recht«, sie auszuschalten. Als Überschrift trug Augsteins Kommentar das Walser-Zitat »Wir sind alle verletzbar«.

Welche Konsequenzen haben solche Bewertungen für das Engagement von Bürgern in einer Demokratie, die die Menschen- und Grundrechte von Ausländern für antastbar erklärt hat? Während sich die Feuilletons zu Recht über Walser empörten, trieb der »Spiegel« seine Hetze ungestört weiter.

Schröder, der erklärt, daß Deutschland sich nicht mehr »mit dem schlechten Gewissen traktieren« lasse, setzt die Schlußstrich-Argumentationen von Walser und Augstein in Politik um. Konkret wird dies z. B. im *unverkrampften* Ablaßkauf bei ehemaligen Zwangsarbeitern. Ziel ist es, die deutsche Industrie vor Entschädigungsklagen und vor Boykottkampagnen auf dem amerikanischen Markt zu schützen. Die zehn Millionen Menschen, die als Sklavenarbeiter ausgebeutet wurden, waren nicht Nazi-Opfer, sondern primär Opfer der kriegsgewinnlerischen Zivilbevölkerung. Manche Firmen verlegten ihre Fabriken direkt neben die Lager, um möglichst optimalen Zugriff auf die schutzlosen Menschen zu haben, z. B. IG Farben nach Auschwitz, Siemens nach Ravensbrück. Wären die Regierung Schröder und das Parlament geschichtsbewußt und wollten sie die Zwangsarbeiter entschädigen, könnten sie Industrie, Landwirtschaft, aber auch Steuerzahlern und Rentnern eine einmalige Zahlung abverlangen. Stattdessen schlägt die Bundesregierung eine derart minimale Summe vor, daß von vornherein eine Konstruktion gewählt werden mußte, die viele Zwangsarbeiter gar nicht zu den Anspruchsberechtigten zählt (z. B. Zwangsarbeiter, die in der Landwirtschaft arbeiten mußten, bzw. außerhalb Deutschlands). Sehr viele der noch lebenden Opfer werden schon deshalb leer ausgehen. Mit zehn Milliarden Mark kann man beim individuellen Opfer nicht Abbitte leisten. Das Entschädigungsmodell summiert die Opfer zu einer Masse, die sich um den kleinen Entschädigungstopf prügeln soll. Das Verfahren entwürdigt die Opfer zum zweiten Mal, da es das individuelle Schicksal leugnet statt den Menschen, dem schweres Unrecht angetan wurde, in den Mittelpunkt zu stellen.

Die Unternehmen andererseits können sich mit nur einem Promille des letzten Jahresumsatzes von Klagen freikaufen, wenn sie überhaupt einzahlen wollen. Den ehemaligen Zwangsarbeitern dagegen soll für ein Linsengericht die Unterschrift abgekauft werden, daß sie auf jede weitere Schadensersatzforderung »im Zusammenhang mit nationalsozialistischem Unrecht« verzichten. Ein erpresserischer Akt. Die Opfer sind auch in dieser Hinsicht Objekte der »Entschädigungsregelung«, nicht Subjekte, deren Würde man hervorheben will.

Schröder und seine Mitarbeiter, die diese Freikaufsregelung politisch betreiben, haben das Ausmaß der Schuld gegenüber den Zwangsarbeitern überhaupt nicht begriffen. Ähnlich ist es in der Gesellschaft. Der Widerwille oder die Angst, sich auf die Erlebnisse und die Perspektive der Opfer einzulassen – typisch für den »autoritären Charakter« (Adorno) –, ist in Deutschland verbreitet, sogar in der anerkannten Kunstszene zu finden. In der Vilsmaier-Verfilmung des Buchs »Herbstmilch« (Erinnerungen der Bäuerin Anna Wimschneider) wird minutenlang mit erlebnisnaher, bewegter Kameraführung gezeigt, wie die schwangere Bäuerin beim Pflügen geschleift wird. Ihr Mann wurde rekrutiert, und sie hat nicht genug Kraft, das Zugtier zu zügeln. Der Betrachter entwickelt zwangsläufig Zustimmung zu ihrem beim zuständigen NS-Ortsleiter vorgetragenen Anspruch, kein Mädchen vom BDM, sondern einen Zwangsarbeiter für die harte Arbeit zu bekommen. Die Verfilmung schafft keinerlei Distanz zu diesem Unrecht, sondern nimmt sogar für die kriegsgewinnlerische Unrechtsposition ein. Doch löste die Filmsequenz Empörung aus? Nein.

Im November 1997 wurde die Frage der Entschädigung der früheren Zwangsarbeiter auf Antrag der Grünen schon einmal im Bundestag diskutiert. Die anvisierten Einmalbeträge waren höher, aber auch schmählich niedrig: 500 Mark für die, jetzt ganz ausgeschlossenen, Sklavenarbeiter in der Landwirtschaft, bis zu 10 000 Mark bei gleichzeitigem, mindestens einjährigem Haftaufenthalt. Mehr sei nicht bezahlbar. Der Antrag wurde abgelehnt. In derselben Sitzungswoche wurde auch über Übergangs- und Ruhegelder ehemaliger Regierungsmitglieder debattiert. Daß ein Politiker nach acht Jahren als Staatssekretär und Abgeordneter eine monatliche Pension von mehr als 10 000 Mark erhalten solle, schien bezahlbar. Das läßt nur den beschämenden Schluß zu, daß für die Mitglieder des Hohen Hauses die ehemaligen Zwangsarbeiter immer noch Menschen minderen Rechts sind. Oder gar minderwertige Menschen? In derselben Sitzungswoche im

November 1997 berichteten übrigens mehrere Medien, nach wie vor würden Renten für ehemalige SS-Leute gezahlt.

Daß der Schlußstrich de facto kein Schlußstrich ist, sondern eine teilweise Wiederaufnahme des Denkens der nationalsozialistischen Zeit, belegen die sogenannte Entschädigungsregelung für Zwangsarbeiter der Regierung Schröder ebenso wie die – wegen der Breitenwirkung besonders bedeutsamen – »Spiegel«-Texte zu Goldhagen und Walser.

Goldhagen sprach vom eliminatorischen Antisemitismus. Wieviel davon wurde von Politikern wie Rühe und Kanther in den 90er Jahren in eliminatorische Ausländerfeindlichkeit überführt?

Ausgrenzung im Sinne der Republikaner und der NPD erhält eine $^{2}/_{3}$-Mehrheit im Deutschen Bundestag

Die – freiwillige bzw. durch Bürgerkrieg erzwungene – Westwanderung nach 1989 verschärfte die Probleme, die Westdeutschland in die Vereinigung einbrachte: insbesondere Wohnungsmangel, die u. a. durch lean production ausgelöste wachsende Erwerbslosigkeit und wachsende Armut. Statt die Vereinigung Deutschlands zum Anlaß zu nehmen, das westliche System ökologisch und sozial zukunftsfähig zu reformieren, also strukturelle Veränderungen großen Umfangs durchzusetzen, versprach Kohl den Bürgern im Westen, die Vereinigung werde nicht zu zusätzlichen Steuern führen, und den Bürgern im Osten, sie werde »blühende Landschaften« bescheren. Für die Verwalter der Macht schuf es am wenigsten politische Konflikte mit der nach 89 erstarkten Wirtschaft, die wachsende Kluft zwischen Arm und Reich durch Nationalismus zu überbrücken. Die billigste Lösung, dem wachsenden Unmut Herr zu werden, war es, neue Feindbilder zu schaffen: Mißbraucher des Asylrechts, dann Mißbraucher des Sozialstaats und (organisierte) Kriminalität. Da Kohl

Sicherheit im Sinn der *sozialen* Marktwirtschaft nicht mehr bieten konnte, propagierte die Union gemeinsam mit dem rechten Flügel der Gesellschaft als Ausgleich Sicherheit in einer weitgehend monokulturellen Gesellschaft, »die Fiktion nationalistischer Volksgemeinschaft« (Roland Appel)[25]. Diese Fiktion war das Instrument, das ausgeschlossene Drittel von Protesten gegen die Regierung abzulenken, das Mittel also, mit der Zwei-Drittel-Gesellschaft zu leben: Man gab den Ausgeschlossenen eine Ideologie und damit einen Schlagstock gegen noch Schwächere. Die Union suggerierte, wenn es gelänge, die Zahl der Ausländer in Deutschland zu begrenzen, seien Wohlstand und Sicherheit der Deutschen gewährleistet. Nicht-Deutsche wurden zu potentiellen Störern erklärt. Die Union, die 1990 gegen Oskar Lafontaines aufklärenden Wahlkampf eine Illusion gegen Wählerstimmen verkaufte, machte sich damit mitschuldig am Wachsen von Enttäuschung und Aggression im Osten. »Aggressiv wurde das betont, was die Vereinigung real für viele allein gebracht hat: die bundesdeutsche Staatsangehörigkeit, die auf dem Papier beglaubigte Zugehörigkeit zu jenem Wirtschaftswunderland, das inzwischen keines mehr ist. Es hat der Bonner Politik bedurft, um aus den Mitläufern der DDR-Implosion auch den Mob zu formen.« (Jürgen Trittin)[26] Am schärfsten analysierte der zur SPD-Rechten gehörende Hans-Ulrich Klose in der Bundestagssitzung vom 16. Juni 1993 die Hintergründe der rechtsextremen Gewalttaten: Er sprach über die im neoliberalen Zeitalter etablierte Leistungsgesellschaft, in der »die Ich-Tugenden Selbstverwirklichung, Durchsetzungsvermögen und Leistungsstärke« die »Wir-Tugenden Rücksichtnahme, Toleranz und Solidarität« in den Hintergrund drückten und in der die Angst vor Versagen wachse. Klose fragte: »Welches Maß an Wachstum können wir uns noch erlauben, ohne uns selbst zugrunde zu richten?« Rassistische Gewalttaten als Konsequenz entfesselten Kapitalismus – der Bundestag griff diese Analyse bezeichnenderweise nicht auf, obwohl mehrfach vom historischen Faschismus die Rede war.

Die Union betrieb de facto Anfang der 90er Jahre nationalistische Einwanderungspolitik. Deutschstämmige Aussiedler wurden in großer Zahl aufgenommen. Öffentlich vertrat die Bundesregierung jedoch die These, kein Einwanderungsland zu sein, weigerte sich strikt, Einbürgerungspolitik zu betreiben – und gab damit denen Auftrieb, die »Deutschland den Deutschen« forderten. Bewußt agitierte die Regierung mit falschen Zahlen: Asylbewerber, Menschen mit Duldung, Bürgerkriegsflüchtlinge und Aussiedler wurden alle zusammengefaßt, um mit hohen Zahlen Stimmung gegen den Asylparagraphen zu machen. Mangels eines Ausführungsgesetzes zur Genfer Flüchtlingskonvention waren Bürgerkriegsflüchtlinge gezwungen, einen Asylantrag zu stellen. Der wurde als unbegründet zurückgewiesen, aber ein Bleiberecht ausgesprochen. Während sich die Regierung mit der Aufnahme von Bürgerkriegsflüchtlingen als human darstellen konnte, benutzte sie die Zahl für ihre Hetze gegen das Asylrecht. Das Ansteigen der Asylbewerberzahlen 1990/91 hängt auch damit zusammen, daß nun Verwandte von Asylbewerbern statistisch miterfaßt wurden. Der Anstieg 1992/93 liegt im Bürgerkrieg in Jugoslawien begründet: Deutschland als Zufluchtsland lag näher als Portugal oder Großbritannien. Vertreter aller Parteien fielen auf den Trick der Regierung herein, aufgrund absoluter Zahlen zu behaupten, Deutschland nehme mehr Flüchtlinge auf als alle anderen europäischen Länder. Vergleicht man die Aufnahme von Flüchtlingen mit den Einwohnerzahlen der jeweiligen europäischen Länder, steht Deutschland keineswegs vorne. Helmut Kohl brüstete sich am 16. Juni 1993 im Bundestag mit der Aufnahme von 300 000 Flüchtlingen im Jahre 1992. Er fügte sogar – stolz! – hinzu, das seien acht Prozent der weltweit 15 Millionen Flüchtlinge. Selbst PDS und Bündnis 90 ließen die Gelegenheit ungenutzt, nachzufragen, ob er nicht mit verzerrten Perspektiven agitiere. Unterstellt, die 300 000 wären tatsächlich alle neu nach Deutschland gekommen: Sind 300 000 Flüchtlinge für einen 80-Millionen-Einwohner Staat eine

Überbelastung? In der Nachkriegszeit nahm Westdeutschland zwölf Millionen Flüchtlinge aus dem Osten auf. Israel, 1990 ein Land mit vier Millionen Einwohnern (davon 800 000 arabische Israelis), ließ während des vergangenen Jahrzehnts eine Million Neueinwanderer einreisen. De facto »strömten« Anfang der 90er gar nicht Flüchtlinge in großer Zahl nach Deutschland, sondern die Regierung war nicht in der Lage, die verhältnismäßig wenigen zu integrieren. Geht man von der Wirtschaftskraft aus, müßte Deutschland weit mehr als acht Prozent der weltweiten Flüchtlinge aufnehmen können.

Selbst Anfang 2000 agitierte die Union noch mit der Behauptung, Deutschland nehme die meisten Asylbewerber auf – de facto stand Deutschland mit 1,2 Prozent Asyl-Erstanträgen (in bezug zur Bevölkerung) auf Platz 8 in Europa. An der Spitze war die Schweiz mit 5,68 Prozent, gefolgt von den Niederlanden mit 2,86 Prozent. Anfang 2000 nahmen die Niederlande, Großbritannien, die Schweiz und Belgien, die zusammen etwa die Bevölkerungszahl Deutschlands haben, mehr als die Hälfte der Flüchtlinge in Europa auf.

Auch die Zahl von 6,5 Millionen (1993) in Deutschland lebenden Ausländern war Konsequenz gewollt verzerrender Perspektive. Darunter waren 1,3 Millionen Kinder und Jugendliche unter 16 Jahren, zum überwiegenden Teil in Deutschland geboren. Statt sie, wie es Richard von Weizsäcker 1992 und 1993 immer wieder forderte, als deutsche Bürger ausländischer Herkunft anzusehen, wurden sie als »ausländische Mitbürger« und als »Gäste« ausgegrenzt. Auch »türkische« und »tunesische« Kinder brauchen jetzt einen Vermerk im Paß, ein Visum. Gäste haben kein Mitspracherecht, die Position des Mächtigen besetzt immer der Gastgeber.

Schöngeredet wurde der neue Rassismus auch von den meisten Linken mit Vokabeln wie »Fremden-« oder »Ausländerfeindlichkeit«. De facto richtete sich die Aggression aber nicht gegen reiche Weiße – aus der Schweiz, den USA, Frankreich oder Großbritannien –, sondern gegen arme Menschen mit anderer Hautfarbe. Der frühere niedersächsische Ministerpräsident Ernst Albrecht (CDU), den Helmut Kohl 1984 als Bundespräsidenten präferiert hatte, erklärte 1989 den Einzug der Republikaner ins Berliner Abgeordnetenhaus damit, daß die Angst vor Fremden den Menschen wie fast allen Lebewesen seit Millionen Jahren mitgegeben sei. Biologische Determiniertheit ist der ideale Freibrief für rechtsradikale Schläger. Dregger und Norbert Geis sprachen am 26. Mai 1993 in der Asyldebatte von »Überfremdung«, jedes Volk habe das Recht, sich dagegen zur Wehr zu setzen. Stoiber warnte davor, die deutsche Gesellschaft werde »durchmischt und durchrasst« (Die Zeit, 11. 11. 1988). Kulturelle Unterschiede wurden als unaufhebbar und unvereinbar dargestellt.

Statt sich der sozialen Probleme in Deutschland anzunehmen, bereitete die Union dem Straßenkrieg rechtsextremer deutscher Jugendlicher den Boden, indem sie Kampfworte prägte – »Scheinasylant«, »Wirtschaftsflüchtling«[27] – und ihnen die Kulisse schuf – Deutschland von Flüchtlingsströmen bedroht, das Boot übervoll etc. –, vor der »rechts« »geil« war, vor der die Jungmännerbanden sich einreden konnten, eine positive, schützende Aufgabe, eine Mission zu haben. Gewalt machte plötzlich nicht mehr nur, wie im Fußballstadion, »Spaß«, sondern diente einem höheren Auftrag. Ihre Baseballschläger und ihre Brandsätze konnten sie sich nicht im Adenauerhaus abholen, aber dort erhielten sie zur Kampfausrüstung in verschlüsselter Sprache ihren Auftrag und ihr gutes Gewissen.

Voraufgegangen war den 1992 und 1993 immer gefährlicher und zahlreicher werdenden Gewalttaten eine zielgerichtete Hetzaktion von CDU-Generalsekretär Volker Rühe. Am 12. September 1991 schickte Rühe einen Rundbrief an alle Orts- und Kreisverbände, Rats- und Landtagsfraktionen. Die Kamgagne sollte der Grundgesetzänderung den Weg bereiten. Sie stellte ein umfangreiches Paket von Anlagen bereit: Argumentationshilfen zum »Scheinasylanten«; vorgefertigte Musteranträge für den Gemeinderat (die Aufnahmekapazitäten in der Gemeinde seien erschöpft, Übergangseinrichtungen überbelegt, weitere Asylbewerber seien nicht verkraftbar etc.) mit dem Hinweis, an den gepünktelten Stellen jeweils den Namen der Gemeinde bzw. einige aktuelle Daten zur örtlichen Situation einzufügen; Muster-Presseerklärungen und Muster-Resolutionen waren ebenfalls im Paket. CDU-Kommunalpolitiker sollten bei ihren Verwaltungen im Dienste der Ausgrenzung nachfragen, ob die Flüchtlinge das Leben innerhalb der Gemeinde behinderten – weil sie beispielsweise in der Turnhalle untergebracht waren. Auch nach den Kosten für Unterbringung und Versorgung der Asylbewerber sollten sie sich erkundigen. Um die SPD für die nötige Zwei-Drittelmehrheit zur Grundgesetzänderung weichzuklopfen, sollten die Kommunalpolitiker ihre SPD-Kollegen in den Räten in Zugzwang bringen. Die CDU-Bundespolitiker schließlich sollten die Klagen und Beschwerden über Asylbewerber aus ihren Wahlkreisen an die große Glocke hängen. Generalsekretär Rühe schuf generalstabsmäßig ein Feindbild und eine zielorientierte Kampagne, die sich massiv entmündigender Formulierungshilfen bediente – statt eine Diskussion auf der Basis der Vernunft anzuregen.

Obwohl zu jener Zeit bereits viel von »organisierter Kriminalität« die Rede war, wurde dieser Begriff nicht auf die Union angewandt, die Jugendliche geistig so aufrüstete, daß sie kriminell wurden und mit ihren Gewalttaten das von der Union gewünschte Klima zur Durchsetzung der Grundgesetzänderung schufen. Es wurde nicht wirklich diskutiert, wo die Anstiftung zu Verbrechen beginnt. Die Frage nach der Mitschuld der Politiker wurde verdrängt durch den vereinigten Angriff der Demokraten auf die (ebenfalls mitverantwortlichen) Medien, die gewaltverherrlichende Beiträge sendeten. Die Taten, selbst den Anschlag von Mölln im November 1992, spielte Kohl herunter: Er interpretierte sie nur im Rahmen des allgemeinen Trends zunehmender Kriminalität. Die Täter deckte der Verfassungsschutzbericht 1992 noch damit, daß er, wissenschaftlichen Untersuchungen zum Trotz, erklärte, es seien »Einzeltäter«, keine Gruppen. Das Verhalten Kohls in dieser Menschen das Leben kostenden Frage ist viel verheerender und dem Geiste nach verbrecherischer als die schwarzen Konten, die so viel mehr Kritik hervorriefen. Dagmar Enkelmann, PDS, nannte die CDU-Kampagne in der Asyldebatte vom 26. Mai 1993 immerhin »geistige Vergewaltigung von jungen Menschen«. Diese von Kohl und seinem Generalsekretär Rühe losgetretene Hetze griff nur, weil viele Parteimitglieder auf kommunal-, landes- und bundespolitischer Ebene bereit waren, mitzumachen. Auch hier stellt sich Habermas Frage nach der *»Grenze zwischen Freiheit und Zwang, Schuld und Entschuldigung«*, nach dem individuellen *»Verständnis von Freiheit – wie wir uns als verantwortliche Personen einschätzen und wieviel wir uns selbst als politisch Handelnden zumuten«*.

Richard von Weizsäcker warnte mehrfach nachdrücklich davor, auf das Problem der Gewalttaten von rechts mit einer Einschränkung des Asylrechts zu reagieren, da dies die Probleme nicht löse, sondern von der rechten Szene sogar als Bestärkung ihrer Position interpretiert werde und zu einer Zunahme der Gewalt führe. Die Gewerkschaften, billige Konkurrenz für Arbeiter fürchtend, verhielten sich weitgehend schweigsam, obwohl es in ihrem Interesse gelegen hätte, die durch die Grundgesetzänderung zunehmende Illegalisierung von Ausländern zu verhindern. Denn Illegalisierte können sich gegen Lohndumping nicht wehren. Daher führte gerade die Entrechtung von Ausländern zwangsläufig zu neuen Lohnkoordinaten für legal Beschäftigte. Die SPD, verunsichert durch Wahlniederlagen, gierte nach einer »wichtigen Rolle«, biederte sich an: Der Parteitag im November 1992 bahnte dem »Asylkompromiß« der Altparteien vom 6. Dezember 1992 den Weg. Die Union besserte dieses Konzept in ihrem Sinne bis zur Grundgesetzänderung im Mai 1993 an mehreren Punkten nach, z. B. fügte sie die sogenannte Flughafenregelung ein. Die tatsächlichen politischen Absichten der Union partout nicht sehend wollend, hoffte die SPD darauf, daß die Koalition im Gegenzug zur Zustimmung bei der Änderung des

Art. 16 die doppelte Staatsbürgerschaft und Einbürgerung erleichtern würde. Diese Hoffnung war völlig unrealistisch. Die Hälfte der SPD-Bundestagsabgeordneten stimmten schließlich mit der Koalition für folgendes Paket: Das Recht auf Asyl in Art. 16 Abs. 1 wurde verbal beibehalten, inhaltlich aber ausgehöhlt: In Abs. 2 wurde über die Konstruktion »sicherer Drittstaaten« der Fluchtweg das entscheidende Kriterium (statt des Fluchtgrunds); eingeführt wurden Listen von Ländern, in denen es keine Verfolgung gebe (u. a. Rumänien und Ghana); die Flughafenregelung ermöglichte unakzeptable Schnellverfahren; rechtsstaatliche Mittel zu ihrem Schutz in Anspruch zu nehmen, wurde Asylbewerbern weitgehend verweigert (Art. 19 Abs. 4); das gesamte Verfahren wurde enorm beschleunigt; das Asylbewerberleistungsgesetz stellte die Versorgung um auf Sachleistungen; die Sozialhilfe für Asylbewerber wurde gekürzt.

Den demokratischen Verfall, Unernst und anmaßende Willkür im Umgang mit der Verfassung und mit Grundrechten, der bei vielen Abgeordneten zu beobachtende Trend zur ganz nach der jeweiligen Opportunität ausgerichteten Rede spiegeln zwei Bundestagsdebatten vom Frühsommer 1993: Die Sitzung zur Aushöhlung des Asylrechts am 26. Mai 1993 und die Debatte vom 16. Juni zu Rechtsextremismus. Dazwischen lag, drei Tage nach der Asylentscheidung, der Brandanschlag von Solingen am 29. Mai, bei dem fünf Menschen türkischer Herkunft von jungen Rechtsextremen ermordet wurden.

Während der mehr als zehnstündigen Debatte zur Grundgesetzänderung ergriff der Kanzler nicht ein einziges Mal das Wort, sondern Schäuble, Dregger, Seiters, Rühe, Glos und andere *räumten* den Art. 16 für ihn *auf.* Aber auch wenn er verbal und aktiv nicht in Erscheinung treten wollte: Der Kanzler verantwortet letztlich die Politik.

De jure nahm an der Asyldebatte nur ein Abgeordneter der Republikaner teil, der aus der Union stammende Rudolf Karl Krause. Aber Peter Conradi von der SPD-Linken bezweifelte in seinen Zwischenrufen mehrfach, ob wirklich nur ein Republikaner mitdebattiere. Krause selbst gab Conradi – der Wahrheit entsprechend – recht, stellte er doch fest, daß die Unionsabgeordneten Dregger, Schäuble und Seiters (damals Innenminister) schon seine Rede vorweggenommen hätten. Otto Schily, Jurist, ehemaliger Grüner und 1993 schon rechter SPD-Abgeordneter, erklärte den Art. 16 zur »unglückliche(n) Fehlkonstruktion« und ordnete sich mit dem Satz: »Die Gewährleistung des Asyls in Form eines individuellen Grundrechts gehört nicht zu den elementaren Bestandteilen der Verfassungsstruktur des Grundgesetzes« ebenfalls in die ultrarechte Phalanx ein.

Nicht das deutsche Volk, sondern die deutsche Politik habe in der Asylfrage versagt, so Republikaner Krause, Dregger und andere Unionsabgeordnete in schöner Einmütigkeit. Die Frage der Zuwanderung wollte Krause als »Naturwissenschaftler« klären: Nicht mehr als fünf Prozent innerhalb einer Generation seien »assimilierbar«. Krause bestätigte außerdem Gysis Hinweis, die Gesetzesänderungen entsprächen genau dem Programm der Republikaner. Das Rosenheimer Programm der Republikaner vom Januar 1990 enthält die Drittstaatenregelung, die zentrale Unterbringung in Gemeinschaftsunterkünften während des Asylverfahrens, die Umstellung auf Sachleistungen und die Beschleunigung des Verfahrens. Auch die NPD hatte schon 1991 frohlockt, die Diskussion um das Asylrecht nähere »sich mit Riesenschritten der Argumentationsebene der NPD«[28].

Im Bundestag fand sich also am 26. Mai 1993 eine Zwei-Drittel-Mehrheit zur Durchsetzung der Forderungen von NPD und Republikanern – unter dem Deckmantel, man könne Zulauf zu diesen Parteien und weitere Gewalttaten nur durch die Änderung der Verfassung erreichen. Durch die Bank stellten sich die Abgeordneten als um die Demokratie besorgt dar. *Es gibt zu diesem harten Weg keine Alternative* – diese Strategie, mit der die vereinigten Demokraten am 16. Oktober 1998 den Vorratsbeschluß für die Kriegsteilnahme faßten, wurde bereits 1993 auf Kosten von Flüchtlingen eingeübt.

Es gab allgemeines Geplänkel über die Bedeutung von Medien und Erziehung und konkretere Vorstellungen über mehr Befugnisse für Polizei und Sicherheitsstaat, aber über Alternativen zur Grundgesetzänderung wurde gar nicht mehr diskutiert. Die Tatsache, daß man den problematischen Zustand selbst wesentlich herbeigeführt habe, wurde kaum erwähnt. Auch dies sind Parallelen zur Show vom 16. Oktober 1998.

Wie sehr die diffamierende und ausgrenzende Sichtweise der Union das Denken der meisten Parlamentarier bestimmte, offenbarte, daß selbst ein mit Nein stimmender Sozialdemokrat wie Ernst Waldemathe formulierte: »Die Konsequenz von Mißbrauch kann aber gerade nicht heißen, dann das ganze Grundrecht abzuschaffen.« Das Wort »Mißbrauch« ist in diesem Satz fehl am Platz. Den Versuch von Bürgerkriegsflüchtlingen, der größten Gruppe der »Mißbraucher«, ihr Leben mangels gesetzlicher Alternative über einen Asylantrag zu retten, ist schließlich kein Mißbrauch, sondern legitimes Überlebensmittel.

Der rechte Flügel der SPD redete sich den krummen Rücken schön: Wie absurd – und aus der Perspektive von Flüchtlingen: scheinheilig – diese Argumentationen teilweise waren, zeigt beispielsweise die Rede des dritten SPD-Redners, Jürgen Schmude, der richtig bemängelte, für den vorläufigen Rechtsschutz der Asylbewerber gegen Fehlentscheidungen stehe nur das Bundesverfassungsgericht zur Verfügung, das mit einer einstweiligen Anordnung die Abschiebung aufschieben könne. Dies würde das Bundesverfassungsgericht zu einem »Ersatzverwaltungsgericht« machen, was der Spitze der Judikative nicht zumutbar sei. Schmude sah ganz klar den Fehler und das Versagen des Gesetzgebers, nahm das Recht zu versagen und schlechte Gesetze zu machen aber ganz selbstverständlich in Anspruch: »Ein weiteres Mal, meine Damen und Herren, soll so ein politischer Fehler in Gesetzesform gegossen und zur Berichtigung dem Bundesverfassungsgericht zugespielt werden.« Mit explizitem Hinweis auf die Verläßlichkeit des Bundesverfassungsgerichts forderte Schmude fahrlässig dazu auf, der Grundgesetzänderung zuzustimmen. Blickt man von der Metaebene auf diesen Vorgang, muß man die Abdankung der Legislative registrieren. Das Karlsruher Gericht, das die Scharte des verantwortungsvergessenen Parlaments auswetzen sollte, beschloß jedoch entnervt nach drei Jahren am 14. Mai 1996 in der Flughafenentscheidung, Flüchtlinge könnten auch dann abgeschoben werden, wenn eine Verfassungsbeschwerde anhängig sei. »Sie können doch vom Ausland (d. h. vom Verfolgerstaat – S. C.) aus klagen! Das ist der Punkt!« Wolfgang Schäubles 1993 noch atemraubender Einwurf während der Asyldebatte erhielt damit schon drei Jahre später höchste Weihen.

Anders als in der Debatte über Rechtsextremismus drei Wochen später, in der sich die Abgeordneten darin zu übertreffen suchten, das Volk als ausländerphil darzustellen, potentielle Wähler von jeder Mitverantwortung für die Gewalttaten freizusprechen und das beschädigte Ansehen des Standorts Bundesrepublik wiederherzustellen, übertrafen sich am 26. Mai die fraktionsübergreifend Rechten in Behauptungen, das Volk wolle diese Änderung des Art. 16, weil es nicht mehr Ausländer ertragen könne. Bürger wurden am 26. Mai als gegen zu viele Ausländer Rebellierende dargestellt, die befriedet werden müßten. – Ganz anders am 16. Juni: Nun gab das Parlament vor, auf die Zivilcourage der Bürger zu bauen. Rechte Populisten bezeichneten die Bürger am 26. Mai auch als Auftraggeber der Regierung: »Wir haben nur das zu machen, was unsere Wähler von uns verlangen« (Rudolf Karl Krause). In großer Einmütigkeit mit ihm erklärte Hermann-Otto Solms, FDP: »90 Prozent der Bevölkerung erwarten von uns eine Änderung des Grundgesetzes. Ein Scheitern an dieser Stelle hätte dramatische Auswirkungen. Das Vertrauen in die Politik würde dadurch tiefgreifend gestört.« Wie in den späteren Kriegsdebatten (vgl. »Demokratieverrat zum Zwecke und als Konsequenz des Krieges«) wurde der Fokus verändert, um Zustimmung für die eigene Position zu erhalten. 1993 sollte angeblich das parlamentarische System seine Handlungsfähigkeit beweisen – 1998 Deutschland seine Verläßlichkeit im Bündnis.

Rings ums Parlament waren am 26. Mai viertausend Polizisten im Einsatz, um demonstrierende BürgerInnen aus der Bannmeile fernzuhalten. Christdemokraten und Christsoziale im Parlament diffamierten demonstrierende Linke und Christen außerhalb der Bannmeile durchweg als »Randalierer und Chaoten« (Hintze) und stellten sie auf eine Ebene mit rechtsextremen Gewalttätern. Die Union verzeichnete die Demonstrierenden – »Ihre Attacke gilt der freiheitlichen und repräsentativen Demokratie, (...) dem Wesen der Demokratie selbst.« (Hintze) So erhielt die CDU/CSU gleichzeitig ein weiteres Feindbild für ihren ideologischen Grabenkampf. Immer wieder machte die CDU die SPD für die Verzögerung bei der Grundgesetzänderung verantwortlich, sie habe damit das Anwachsen der Rechtsextremen geradezu provoziert. Der Systemkampf, in dem sich der Kriegskassenherr Kohl wähnte, wurde so auf Kosten von Flüchtlingen politisch fortgeführt, selbst um den Preis, daß, um die SPD zu schwächen, Rechtsextreme gestärkt wurden. Die SPD übernahm – ohne Systemfeind – diese Argumentationsstruktur: So hielt u. a. der SPD-Abgeordnete Dieter Maaß die Aushöhlung des Grundgesetzartikels für nötig, damit die »Toleranz« erhalten bleibe. Ausländer wurden explizit zu Störern erklärt, Rechtsextremen implizit bestätigt, sie verträten gerechtfertigte Interessen.

Es gab im Bundestag der 12. Legislaturperiode zuwenig Demokraten. Vor allem zuwenig Demokraten vom Format Burkhard Hirschs. Der Koalitionspolitiker Hirsch, der ebenso wie Gerhard Baum, die Ausländerbeauftragte Cornelia Schmalz-Jacobsen und vier weitere FDP-Abgeordnete gegen die Aushöhlung des Art. 16 zum Placebo stimmte, setzte sich während der Debatte wiederholt für Vernunft und das Festhalten an den ideellen Grundüberzeugungen der Verfassung ein. Auch wenn er forderte, die Fakten nicht falsch darzustellen, wurde das zähneknirschend hingenommen. Zwar hielten mehrere Abgeordnete sehr gute Reden, beispielsweise Sigrid Skarpelis-Sperk (SPD), aber niemand wurde in dieser langen Debatte so sehr dem Bild des Demokraten gerecht, der sich auf der Basis des Respekts vor Kollegen und den Menschen, die hier leben, mit Argumenten anderer auseinandersetzt und gleichzeitig unbeirrt für seine Position wirbt.

Den Geist der Debatte prägte (ideologisches) Freund-Feind-Denken, das der Konzeption eines demokratischen Parlaments nicht im entferntesten gerecht wurde. Es war ein Systemkampf zwischen menschenrechtsorientierten ParlamentarierInnen und solchen, die mit Gewalt durchmarschieren wollten. Die zweite Gruppe interessierten die Bedürfnisse der Flüchtlinge nicht im geringsten. Persönliche Häme traf insbesondere jene Gegner der Grundgesetzänderung, die zugleich neuen Ostparteien angehörten: vom Bündnis 90 Ingrid Köppe, Wolfgang Ullmann und Konrad Weiß, von der PDS Dagmar Enkelmann, Ulla Jelpke und Gregor Gysi. Als Rüpel taten sich dabei vor allem die zwei Bundestagsvizepräsidenten Dieter-Julius Cronenberg (FDP) und Hans Klein (CSU) sowie die Rechtsaußen der Union Jochen Feilcke, Erwin Marschewski und Hans-Joachim Fuchtel hervor. Sie nutzten, wie Skins, das Schlagwort »Nation« als (verbalen) Schlagstock. Als Konrad Weiß die Demokratie durch die nahezu gänzliche Abschaffung des Art. 16 in Gefahr sah, warf Hans Klein ihm vor, Deutschland zu »verleumden«. Als Weiß Fakten gegen die Drittstaatenkonstruktion nannte (Polen habe 1992 nur 564[29] und die Tschechische Republik nur 100 Menschen Asyl gewährt), warf Klein ihm vor, das »eigene Land (zu) beschimpfen«. Als Weiß in Aussicht stellte, BürgerInnen würden ihr Widerstandsrecht nach Art. 20 zugunsten der Flüchtlinge in Anspruch nehmen und denen Zuflucht bieten, denen der Staat sie verweigere, warf ihm Hans Klein gar vor, zum Gesetzesbruch aufzurufen. Widerstand kritischer

Bürger gegen menschenrechtsverletzende Politik wurde wieder einmal präventiv zum schweren Unrecht erklärt.

Es ging am 26. Mai nicht mehr darum, zu einer vernunftorientierten Lösung zu kommen, sondern nach jahrelangem Parteienstreit sollte eine anrüchige Sache über die Bühne gebracht werden. Insgesamt wurde die Koalition kaum attakkiert, da die SPD zur Hälfte mit der Koalition stimmte und die andere Hälfte offensichtlich vom Fraktionsvorstand am kurzen Zügel geführt wurde. Volker Rühe kam trotz seiner Hetzkampagne von 1991 weitgehend ungeschoren davon, kaum ein Parlamentarier, der diesen Angriff auf Toleranz überhaupt erwähnte. Erst nach vier Rednern der SPD-Rechten bekam mit Eckart Kuhlwein der erste Linke das Wort.

Die Mehrheit behandelte die Realität, als sei sie beliebig formbarer Knetgummi. Michael Glos, CSU, erklärte, das Bleiberecht resultiere aus der Rechtsweggarantie. Damit erklärte er den Rechtsstaat zum Grund des sog. Übels. Vertreter von Exekutive und Legislative verdrehten und verschwiegen Fakten und Zahlen: Immer war nur von Asylbewerberzahlen die Rede, nicht von erteiltem Asyl. Die radikal gesunkene Anerkennungsquote (1980: 12 Prozent, April 1993: 1,9 Prozent) interpretierte der rechte Wadenbeißer der Union, der innenpolitische Sprecher Erwin Marschewski, ausschließlich als Beleg für zunehmenden Mißbrauch. Ein eklatantes Versagen des Gesetzgebers, z.B. bei Bürgerkriegsflüchtlingen, war aber eine wesentliche Ursache. Marschewski, der diese Argumentation bis heute so führt, verfälscht dabei die Zahlen: Er »erkennt« nur die vom Bundesamt anerkannten Asylbewerber an. De facto bekommt aber noch einmal eine mindestens ebenso große Zahl Asylrecht vor Gericht. Der Abschiebeschutz, oder das, was von ihm übriggeblieben ist, sichert weiteren fünf bis sechs Prozent den Aufenthalt in Deutschland.

Das *»Wir sind wieder wer!«*-Gefühl offenbarte sich in Argumentationen wie der von Jörg van Essen, FDP: »Die Liste der sicheren Herkunftsstaaten wird sich auch in Zukunft nach den Gegebenheiten vor Ort, nach der Zahl der Asylbewerber aus dem jeweiligen Land und – ich füge auch das hinzu – deren Verhalten in der Bundesrepublik Deutschland – das Thema Kriminalität ist hier ein Punkt – richten.« Der individuelle Rechtsanspruch eines aus dem Ausland kommenden Asylbewerbers solle abhängig gemacht werden vom Verhalten seiner Landsleute in Deutschland – das würden zur Not auch NPD und Republikaner unterschreiben. – Auch die Drittstaatenlösung war Ausdruck des »*Wir sind wieder wer!*«-Gefühls: ein Akt neuer deutscher Großmachtpolitik gegenüber schwächeren europäischen Staaten. Kritisiert wurde sie wegen dieses Charakters nicht von den vereinigt zur Tat schreitenden Demokraten.

Die ganze Debatte wurde teils technokratisch, teils ideologisch geführt. In beiden Versionen kaltschnäuzig. Wolfgang Ullmann, Bündnis 90, der vor »verfassungswidrigem Verfassungsrecht« warnte, wollte die Diskussion als Menschenrechtsdebatte führen und wurde deshalb verhöhnt. Der eklatante Mangel an Empathie, der nicht nur die Bevölkerung während des Dritten Reichs, sondern auch das Parlament des 26. Mai 1993 kennzeichnete, zeigte sich in zwei Aspekten: Die Sichtweise der Asylbewerber wurde kaum thematisiert, und wenn jemand sie ansprach, wurde er lächerlich gemacht. Der evangelische Pfarrer Ullmann wies auf Selbstmorde und Selbstverstümmelungen in Abschiebeknästen[30] hin – und erntete damit den Zwischenruf Erwin Marschewskis, ob er dafür Kirchensteuer einsetzen wolle. Als Gregor Gysi mit Blick auf die neue Oder-Grenze warnte, jede neue Mauer werde neue Mauertote zur Folge haben und Menschen, die diese Toten zu verantworten hätten, diffamierte Erwin Marschewski den Anwalt als »Mauerschützen«.

Noch deutlicher wurde der Mangel an Empathie beim Asylbewerberleistungsgesetz, dem sogar noch 19 Abgeordnete mehr (540 von 651) zustimmten als der Grundgesetzänderung beim Art. 16. Die Kürzung des »soziokulturellen Teils der Sozialhilfe« wurde akzeptiert. Als Begründung für diese

Maßnahme nannte der Unionsabgeordnete Herbert Werner, Asylbewerber könnten »wegen Sprachbarrieren und anderen Hindernissen« ohnehin nicht am »soziokulturellen Leben« teilnehmen. Daß Flüchtlinge Geld für Telefonate mit Rechtsanwälten und insbesondere Geld für Auslandstelefonate brauchen, weil ihr soziokulturelles Umfeld im Ausland lebt, weil sie sich um ihre Angehörigen sorgen und umgekehrt, wurde nicht einmal angesprochen. Wer will sich schon in »Störer« und ihre Bedürfnisse hineindenken?

Wo diese Bereitschaft aber fehlt, kann von einer auf Vernunft basierenden Demokratie nicht mehr die Rede sein. Wenn die Bereitschaft, die Situation der anderen verstehen zu wollen, verdrängt wird vom Faustrecht des Stärkeren, dem vernunftvergessenen Gesetzgeber, ist der Weg zu einer Gewaltherrschaft der strukturell Mächtigen vorgezeichnet. Der SPD-Abgeordnete Ernst Waldemathe erinnerte am 26. Mai 1993 vergeblich an Walter Benjamin – dem die Regierung Kohl in Port Bou ein Denkmal setzte, just während sie Flüchtlingen die Tür verschloß. Ein typisches Beispiel für die Schlußstrichmentalität der 90er Jahre. Selbstverständlich schwiegen auch die Pöbler der Union beim Namen Benjamins andächtig.

Die Union hatte es im Vorfeld der Bundestagssitzung vom 16. Juni 1993 abgelehnt, eine Debatte über Rechtsextremismus zu führen. Sie wurde verpackt in eine Debatte zur aktuellen »Lage der deutsch-türkischen Beziehungen, Bekämpfung von Gewalt und Extremismus sowie Maßnahmen für eine verbesserte Integration der Ausländer in Deutschland«. Für Kohl war es »völlig unerträglich und völlig unhaltbar, wenn jetzt einige eine Verbindungslinie zwischen den neuen Asylgesetzen, der Verfassungsänderung und den Brandanschlägen in Solingen oder anderswo ziehen.«

In der Bundestagsdebatte erklärten nach dem Brand- oder Mordanschlag in Solingen alle, sie hätten nichts mit den Kapitalverbrechern, die immer noch nicht so genannt wurden, zu tun. Ausnahme war der nordrhein-westfälische Ministerpräsident Rau, der sich beharrlich gegen zahlreiche Pöbeleien zur Wehr setzte und unbeirrt darauf drang, nicht mit Ideologie, sondern mit Vernunft die Tatsachen zur Kenntnis zu nehmen: Die Täter kämen aus der Mitte der Gesellschaft und seien von Stützen der Gesellschaft über Sprache geistig aufgerüstet worden. Daß Konkurrenz und Durchsetzungsfähigkeit absolut gesetzt werden, identifizierte Johannes Rau als eine Ursache der Gewalt gegen Schwächere. Ein weiterer Grund sei, daß die Unterlegenen der Leistungsgesellschaft ausgegrenzt würden: Schon Anfang der 90er Jahre sprach die Koalition von Mißbrauch des Sozialstaates und betrieb Sozialabbau. Rau forderte eine Gesellschaft, »in der die Menschen ohne Angst verschieden sein können«. Rau erhielt für seine problem- und lösungsorientierte Rede Beifall aus allen Lagern – von CSU bis PDS. Dies geschieht ganz selten im Bundestag. Allerdings rangen sich die Fraktionen nicht zu einer gemeinsamen Politik im Sinne Raus durch.

Viele andere Redner gingen über das Thema Rechtsextremismus hinweg. Helmut Kohl betonte den wirtschaftlichen Nutzen, den hier lebende Ausländer für den deutschen Staat erarbeiteten. Drei Wochen zuvor hatten insbesondere Unionsabgeodnete die viel zu hohen Kosten für Asylbewerber ins Feld geführt. – Der CSU-Abgeordnete Eduard Oswald sagte am 16. Juni, »Deutschland als rohstoffarmes und exportorientiertes Industrieland« sei »ganz existentiell abhängig« von guten internationalen Wirtschaftsbeziehungen. Diese setzten »Weltoffenheit und Achtung vor der Würde fremder Kulturen voraus«. Selbst die CSU, in der nur Deutsche Mitglied werden durften, sang das Hohe Lied der Freundschaft zwischen Deutschen und Ausländern.

Außenminister Kinkel sah das Ansehen der Bundesrepublik als gefährdet an und betonte, er habe schwere Gänge tun müssen. Es gehe bei diesem Thema »in allererster Linie um unsere Selbstachtung als Deutsche und Demokraten«. Für die Opfer ging es aber um Leben und Tod. Kinkel schreckte nicht einmal vor der perversen Argumentation zurück, die Tatsache, daß die Familie Genc weiter in Solingen leben wollte,[31] als Beleg für die Ausländerfreundlichkeit Deutschlands heranzuziehen. Der »millionenfach gelebte Alltag« beweise sie. Wie abgehoben und damit unverständig der FDP-Vorsitzende der Bevölkerung und menschlicher Psyche gegenüberstand, wie wenig Kenntnis er von demokratischen Tugenden hatte, wurde unübersehbar, als er das Ebert-Zitat abwandelte: »Zivilcourage ist jetzt erste Bürgerpflicht«. »Zivilcourage« trug am 16. Juni auch die Union immer wieder als Banner vor sich her, das Ansehen der Demokratie hing plötzlich von den Bürgern ab – nachdem die Union sie drei Wochen zuvor noch möglichst weit draußen halten wollte, sie als »Chaoten« beschimpft hatte.

Die Perspektive der Opfer und der 6,5 Millionen Menschen, die Angst hatten, blieb unberücksichtigt. Gregor Gysi fragte mit Blick auf den in den 70er Jahren aufgeblähten Sicherheitsstaat, ob ein deutscher Bankdirektor ein schützenswerteres Opfer sei als eine türkische Frau. Erst nachdem bereits drei Jahre lang nahezu täglich junge Deutsche Menschen ausländischer Herkunft schwer verletzt hatten, entwickelte die Bundesregierung im Sommer 1993 die »Absicht«, das Opferentschädigungsgesetz zu ändern. Bis dahin war es der Union selbstverständlich, daß die Entschädigung für sogenannte Ausländer geringer sein müsse als für Deutsche. Doppelte Staatsbürgerschaft lehnte sie weiter ab, sprach aber viel über angeblich geplante Einbürgerungspolitik. Es war eine Debatte des verdrängten schlechten Gewissens.

Allerdings selbst dazu waren nicht alle fähig. Helmut Kohl, der zu Beginn eine Regierungserklärung abgab, widmete darin dreist eine lange Passage in Deutschland stattfindenden Kurdendemonstrationen. Explizit sprach Kohl in seiner brandstiftenden Rede von dem »verfassungs- und gesetzwidrigen Treiben solcher Extremisten. (...) Deutschland ist kein Aufmarschraum für Terrroristen.« Er drohte Abschiebung an und stärkte damit zwei Wochen nach Solingen rechtsextremen Mördern noch mal den Rücken. Peter Hintze stieß ins gleiche Horn.

Kohl und Hintze gaben damit bereits einen Ausblick auf die Verschärfung des Ausländerrechts von 1997: 1996, zur Zeit der großen Kurdendemonstrationen, entschloß sich die Regierung Kohl, per Änderungsantrag des Innenausschusses eine Novelle des Ausländerrechts durchs Parlament zu jagen. Ein höchst ungewöhnliches Verfahren, das die Parlamentsdebatte bei der ersten Lesung im Bundestag einsparen sollte. Ziel war die Abschiebung bei bloßer Teilnahme an einer Demonstration, von der Gewalt ausging – wegen einfachen Landfriedensbruchs, ohne daß der einzelne Demonstrationsteilnehmer selbst wegen Gewaltanwendung bei der Demonstration verurteilt sein müßte. Damit wurde im Zusammenhang mit der Ausübung der Meinungsfreiheit eine Kollektivschuld eingeführt – rechtspolitisch ein Skandal. Die rot und rot-grün regierten Länder blockierten über den Bundesrat das Verfahren. Im Vermittlungsausschuß, in dem u. a. Manfred Kanther, Erwin Marschewski und Otto Schily saßen, wurde das Gesetz vor allem auf Kosten ausländischer Ehefrauen (Art. 19) aber noch verschlimmbessert. Der verschärften Fassung stimmten Bundesrat und Bundestag zu. Im Bundesrat wurde nicht einmal mehr eine erneute Aussprache gewünscht.

Die Empörung über die Beteiligung der FPÖ Jörg Haiders an der österreichischen Regierung Anfang 2000 war angesichts der Etablierung rechtsextremen Denkens in den bürgerlichen Parteien ausgesprochen scheinheilig. Gerhard Schröder erklärte 1998 im niedersächsischen Landtagswahlkampf: »Wer unser Gastrecht mißbraucht, für den gibt es nur eins: Raus, und zwar schnell.« Republikaner-Parolen hatten die »Neue Mitte« erobert und waren parlamentsfähig. Während die deutschen Demokraten Haiders Sprachhandeln als Gefahr identifizierten, gegen die man präventiv vorgehen müsse, wollten sie bezogen auf ihre eigenen Äußerungen nie akzeptieren, daß Sprechakte eine Form des Handelns sind.

Was Haider sagt, ist nicht schlimmer als vieles, was im Deutschen Bundestag über die Wehrmacht, über Verbrechen während des Nationalsozialismus, über Ausländer und über die prioritären »Rechte« der eigenen Nation gesagt wird. Einige Beispiele: »Unsere Soldaten waren nicht Täter; sie waren bestenfalls Opfer« (Haider in der Rede auf dem Ulrichsberg im Oktober 1990) – »Ein junger Soldat (…) war schlicht Opfer dieses Regimes.« (Erika Steinbach, CDU, 13. 3. 1997 in der Wehrmachtsdebatte) »Jeder Asylant holt sofort seine Familie nach und läßt sie gesundheitlich sanieren. Auf Kosten der tüchtigen und fleißigen Österreicher« (Haider, Kleine Zeitung Graz, 12. 1. 1998) – »Das beginnt mit der Krankenfürsorge: Für Asylbewerber ist sie nach den Regeln des Sozialhilferechts absolut kostenlos. Es geht weiter über die Wohnungsunterbringung (…). Das setzt sich in der Kindergartenbelegung fort: Asylsuchende Frauen mit viel Zeit bringen ihre Kinder zu Lasten von berufstätigen deutschen Müttern unter.« (Alfred Dregger, CDU, in der Asyldebatte am 26. 5. 1993) – Selbst Haiders Äußerungen zur SS fanden in Deutschland ihre Entsprechung im Kreis der Exekutive (Union): »Daß es in dieser regen Zeit, wo es noch anständige Menschen gibt, die einen Charakter haben und auch bei größtem Gegenwind zu ihrer Überzeugung stehen und ihrer Überzeugung bis heute treu geblieben sind. Und das ist die Basis, meine lieben Freunde, die auch an uns Junge weitergegeben wird.« (Haider am 30. 9. 1995 vor SS-Veteranen in Krumpendorf). – Ende 1996 antwortete das Verteidigungsministerium auf die Kleine Anfrage der grünen Abgeordneten Annelie Buntenbach, ob sich die Bundesregierung/Bundeswehr künftig von der »Ordensgemeinschaft der Ritterkreuzträger«, die bei ihren Treffen auch SS-Leute ehrt, distanzieren wolle, nur ein Wort: »Nein«. – Das BMI finanzierte aus Steuergeldern eine Broschüre zu Ehren des an Selektionen beteiligten NS-Rasse-Ideologen Karl Stumpp.

Diese Beispiele sind nicht als Bagatellisierung Haiders zu verstehen, sondern als Warnung. Denn die Empörung über

Aussagen von Unionsmitgliedern, von Schily und Schröder hält sich in Deutschland in einem allzu begrenzten Maß. In Österreich bedroht Haider Menschenrechte und Rechtsstaatlichkeit – eine einzelne Person, die, gerade weil sie so eloquent und sexy daherkommt, wie Diabolo erscheint. In Deutschland geht diese Bedrohung jedoch vom common sense aus. Und das Personal, das gern nach selbsternannten Werten Ordnung schafft, ist bei den Volksparteien, aber auch den Grünen vorhanden. Die Art und Weise, wie Joseph Fischer seine Partei und sein Land in den Überfall auf Jugoslawien führte, gibt zu demokratischer Gegenwehr allen Anlaß. In der Rolle des Gruppenleaders, der wie einst im Frankfurter Straßenkampf gegen den erklärten Feind die Strategie festlegt und umsetzt, gefiel er sich erneut gegen Haider. Daß ausgerechnet Fischer zum kleinen Diktator neigt, ist besonders fatal, weil es links von den Grünen keine in ganz Deutschland akzeptierte und kampagnefähige linke Kraft gibt.

Bezeichnend war, daß kein Politiker es als fraglich bezeichnete, ob Österreich noch sicheres Drittland sei. Den präventiven Stop von Abschiebungen nach Österreich forderte Joseph Fischer, der die europäische Reaktion auf die Regierungsbildung in Wien maßgeblich mitbestimmte, nicht. Vielleicht hätte das im europäischen Ausland auch nur Gelächter hervorgerufen. Schließlich hat der Court of Appeal Großbritanniens am 23. 7. 1999 erklärt, Deutschland sei kein sicheres Drittland[32], deshalb dürfe nicht zurück nach Deutschland abgeschoben werden.

Volker Rühe führt die Bundeswehr aus »schwerer See«[33] in sichere Gewässer: Krisengebiete

Nach dem Ende des Ost-West-Konflikts machte sich rasch wieder die Vorstellung breit, nur der Weiße Mann könne dafür sorgen, daß es bei den anderen *ordentlich* zugehe. Sich bei Erklärungsversuchen nur auf die Hegemonialpolitik der

USA zu fixieren wäre falsch. Auch der Verweis auf den fernen Huntington würde ablenken von der Wiederkehr alten Denkens im eigenen Land. Die Argumentation, die deutschen Truppen den Weg in die von Industrienationen als relevant eingestuften Krisengebiete bahnte, offenbarte durchaus Gemeinsamkeiten mit Dominanz beanspruchendem, kolonialistisch-patriarchalem, teilweise rassistischem Denken. Volker Rühe präsentierte die Bundeswehr als Helfer, als Retter, als Hüter der Ordnung, ohne die die Wilden sich die Köpfe einschlagen oder mangels Brunnen verdursten (Belet Huen) würden.

Damit machte sich die Verkaufsstrategie für eine neue militärische Rolle auch umstrittene Überlegungen der entwicklungspolitischen Szene zunutze. Daß Teile ausgerechnet dieses Spektrums den armen Ländern Anfang der 90er Jahre ihren Respekt entzogen, ihnen gegenüber »den großen Max« spielten, war von großer Bedeutung, weil es das geistige Klima veränderte. Zwei Beispiele: Entwicklungshilfeminister Spranger, CSU, entwickelte bereits 1990 fünf gleichrangige Kriterien für die Vergabe von Entwicklungshilfe: Wahrung der Menschenrechte, Rechtsstaatlichkeit, Partizipation der Bevölkerung am politischen Prozeß und Entwicklungsorientierung staatlichen Handelns sowie marktwirtschaftliche Orientierung. Dieses letzte Kriterium ist eine durch kein höheres Grund- oder Menschenrecht zu rechtfertigende Beeinflussung der inneren Angelegenheiten der sogenannten Partner.

Ulrich Menzel, einer der namhaftesten Professoren für Entwicklungspolitik, sorgte 1992 für Aufruhr, als er globale Sozialpolitik statt Entwicklungspolitik forderte.[34] Seine Argumentation wäre in Zeiten des Kalten Krieges undenkbar gewesen. Globalwirtschaftliche Gründe ausblendend, erklärte er die wachsende Zahl absolut Armer einseitig damit, daß eine Entwicklungspolitik, die wie bisher auf unverantwortliche, korrupte und unfähige Eliten in den Ländern des Südens setze, zum Scheitern verurteilt sei. Internationale Solidarität könne daher nur noch »humanistisch« begründet werden. Im Interesse der Armen könne die Souveränität der Länder des Südens »zeitweise« eingeschränkt werden. Menzel forderte, die Länder unter »Treuhandschaft« zu stellen, alle zentralen Führungspositionen (Verwaltung, Häfen, Flughäfen, medizinische Infrastruktur etc.) mit Weißen zu besetzen. Im Norden solle man landwirtschaftliche Überproduktion betreiben, um die Menschen im Süden zu ernähren. Er begrüßte Interventionen des von den USA zu führenden Nordens in Krisengebieten. Sobald die Krisenregionen sich durch die Hilfe des Nordens stabilisiert hätten, könne, »zunächst unter direkter Kontrolle der Nordländer, mit dem Wiederaufbau einer sozialen und wirtschaftlichen Infrastruktur begonnen werden (...). Ggf. kann die Hilfe auch an bevölkerungspolitische Auflagen geknüpft werden.« Der Süden wurde unverblümt von scheinbar Gutmeinenden zum Spielfeld eigenen Handelns degradiert. Die Welt wurde neu aufgeteilt: in überlegen handelnde und scheinbar unzivilisierbare Staaten. Die Protektorate in Bosnien und im Kosovo entsprechen diesem Denken.

Dieser neue Rassismus wurde in Berichten und Stellungnahmen über die zahlreichen neuen Bürger- und Regionalkriege immer wieder artikuliert und machte es Rühe sehr viel einfacher, die Mär von der Notwendigkeit deutscher Militäreinsätze zu verbreiten. Selbstverständlich unterstützte ihn auch die Betonung des Nationalen seit dem Mauerfall.

Die Bundeswehr war seit dem Ende des Ost-West-Konflikts »in schwerer See«, 700 000 Soldaten aus Bundeswehr und Nationaler Volksarmee hatten ihren Feind und damit im Rahmen der 1989 noch alleingültigen Abschreckungspolitik ihre Aufgabe verloren. Der NATO, deren Generalsekretär seit 1988 der frühere deutsche Verteidigungsminister Manfred Wörner war, drohte Bedeutungsverlust gegenüber der KSZE. Bestandswahrer sahen sich der Forderung nach einer Friedensdividende ausgesetzt. Die Situation, die der Einmarsch Saddam Husseins in das Erdöl produzierende Scheichtum Kuweit am 2. August 1990 schuf, nutzte die NATO für sich als Rettungsanker.

Zwei Momente beförderten die rasche Militarisierung: Erstens die mangelnde Courage der politischen Klasse, die Anforderungen der Bündnispartner während der Golfkrise als nicht berechtigt und als nicht vernunftorientiert zurückzuweisen. Und zweitens die Besetzung des Bundesministeriums für Verteidiung mit jüngeren Politikern, die darin ihr Sprungbrett für das Streben um die Kanzlerschaft sahen (1992 Volker Rühe, 1998 Rudolf Scharping). Das konnte in einer Zeit, in der das Image des Designers und Machers absolut gesetzt wurde, nur in eine Richtung führen. Wer eine noch dominantere Rolle spielen will, hat kein Interesse daran, sich aus den Clubs der Mächtigen auszuschließen oder von allen eine Politik der Selbstbeschränkung zu fordern. »(...) decisions are taken bei political players, not by political observers.« (Volker Rühe)[35] – Ein *»Wir sind wieder wer!«*-Bewußtsein bietet Karriereristen eine Plattform.

Die Bundesregierung hatte in der Vergangenheit Rüstungsexporte grob fahrlässig passieren lassen, so daß der Irak – im Herbst/Winter 1990 mit deutschen Waffen und mit deutschem Know-how hochgerüstet – Israel mit Giftgasangriffen bedrohte. Deshalb war Kohls Kabinett vor und während des Golfkriegs in einer strategisch schlechten Position. Statt jedoch zu diesem früheren Versagen zu stehen, lenkte die Bundesregierung davon ab und redete sich darauf heraus, das Grundgesetz lege ihr Beschränkungen auf und hindere sie, nun die Verbündeten auch mit Soldaten zu unterstützen. Die Koalition fand schließlich eine Konstruktion, deutsche Soldaten im Namen der Bündnistreue wenigstens zu einem Stützpunkt der Alliierten zu entsenden: als Schutzschild für die Türkei.

Rasch war der Vorwurf in aller Munde: »Sind die Deutschen die Drückeberger?«[36] Die Koalition drängte daraufhin das

Grundgesetz in die Rolle des Störers: Es behindere die Bündnisfähigkeit Deutschlands. Die Verbündeten wiederum konnten die eingeknickte Regierung Kohl leicht in die von ihnen gewünschte Richtung schieben, was Generalsekretär Rühe gar nicht so unrecht war. De facto griffen hier Interessen der USA und die Interessen der Rechten in Deutschland wie Zahnräder ineinander – ein Zusammenspiel, das 1993/94 von NATO-Generalsekretär Wörner und Verteidigungsminister Rühe noch perfektioniert wurde.[37] Daß die Regierung das Ticket der Schuldigen annahm, hatte im wesentlichen drei Konsequenzen: Deutschland erlaubte weitgehende Selbstbedienung in den deutschen Waffenarsenalen, ohne dabei auf mögliche neue Konflikte Rücksicht zu nehmen.[38] Außenminister Genscher, dem »Scheckbuchdiplomatie« vorgeworfen wurde, sank massiv im Ansehen. Damit verlor zugleich das Außenamt – das Ministerium der redenden Diplomaten – Einfluß an die Männer der Tat auf der Hardthöhe. Die dritte und zugleich fatalste Folge war die Diskreditierung nichtmilitärischer Konfliktlösungsstrategien. Zu den Konsequenzen dieser Prioritätenverschiebung gehörte, daß in den 90er Jahren Friedens- und Konfliktforschungsinstitute gegen Etatkürzungen kämpfen mußten.

Es gab auch unter Politikern Gegner der servilen Unterordnung unter amerikanische Politik, und zwar nicht nur in den Reihen von Bündnis 90/Die Grünen, der PDS/LL und einigen SPD-Linken wie später während der Kosovokrise. Der damalige Bundespräsident Richard von Weizsäcker kritisierte insbesondere die Rückgratlosigkeit der Regierung Kohl. Von Weizsäcker wies die Äußerungen und Forderungen der Verbündeten zurück: »Ich finde diese Vorwürfe ebenso unsinnig wie manche daraus gezogenen Schlußfolgerungen.« Er befürwortete damals schon längere Zeit eine Grundgesetzänderung zugunsten deutscher Beteiligung an Blauhelmaktionen. Trotzdem war für ihn das Grundgesetz kein Störer, sondern »verbindlicher Ausdruck unserer historisch-politischen Lage und Einsicht«, Folge von Überzeugungen, die

Deutschland nach dem Krieg mit den Siegermächten geteilt habe. Der Golfkrieg weise nicht in die Zukunft. Auf der politischen Agenda müßte »ehrliche, harte Arbeit an konzeptionell orientierten langfristigen Lösungsvorschlägen und Beiträgen« stehen, um die »Bewahrung der Schöpfung, Gerechtigkeit und Frieden« zu verfolgen. Immer wieder setzte er das »humane Überleben« dem Dominanzdenken entgegen, das sich auf Militär verließ.

Willy Brandt warnte am 14. Januar 1991, also einen Tag vor Ablauf des Ultimatums, im Bundestag, sich in einen Automatismus zu begeben. Ohnehin seien die zivilen Mittel nicht ausgeschöpft. Brandt übte deutliche Kritik an Kohls Politik des schlechten Gewissens: »Ständig wiederholte Bekundungen der Bereitschaft, sich ein- und unterzuordnen, sind eben doch kein Ersatz für zielstrebiges Handeln«. Damit verwies er im Plenarsaal und in direkter Reaktion auf die Regierungserklärung Helmut Kohls auf die Frage, wo *»die Grenze zwischen Freiheit und Zwang«* zu ziehen sei. Wenig später verbannte das Hohe Haus diesen unbequemen Gedanken in den wissenschaftlichen Diskurs. Die Aktualität, die Otto Schily und Gerhard Zwerenz der Frage von Jürgen Habermas in ihren Redebeiträgen während der Wehrmachtsdebatte einräumten, blieb folgenlos.

Anders als in den teils scheinheilig, teils aggressiv geführten Kriegsdebatten der 14. Legislaturperiode mit ihren weitgehend geschlossenen Reihen gestanden im Januar 1991 Vertreter der Regierungsparteien ein, daß sie zweierlei Maßstäbe walten ließen. Obwohl der Verursacher der Golfkrise weit einfacher zu identifizieren war als später die Schuldigen im Ursachengeflecht des Jugoslawienkonflikts, wehrten sich immer wieder Abgeordnete dagegen, einfach einer Person alle Schuld am künftigen Krieg zuzuschieben. Saddam wurde im Januar 1991 nicht zum alleinverantwortlichen Schlächter verzeichnet wie Milošević im Oktober 1998. Enzensbergers Essay »Hitlers Wiedergänger« war bereits Produkt der Unvernunft, die im Krieg gedeiht.[39] Bei der Bundestagsdebatte Mitte Januar wog Vernunft noch schwerer als das Bedürfnis nach Feindbildern. Der Anteil der Parlamentarier, die Friedenskultur und Souveränität gegenüber den Kriegsparteien bewiesen, war noch sehr viel größer als am Ende der Dekade. Kritisiert wurde das Selbstentschuldungsschreiben Präsident Bushs, der über das Instrument des ablaufenden Ultimatums Saddam Hussein zum Alleinverantwortlichen für den Krieg machen wollte. Vera Wollenberger (damals Bündnis 90/Die Grünen): »Einem Nahost-Hitler die Entscheidung über Krieg und Frieden zu überlassen – deutlicher kann eine Bankrotterklärung nicht sein.« Acht Jahre später perfektionierte Joseph Fischer im Parlament die Strategie Bushs zur Opfer-Täter-Konstruktion. Der Verlust der Vernunft in Zeiten des Krieges – im Vergleich dieser Debatten ist er allzu offensichtlich.

Kritischer und vernunftorientierter als am Ende der Dekade gingen Abgeordnete auch mit dem Argument »Menschenrechte« um. 1991 war die Vokabel kein glatt polierter Schlagstock, sondern mit konkreten Inhalten gefüllter Wert. Daß insbesondere Krieg Menschenrechte verletze, wurde noch gesagt: Vera Wollenberger konfrontierte 1991 unerbittlich mit der wahrscheinlichen ökologischen Katastrophe und der Tatsache, daß die Opfer des Krieges, die irakische Zivilbevölkerung, zur Hälfte Kinder sein würden. Ludger Volmer (Bündnis 90/Die Grünen) riß dagegen diese Aspekte von Krieg in seiner Rede am 16. Oktober 1998 nur sehr abstrakt an.

Krieg war den Parlamentariern noch nicht Mittel zur Selbstinszenierung, sondern so fremd, daß sie die Debatte ernsthaft und sachlich führten. Vielleicht war die allgemeine Ratlosigkeit am Vorabend des Krieges der Grund für die Bereitschaft, Andersdenkende zu akzeptieren, zu erwartende Realitäten ins Auge zu fassen, statt sie außerhalb des Denkens zu stellen. Etliche Redner hatten durchaus eine aufklärerische Grundhaltung. Eine Bereitschaft, die allerdings im Laufe des Golfkriegs und im Fortgang dieser sich zum Krieg hinbewegenden Dekade immer mehr der Unkultur parteipolitischer Schützengräben wich. 1991 konnte Vera Wollenberger, ohne deshalb mit diffamierenden Zwischenrufen überschüttet zu werden, die radikale Forderung vorbringen: »Dem Golfkrieg muß massenhaft die Akzeptanz entzogen werden. Wir brauchen eine Bürgerbewegung gegen das Außen- und Sicherheitspolitikmonopol der Regierung. Wir dürfen den Politikern nicht länger die Entscheidung über Krieg und Frieden überlassen.« Selbst Gregor Gysi, am 15. April 1999 von Joseph Fischer im Parlament als »Weißwäscher der Politik eines neuen Faschismus« beschimpft, wurde als Redner geachtet, obwohl seine Worte an Klarheit nichts zu wünschen übrig ließen: »Niemand hat das Recht, eine solche Katastrophe zu beginnen oder heraufzubeschwören. (...) Leisten wir alle gemeinsam unseren Beitrag, um diesen Krieg in letzter Minute zu verhindern, und versuchen wir nicht jetzt schon, Rechtfertigungen dafür zu finden, daß er stattfindet und daß und von wem er begonnen wurde.«

Anders als im Kosovo-Krieg verweigerten vor und während der Golfkrise viele Soldaten den Kriegsdienst, auch Berufssoldaten. Für die Bundeswehrangehörigen veränderte sich die Situation durch das servile Einknicken der Koalition völlig. In den Jahren vor dem Mauerfall hätte Krieg für Deutschland in jedem Fall Tod und Verwüstung bedeutet. Der Auftrag der Soldaten war: »Kriegsverhinderungsdienst« (von Weizsäcker). Im Kriegsfall war diese Aufgabe erledigt. Krieg sei in den Augen der Soldaten »kein Bestandteil ihrer Verpflichtung zum Dienst in der Bundeswehr« gewesen, schrieb Elmar Schmähling im »Spiegel« 7/1991. »Feinfühlig erkennen die Soldaten das Hin und Her um den Bündnisfall als durchsichtiges Manöver einer in Existenzangst geratenen NATO und einer Bundesregierung, die unter dem Druck der Alliierten keinen anderen Ausweg mehr sieht, sich Entlastung zu schaffen.« Allein aus dem Flugabwehrraketen-Geschwader 36 aus Bremervörde, das in die Türkei verlegt werden sollte, stellten angesichts dieser Nachricht innerhalb einer Woche 50 Soldaten einen Antrag auf Kriegsdienstverweigerung. Im Januar

1991 gab es 22 200 Männer, die, so der »Spiegel« 7/1991 abfällig, »entweder nicht zum Bund oder des Kriegs wegen schnell von der Fahne wollen. So viel Pazifismus wie nie.« Verweigerer und Pazifisten wurden vor allem von Teilen der Presse als »Drückeberger«, »Weichlinge«, »Verzärtelte« bezeichnet, die »pure Angst« hätten und den »Ernstfall nicht wagten«. Die Politik ging am liebsten schweigend über sie hinweg. Einige Politiker riefen zur Verweigerung auf, vor allem Grüne, aber auch aus den Reihen der SPD. Schon damals wurde diese Form, das Recht auf freie Meinungsäußerung zu nutzen, per Staatsanwalt so unattraktiv wie irgendmöglich gemacht.

Rasch wurden die Verweigerer und ihr Tun als Blamage der Nation ausgegrenzt. Sie übernahmen damit wider Willen eine wichtige Rolle im System. Denn gefragt wurde immer wieder, ob »die Deutschen Drückeberger« seien; nun konnten die Willigen, also die Regierung Kohl und ihr Anhängige, sich durch die Ausgrenzung dieser sogenannten Drückeberger auf die Seite der vermeintlich Guten stellen. Ein archaischer Akt, mit dem eine Gemeinschaft versucht, ihr positives Selbstbild wiederzugewinnen, indem sie einen Teil von sich abkappt. An dieser Ausgrenzung beteiligten sich nicht nur jene, die für Kriegsbeteiligung eintraten, sondern auch manche, die die ökologischen Risiken erkannten oder aufgrund der Verfassung warnten, Soldaten in den Golfkrieg zu schicken – beispielsweise die BILD-Zeitung der Gebildeten, der »Spiegel«.

Die Friedensbewegung sah in den Verweigerern natürlich Hoffnungsträger. Die Demonstrationen brachten Hunderttausende auf die Straße, darunter sehr viele SchülerInnen. Sie alle hatte der Rückfall in militärische »Konfliktlösungen« schockiert. Obwohl die Friedensbewegung jener Tage ein breites Spektrum der Bevölkerung vertrat, waren die rechten Volksparteien nicht bereit, den Willen großer Teile des Volks wahrzunehmen. Stattdessen griffen sie die Demonstrierenden wegen ihres Slogans »Kein Blut für Öl« an. In der Bundestagsdebatte vom 14. Januar charakterisierte Otto Graf Lambsdorff diesen Slogan als »unzulässige Verkürzung«, es gehe um Menschenrechte. Er mußte dann, nach einem Einwand Freimut Duves, jedoch relativieren: In bezug auf den Libanon habe die westliche Welt allerdings anders reagiert als jetzt bei Kuweit, und »als der Irak gegen Iran stand, um die Fundamentalisten aufzuhalten« habe man sich nicht so »aufgeregt«. Daß dieser Krieg für Öl geführt wurde, war letztlich nicht von der Hand zu weisen, sollte aber verdrängt werden. Deshalb diskreditierte man die Überbringer der Nachricht. Zusätzlich gescholten wurde die Friedensbewegung, weil sie nicht die Überlebensinteressen Israels vertrat. Oft wurden die Pazifisten als »Antisemiten« bezeichnet. Auch hier war eine abwehraggressive Projektion zu beobachten: Das Leben der Tel Aviver wurde schließlich nicht durch die Friedensbewegung gefährdet, sondern durch die Bundesregierung, die Rüstungsgeschäfte mit dem Irak durch Wegschauen ermöglicht hatte.

Die Koalition rückte jedoch ins Zentrum der Auseinandersetzung, daß die Friedensbewegung gegen die Lieferung von Patriotraketen an Israel sei und damit die Interessen von Juden und Israelis verrate, die gerade Deutschland doch schützen müsse. Mit dem Argument »Israel« brachte der Übeltäter Koalition die nicht schuldige Friedensinitiative in die Defensive. Volker Rühe, damals Generalsekretär der CDU, sprach gar nur von der »sogenannten Friedensbewegung«, die sich »an die Seite des irakischen Diktators« gestellt habe.[40] Die beschimpften Bürger fühlten sich aus dem Forum der Demokratie vertrieben: Schließlich werteten führende Politiker die Aussagen der Bürger ab als ungerecht, als falsch. Das Engagement der Bevölkerung war zur Sinnlosigkeit verurteilt, weil die Politik sie nicht verstehen wollte. Daß danach nie mehr so viele Menschen wegen einer politischen Forderung auf die Straße gingen, verwundert nicht. – Um die Grünen in der Militärpolitik regierungskompatibel mit der SPD zu machen, adaptierte und perfektionierte Joseph Fischer im Sommer 1995 Rühes Strategie, politisch Andersdenkende durch Verdrehung von Sachverhalten in die Unrechtsposition zu bringen.

Daß ausgerechnet Israelis von Giftgasraketen bedroht waren, die mit deutscher Hilfe konstruiert wurden, führte zu antisemitischen Abwehraggressionen. Während der ehemalige RAF-Anwalt Christian Ströbele wegen seines Diktums[41] zu Ursachen der Giftgasbedrohung von Politik und Presse zum Rücktritt von seinem Sprecheramt bei den Grünen gezwungen wurde, konnte Rudolf Augstein unbehelligt agitieren. Saddam Hussein hatte sich die ungelöste Palästinafrage erst nach seinem Einmarsch in Kuweit zur zusätzlichen Rechtfertigung auf die Fahnen geheftet. In drei Kommentaren attakkierte Augstein jedoch Israel – taktisch geschickter, aber in der Aussage ähnlich wie Ströbele. Im »Spiegel« 1/1991 kommentierte Augstein Saddams Entschuldungsstrategie: »Natürlich kann es auch keinen Tausch Kuweit gegen die von Israel besetzte Westbank geben (...) Nur, wer bezweifelt, daß es eine Palästinenserfrage gibt und daß Israel etwas damit zu tun hat.« – Auch Deutschland hat »etwas damit zu tun«, schließlich hätten die Siegermächte uns theoretisch zwingen können, Nordrhein-Westfalen oder Bayern von Deutschen zu räumen zugunsten eines Judenstaates. Dann hätten wir heute ein massives Bayern- oder Rheinland-Vertriebenen-Problem. Die Palästinenserfrage hat nichts mit dem Einmarsch in Kuweit zu tun, dies zu evozieren, ist antisemitisch. – Im »Spiegel« 5/1991 warf Augstein in einem Kommentar über »Deutsche im Fadenkreuz« Nasser, Chomeini, Gaddafi, Assad und Saddam in einen Topf (Politik auf religiös-fundamentalistischer Basis) und klitterte dann weiter: »Israel, man muß es sagen, betreibt seine Landnahme-Politik ebenfalls auf religiös-fundamentalistischer Basis.« Vier Wochen später bemerkte er am Ende seines Kommentars »High Noon«: »Es werden ja genügend arme Araber übrigbleiben, und neue Saddams wird es mit Sicherheit auch wieder geben. (...) Es waren nicht die Araber, die Millionen Juden vergast haben; aber die Israelis sind es, die Millionen Palästinenser entrechten.« (Der Spiegel, 9/1991) – Der Antisemitismus des »Spiegel«, der sich auch im Golfkrieg wieder outete, wird in Deutschland nicht zum Thema gemacht. Altes Denken, alte Feindbilder sind wieder gesellschaftsfähig.

Wie kam es zu der raschen Gewöhnung an Militarisierung und Krieg? Volker Rühe übernahm die Definitionsmacht. Die Krisen in Jugoslawien und der Krieg in Somalia boten ihm immer wieder genügend Anlässe, sogenannte Fakten zu setzten und im nachhinein ihre Rechtmäßigkeit klären zu lassen. Er stellte nicht bestehende Gefahren als existent dar, die Forderungen der Verbündeten als gerechtfertigt, das Grundgesetz als überaltert und die Friedensbewegung als im Unrecht, als Schädiger. Er baute eine Scheinwelt auf. Volker Rühe in seiner »Dokumentation« über die Friedensbewegung: »Als der NATO-Partner Türkei durch den Irak bedroht wurde, war die Solidarität des NATO-Mitgliedes Deutschland gefordert. Führende Sozialdemokraten und die Grünen versagten der Allianz ihre Unterstützung. Sie haben dadurch die Verläßlichkeit und Berechenbarkeit Deutschlands in Frage gestellt und das Verhältnis zu den NATO-Partnern schwer belastet.« Die Entsendung der Alpha-Jets und der 250 Soldaten in die Türkei fand während des Ultimatums statt, von einer Bedrohung der Türkei konnte noch überhaupt nicht die Rede sein. Die Frage von *»Freiheit und Zwang«* (Habermas) stellte sich Rühe gar nicht. Er ergab sich blind dem Bündnis und bezog daraus seine hervorgehobene Rolle und seinen Aufstieg. Die Berechenbarkeit Deutschlands bereits im März 1991 völlig vom Grundgesetz zu lösen und nur auf die Bündnispartner zu beziehen, das war kühn und gab schon einen klaren Eindruck davon, mit welchem Haudegen es die Opposition in Zukunft zu tun haben würde.

Als äußerst günstig erwies es sich für Rühe, der 1992 das Verteidigungsministerium von Stoltenberg übernahm, daß Manfred Wörner zur gleichen Zeit NATO-Generalsekretär war. Die beiden nahmen gemeinsam das Auswärtige Amt, unter Genschers Nachfolger Klaus Kinkel sehr viel schwächer besetzt, in die Zange. Da die FDP in den 90er Jahren insbesondere bei Landtagswahlen Mißerfolge erntete und immer mehr ums reine Überleben kämpfte, konnten Schäuble und Rühe ihre Politik der Zumutungen, Rechtsdehnungen und Rechtsbrüche in geradezu demütigender Weise in Szene setzen. Kinkel, durch den außenpolitischen Gestaltungsanspruch Kohls ohnehin zurückgedrängt, war bald wesentlich damit beschäftigt, seine Mitsprache bei der Politik des militärischen Außenministers geltend zu machen. Im Frühjahr 1993 wagte Rühe mit dem Einsatz von Bundeswehrsoldaten in NATO-Awacs-Flugzeugen zur Durchsetzung des Uno-Flugverbots über Bosnien-Herzegowina einen Tabubruch auf Kosten der allgemeinen Achtung vor dem Grundgesetz. Im Juli 1993 schreckte er nicht einmal davor zurück, mit der Entsendung von Soldaten nach Somalia – ohne vorherige Zustimmung des Bundestages – Poker zu spielen. Des Risikos war er sich bewußt: Am Tag der Entscheidung in Karlsruhe war Rühe darauf eingestellt, im Falle einer Niederlage sofort zu den Soldaten zu fliegen, die dann widerrechtlich im Ausland eingesetzt wären. Er kam mit einem blauen Auge davon, die Richter stellten die Aktion unter Vorbehalt (d. h. der Bundestag müsse solchen Einsätzen zustimmen), folgte aber nicht dem SPD-Antrag, die Soldaten sofort zurückzubeordern. Hätte das Gericht konsequenter entschieden, hätten Opposition, Medien und Intellektuelle aus dem politischen Umfeld der Regierung wohl den Rücktritt abgerungen.

Rühe bugsierte den kleineren Koalitionspartner und insbesondere Klaus Kinkel in die Rolle des paragraphenverliebten Kleingeists, während er selbst den starken und mutigen Mann gab. Den Mann der Tat, der klaren Worte und der Selbstverständlichkeiten, die allerdings manchmal in anderen Worten daherkamen. Seine eigene Wichtigkeit steigerte Rühe, indem er die Rolle des Militärs pars pro toto überhöhte und Politik simplifizierte: »Rühe: Ohne eine Schicksalsgemeinschaft Europa kann es keine Wähungsgemeinschaft geben. SPIEGEL:

Schicksalsgemeinschaft heißt Verteidigungsgemeinschaft? Rühe: Ja.« (»Spiegel«-Interview in Heft 8/1991)

Seine weitreichenden Pläne offenbarte Rühe, der innerhalb der Bundeswehr rasch den Aufbau von Krisenreaktionskräften betrieb, unverblümt in der schon zitierten Grundsatz- und Strategierede am 26. März 1993 in London. Rühe übernahm darin die neue NATO-Sicht, das Bündnis müsse künftig »in and beyond Europe« Kriege zur Krisenbewältigung führen, die Unterscheidung zwischen »›in and out of area‹ has become artificial«. »In the future deterrence must be combined with cooperation as an element of comprehensive crisis management concept. NATO's politico-strategic concept must be further developed into such of a collective crisis management strategy. The Alliance's force posture should primarily become a means of preventive diplomacy.« Er verwies explizit auf den wachsenden internationalen »consensus«, die Unterdrückung von Minderheiten und Mißachtung von Menschenrechten nicht mehr als innere Angelegenheiten anzusehen. Dies sei nicht nur eine Frage der Humanität, sondern vor allem eine Frage der Sicherheit, denn Migration sei »a threat to the internal stability of our democracies«. Sie einzudämmen sei unabdingbar für die Stabilität des ganzen europäischen Kontinents.

Militärische Einsätze hatten 1993 für Rühe bereits eine feste Rolle innerhalb der Außenpolitik. Der Redner verwies auf die Initiative der deutschen Regierung, das Grundgesetz zu ändern, und outete dann seine Interessen: »Such an amendment to our Basic Law will allow us to honour our international responsibilities in every respect, within the scope of both the United Nations, the Atlantic Alliance and in the framework of a common European security and defence policy. (...) Adopting a passive strategic role would harm vital German interests since decisions are taken by political players, not by political observers.« Gleich zweimal betonte er das Primat des Handelns vor Vernunft und zivilen Konfliktlösungsstrategien, einmal in bezug auf die vermeintliche Notwendigkeit, daß Deutschland möglichst rasch an militärischen Aktionen teilnehmen könne »The new multipolar world requires players capable of taking action« – und einmal bezogen auf Europa: »There ist no blueprint for the final political structures in the Euro-Atlantic area. That is why we need to follow a practical rather than an academic approach. We cannot afford delaying the necessary decisions until perfect visions of Europe will have been designed.«

Rühe, der damals den Widerstand Stauffenbergs für den Imagewandel der Bundeswehr instrumentalisierte, übertraf diese politische Dreistigkeit in London noch. *»Unverkrampft«* spann er seine Vision: Im zusammenwachsenden Europa sollten alle Länder zum wachsenden Gewicht Europas in der Welt beitragen, indem sie ihre traditionellen Kontakte zu anderen Erdteilen pflegten. Großbritannien brächte den Commonwealth in dieses strategische Bündnis ein, Frankreich, Italien, Spanien und Portugal ihre ehemaligen Kolonialbeziehungen mit Afrika, Mittel- und Südamerika und »Germany as the central continental power but also bordering on the Baltic Sea promotes old and new ties with the countries of Northern, Central and Eastern Europe.« Diese einzigartige Konstellation müsse Europa nutzen.

Rühe wollte militärisch gestützte Großmachtpolitik Europas und der NATO, jeweils mit starker deutscher Beteiligung. Die deutsche Bevölkerung und das Gros der Politikerszene teilte diese Ideen 1993 nicht und teilt sie bis heute nicht. Allerdings gelang es Rühe, das Bild der Armee so zu verändern, daß solche Großmachtpolitik heute vielleicht gar nicht mehr als das erkannt würde, was sie wäre.

Zu Hilfe kamen ihm ein paar strategisch wichtige Politiker und ein Unglück. Die Überschwemmung des Oderbruchs war für Rühe ein Geschenk des Himmels. Nun »bewährte« sich die Bundeswehr bei der »Landesverteidigung«, am Grenzfluß Oder. Dort, wo Kanther die »Flut illegaler Einwanderer« abwehren wollte, verteidigten deutsche Soldaten das vom Alten Fritz ohne einen Schuß »eroberte« Land, so im

Sommer 1997 die sprachprägenden Berichte von Journalisten und den Heerscharen in den Oderbruch reisender Politiker. Der Dauerregen hätte sich keine bessere Region aussuchen können.

Mußte die Bundeswehr beim Brunnenbau in Belet Huen Journalisten bis ins ferne Afrika locken, um der Öffentlichkeit ihren »unverzichtbaren Beitrag« zu demonstrieren, lösten nun die Sandsäcke schleppenden Soldaten nahtlos Tour de France-Sieger Jan Ullrich als nationalen Helden ab, so daß die Frage nicht gestellt wurde, weshalb denn diese Militarisierung des Zivilen notwendig sei, weshalb Deutschland – trotz zunehmender Naturkatastrophen – nicht ausreichend zivile Einheiten hatte. Im Kampf gegen die Oderfluten schuf sich die Bundeswehr, die seit dem Ende des Ost-West-Konflikts »in schwerer See« war, eine unblutige Weste. Es war allerdings noch nicht die allumfassende Legitimation, nach der Rühe – immer noch die »Mörder! Mörder!«-Rufe vom Großen Zapfenstreich in Bonn im Ohr – suchte. Den letzten Schliff gab dem Bundeswehrimage erst Fischer.

Rühe verlieh der Bundeswehr mit Vorliebe bei öffentlichen Gelöbnissen den Anschein einer barmherzigen Jungfrau Maria: »Unsere Soldaten sind da, wenn Hilfe gebraucht wird« (42. Panzerbrigade, vor dem Berliner Schloß Charlottenburg) und baute unter deren breitem Mantel Teile der Truppe zu international kämpfenden Krisenreaktionskräften aus. Seine wichtigsten Helfershelfer waren dabei Roman Herzog, Wolfgang Schäuble und Joseph Fischer. Seit Herzog im Amt war, marschierten die vier Herren wie ein Heer im Feld. Sie waren in ihrer Kooperation sehr viel geschickter als der Kanzler, dessen brachial durchgesetzter Großer Zapfenstreich im Bonner Hofgarten Debakel blieb. Das Staatsoberhaupt wertete die Streitkräfte mit etlichen Besuchen auf und hüllte sie in nationales Pathos.[42] Herzog hielt die Ansprache vor dem Ausrücken. Der Chef der Hardthöhe war die Vorhut und preschte in fremdes Terrain vor. Er schuf neue Realitäten (Somalia, Awacs-Einsatz in Bosnien) und wartete ab, ob Karlsruhe ernsthaften Widerstand leisten würde. Das Gros ging dann mit Schäuble. Der sagte leise einige Sätze, die die neue Grenzlinie waren, hinter die scheinbar niemand mehr zurück konnte: Deutsche Soldaten seien zu Experten der Wiederherstellung einer »Balance« auf der »eurasischen Landmasse« geworden, zu Garanten »sicherheitspolitischer Handlungsfähigkeit«[43]. Die Nachhut wurde, seit Sommer 1995 mit enorm verschärftem Tempo, von Joseph Fischer gehetzt: Das demagogische Talent erklärte die Pazifisten zu Mitschuldigen an den Greueln und gab der Bundeswehr seinen realo-grünen Segen.

Roman Herzog sagte 1995, für die Vertretung deutscher Interessen reiche das Scheckbuch nicht mehr aus, es sei möglicherweise »auch einmal« der Einsatz von Leib und Leben gefordert. Dieser Möglichkeit verlieh er dann im gleichen Jahr auf der Münchner Kommandeurstagung sogar den Anschein einer 40jährigen bundesdeutschen Normalität: Die Soldaten der Bundeswehr hätten sich 40 Jahre lang »als Bewahrer des Friedens und als Schutz der Bürger bewährt«, acht Millionen Bundeswehrsoldaten hätten die freiheitliche Grundordnung »mit Wort und Tat bis hin zum Einsatz von Gegengewalt gegen die Gewalt von Aggressoren« verteidigt, Landesverteidigung und Wehrpflicht hätten sich als Einheit bewährt. Gerade weil Soldaten Gesundheit und Leben für ihr Land einsetzten, sei dieser Dienst von besonderer Qualität, dem Zivildienst vorrangig. Die Bundeswehr, ergänzte Herzog, sei »ein Ort der Begegnung junger Menschen aus Ost und West«. Rühe erklärte: »Ihr Dienst, Soldaten, ist politisch unverzichtbar und moralisch besonders wertvoll.« Zu dieser Zeit war die Bundeswehr aber schon wegen der rechtsextremen Vorfälle in der Kaserne Hammelburg ins Gerede gekommen.

Für den Imagegewinn der Bundeswehr schmähten Herzog und Rühe in schönem Gleichklang Staaten ohne eigene Armee: »Nur wer sich verteidigen kann, wird ernstgenommen (...), kann frei verhandeln, Frieden sichern und gestalten.« Rühes Sichtweise setzte sich durch: Spätestens seit dem

Hochwasser im Oderbruch war es nicht mehr das Entwicklungshilfeministerium, das Technische Hilfswerk oder die DM, »die Menschen in Not« halfen, sondern die Bundeswehr. Rühe mied das Vorbild der Wehrmachtsdeserteure auffällig und stellte auch ein Attentat als Handlungsoption der Gegenwart nie in den Raum[44]. Seine Vorhut – Sanitäter in Kambodscha, bauhandwerkelnde Soldaten in Belet Huen – kleidete er in das heilbringende Gewand von »Missionen«. Er eroberte der Bundeswehr neues, ziviles Vokabular, und zwischen den so gesicherten Hügeln – »größte Herausforderungen«, »Lob und Anerkennung«, »meistern«, »engagiert«, »präzise«, »Können«, »Führung«, »Verantwortung«, »leisten« – marschierte und flog die Truppe mit neuen Rüstungsgütern ausgestattet von einem Einsatz zum nächsten. »Unsere Soldaten bewähren sich in einem schwierigen Einsatz hervorragend – im Cockpit, im Sanitätszelt, aber auch vor der Kamera«, so Rühe über »die beste Werbung« der Bundeswehr.

Rühe war der erfolgreichste deutsche Politiker der 90er Jahre: In den Bereichen, in denen in diesem Jahrzehnt mit dem Erbe der Nachkriegsgesellschaft gebrochen wurde, agierte er als Stratege und Rammbock in einer Person: in der Asylfrage, bei Auslandseinsätzen der Bundeswehr – und im Umgang mit der Zeit des Nationalsozialismus war er der einzige Politiker, der es je wagte, sie derart durch Überbelichtung bzw. Ausblendung zu verfälschen, sie zu instrumentalisieren.

Ende 1997 geriet Rühe selbst »in schwere See«, der Ungeist, der wesentlich von ihm ermuntert worden war, legte sich wie eine Schlinge um seinen Fuß: rechtsextreme Agitation innerhalb der Bundeswehr. Unübersehbar wurde, daß Volker Rühe letztlich zuwenig kämpferischer Demokrat war, um die Hardthöhe leiten zu können. Nicht die Hamburger Führungsakademie, die Mitte der 90er Jahre mit Manfred Roeder einen der bekanntesten deutschen Neonazis als Referenten eingeladen hatte[45], und erst recht nicht die Videos aus den Kasernen Hammelburg und Schneeberg waren der eigentliche Skandal, das Problem war die politische Spitze der Hardthöhe: Ein Soldat, der sich im Herbst 1997 bei der Wehrbeauftragten Claire Marienfeld darüber beschwerte, daß der Verbindungsoffizier der Bundeswehr in den USA, Oberstleutnant Günther Guderian, in sein Büro ein Bild des hakenkreuzgeschmückten Wehrmachtsgenerals Heinz Guderian[46] hängte, wurde kurzerhand strafversetzt – während ebendieser Enkel weiterhin die Bundeswehr in den Vereinigten Staaten repräsentierte. Eine Aufforderung an Soldaten und Offiziere, braunen Tendenzen entgegenzuwirken, war das nicht.

Rühe spielte die Gewaltvideos als »Einzelfälle« herunter. Über die tatsächliche Verbreitung nazistischen und neonazistischen Gedankenguts in der Bundeswehr und im Verteidigungsministerium war nichts bekannt – trotzdem hielt es der Verteidigungsminister monatelang nicht für nötig, unabhängige Wissenschaftler mit einer Untersuchung zu beauftragen. Statt Aufrüstung mit Kampfflugzeugen Abrüstung in den Köpfen zu betreiben lag ihm fern. Rühe verneinte Nachholbedarf. Nicht nur, daß er während seiner Amtszeit versäumte, das verbrecherische Tun der Wehrmacht genügend zu erklären, er deckte rechtsradikale Bestrebungen, leistete ihnen damit Vorschub – obwohl er selbst keinesfalls NS-Gedankengut nahesteht. Selbst in der Wehrmachtsdebatte drückte er sich vor dem Eingeständnis der Wehrmachtsverbrechen und überbetonte stattdessen den Widerstand einiger Wehrmachtsgeneräle. Weder in seiner Festrede über 40 Jahre »Innere Führung« (25. 11. 1996) noch in seiner Festansprache zum 40jährigen Bestehen der Hamburger Führungsakademie (22. 5. 1997) sprach er Wachsamkeit gegenüber falscher Traditionspflege und neonazistischen Tendenzen überhaupt an. Wann und wo aber, wenn nicht bei solchen Anlässen?

Auf wen sollte sich der einfache Soldat berufen, wenn der Befehlshaber nicht die Marschrichtung vorgab? Monatelang trieb die Presse im Herbst 1997 Rühes Pressesprecher wegen einer Reihe rechtsextremer Vorfälle vor sich her – der Minister hielt sich bedeckt. Als er dann wegen des Roeder-Skandals Mitte Dezember endlich selbst vor die Pressekonferenz trat, suchte er Zuflucht in wirklichkeitsverleugnenden, pathetischen Sprachhülsen: »international hervorragender Ruf« der Führungsakademie und partielle »Dummheit« ihres Stabes. Diese Dummen, die es damals, so Rühe, an »Sorgfalt und Verantwortungsbewußtsein« fehlen ließen, sandte er ins Ausland (den Stabschef der Führungsakademie, Norbert Schwarzer, nach Albanien) bzw. beförderte sie innerhalb des Bundesministeriums für Verteidigung: Hartmut Olboeter wurde Personalchef der Hardthöhe. Beide hatten Roeder ohne Ansehen der Person als Gast der Führungsakademie eingeladen und den Makel später verschwiegen, Rühe hat sie genauso ohne Ansehen der Person befördert. Es war also nicht nur Schwarzer und Olboeter vorzuwerfen, sich nicht vergewissert zu haben, wer vor ihnen stand, sondern ebenso dem Minister.

Statt die Verantwortung für diese Vorfälle zu übernehmen, rühmte sich Rühe »harten Durchgreifens«. Autoritäres Vorgehen aber schürt nur Angst. Um gegen neonazistisches Denken bei der Bundeswehr vorzugehen, braucht es Konsequenz (Guderian!), Transparenz, Vertrauensbildung und Sensibilität. Ein solches Klima zu schaffen, war Rühe aber der falsche Mann. Er versuchte ehrgeizig Profil zu gewinnen, um seine Chancen zu verbessern, Nachfolger Kohls zu werden. Medienwirksame Auslandseinsätze dienten seinem Ziel mehr als mühseliges Wirken im Innern, als Erziehung der Truppe. Gerade weil der Hamburger primär Karriere machen wollte, ließ er sich auf Konflikte mit der Generalität nicht ein.

Die Hardthöhe galt immer als Schleudersitz, als unregierbar. Rühe wollte das Gegenteil beweisen, agierte aber auf Stelzen über dem Apparat. Er kalkulierte und ging Risiken ein.

Rühe, persönliche Interessen *vernünftig* verfolgend, bündelte alle Kräfte für »neue Aufgaben« außerhalb Deutschlands und übersah geflissentlich das Gären im Innern. Damit entsprach er genau der Linie Helmut Kohls. Ihre vernunftwidrige Politik hatte sich völlig vom Geist des Parlamentarischen Rates entfernt und führte in den Krieg.

1 Jürgen Habermas, Über den öffentlichen Gebrauch der Historie. Warum ein »Demokratiepreis« für Daniel Goldhagen? In: Blätter für deutsche und internationale Politik, 4/1997, S. 408–416, Zit. S. 409.

2 Helmut Simon, Der Raum der Freiheit. In: Grundrechtereport. Zur Lage der Bürger- und Menschenrechte in Deutschland. Hrsg.: Till Müller-Heidelberg/Ulrich Finckh/Wolf-Dieter Narr/ Marei Pelzer, Reinbek b. Hamburg 1997, S. 15–20, Zitat S. 18.

3 Reemtsma veranlaßte Ende 1999 aufgrund einiger falsch zugeordneter Bilder, die Ausstellung wissenschaftlich nochmals zu überarbeiten. An der Aussage und Bedeutung der Präsentation änderte dies nichts, wenngleich ihre Gegner sich die Entscheidung Reemtsmas sofort zunutze machten.

4 Mit »Geschichtsdebatten« werden im folgenden die Auseinandersetzung um Goldhagens Buch »Hitlers willige Vollstrecker« und die Wehrmachtsausstellung bezeichnet.

5 Als Reaktion auf Gerhard Schröders Ankündigung, gezielt ausländische Computerspezialisten ins Land zu holen.

6 Abgedruckt in Richard von Weizsäcker, Demokratische Leidenschaft. Reden des Bundespräsidenten. Hrsg. Eberhard Jäckel, Stuttgart 1994, S. 96–116.

7 Abgedruckt in Bulletin 32/1999, Hrsg.: Presse- und Informationsamt der Bundesregierung.

8 Jürgen Trittin in konkret 9/1994.

9 Als im Mai 1995 Joseph Fischer im Bundestag um Auskunft über Kohls Begegnung mit Jelzin nachfragte, fuhr der Kanzler den Grünen an, er werde doch nicht öffentlich über seine Gespräche mit Boris Jelzin reden.

10 Vgl. Geißlers Redebeitrag in der Debatte zur Wehrmachtsausstellung, s. u.

11 Im Sinne der Macht wurde der Terminus »Verantwortung« in den 90er Jahren für den Bürger sogar umgedeutet in »Gemeinsinn«, in ehrenamtliche Tätigkeit, in Nachbarschaftshilfe.

12 Zum Beispiel bei der Schwarzbuchdebatte.

13 Dokumentiert in Frankfurter Rundschau, 8. 11. 1999.

14 Frankfurter Rundschau, 18. 11. 1999.

15 Gekürzt dokumentiert in Frankfurter Rundschau, 21.4. 1994.

16 Die Antifa, in der Weimarer Republik entstanden, ist im Westen ein Bündnis antifaschistisch denkender Menschen aus dem bürgerlichen und aus dem linken Spektrum. Sie führen gemeinsam lokal Aktionen durch, z. B. gegen Aufmärsche der NPD und der Wiking-Jugend. Sie stellen Recherchen an und informieren die Medien. Die etablierte Rechte und insbesondere der Verfassungsschutz haben den Begriff »Antifa« in den 90er Jahren erheblich diskreditiert, als sie Antifa-Gruppen und Linksextremisten in einem Atemzug nannten.

17 Vgl. Roland Roth, Wenn Staatsanwälte kein Wort über die Verfassung verlieren; zitiert nach der Dokumentation in der Frankfurter Rundschau, 8. 2. 2000.

18 Jens Jessen, Verfassungsfeinde. In: Die Zeit, 20. 1. 2000.

19 Landgericht Münster, Az.: 8 S 280/99, zitiert nach Frankfurter Rundschau, 10. 2. 2000.

20 So wollte die Union nach den »Mörder, Mörder«-Rufen beim Großen Zapfenstreich auf der Bonner Hofgartenwiese das Strafgesetzbuch ändern. Rühe hätte die Demonstrierenden wegen Verunglimpfung der Bundeswehr verklagen können, was er aber nicht tat: Ihm ging es ums Image der Bundeswehr, und dafür war eine Debatte im Bundestag viel fruchtbarer, auch wenn sie noch so müßig war (vgl. Bundestagsdebatte vom 8. 3. 1996).

21 Vgl. Geißlers zehnjähriges Schweigen über die Existenz der schwarzen Konten, s. o.

22 Zu den Historikerdebatten vgl.: Die Fratze der eigenen Geschichte. Hrsg.: Jürgen Elsässer und Andrei S. Markovits, Berlin 1999 sowie die dort aufgeführte Literatur.

23 Anfang und Ende des »Spiegel«-Titels vom 20. 5. 1996.

24 Martin Walser, Die Banalität des Guten. In: FAZ, 12. 10. 1998.

25 Roland Appel, Die Asyllüge. In: Die Asyllüge. Hrsg: Roland Appel, Claudia Roth, Köln 1992/93, S. 12–58, Zit. S. 18.

26 Jürgen Trittin, Gefahr aus der Mitte. Die Republik rutscht nach rechts. Göttingen 1993, S. 100.

27 Der Begriff ist in sich schon unlogisch: Wirtschaftsflüchtlinge melden einen Wohnsitz in einer Steueroase an; hierher flüchteten

aber Menschen aus politischen Gründen, aus Armut oder kriegsbedingter Obdachlosigkeit.

28 Zitiert nach Appel, a. a. O. S. 29.

29 Polen hatte zu jener Zeit nur vier Asylentscheider. Auch die Regierungsabkommen, mit denen sich die Bundesregierung die polnische Zustimmung zur Drittstaatenkonstruktion schließlich erkaufte, waren keine Garantie dafür, daß es nicht zu Kettenabschiebungen ins Verfolgerland via Polen käme.

30 Die Abschiebehaft ist als solche grundrechtswidrig. Haft ist die schwerste Strafe, die das deutsche Strafrecht hat. Abschiebehaft wird über Menschen verhängt, die keine Straftat begangen haben, nur damit ein Verwaltungsakt, die Abschiebung, mit Sicherheit problemlos durchgeführt werden kann. Abschiebehaft kann bis zu 18 Monate dauern.

31 Die Familie Genc hatte seit Jahren in Solingen ihre wirtschaftliche Existenz und ihre Freunde; die Türkei war für sie nur noch Urlaubsland, die Gencs hätten dort völlig neu anfangen müssen.

32 Der Grund ist, daß Deutschland nur staatliche Verfolgung als Asylgrund anerkennt.

33 Rühe am 17. 11. November 1995.

34 Ulrich Menzel, Das Ende der Dritten Welt und das Scheitern der Großen Theorie. Frankfurt 1992, darin insbesondere Kapitel 5: Globale Sozialpolitik statt Entwicklungshilfe (S. 202–213), aus dem die folgenden Zitate entnommen sind. Der »Frankfurter Rundschau« gelang es durch die Dokumentation des Kapitels 5 immerhin, breiten Widerstand gegen Menzels Forderungen zu mobilisieren. Menzel ist Mitglied im Wissenschaftlichen Beirat des Entwicklungshilfeministeriums.

35 Volker Rühe, Shaping Euro-Atlantic Policies – a Grand Strategy for a New Era. Speech on occasion of »The 1993 Alastair Buchan Memorial Lecture« in London, 26. 3. 1993 (zitiert nach der Minister-Fassung, Skript).

36 So die Unterzeile auf dem Cover des »Spiegel« 7/1991, das unter dem Schlagwort »Streitfall Golfkrieg« ein Foto deutscher Soldaten mit schwarz getarnten Gesichtern präsentierte.

37 Völlig zur Farce geriet dieses Zusammenspiel im Frühjahr 1993, als die FDP-Fraktion vor dem Bundesverfassungsgericht gegen die CDU/CSU/FDP-Regierung klagte (Awacs-Einsatz über Jugoslawien ohne Beteiligung des Bundestages) und Wörner vor den

Karlsruher Richtern erklärte, ohne Deutsche könne die Nato den Einsatz »eher schlecht als recht« ausführen.

38 Israel erhielt nicht nur die aus verständlichen Gründen gelieferten Patriotraketen, sondern auch Panzer und das früher aus guten Gründen jahrelang verweigerte U-Boot, beides nicht zum Schutz vor irakischen Raketenangriffen geeignet; die Türkei bekam Kalaschnikow-Gewehre und Munition, die gegen Kurden eingesetzt wurden. Wenige Tage nach den Waffenlieferungen an Israel rüstete Deutschland arabische Staaten auf.

39 Enzensberger hatte darin behauptet, »Hitler war nicht einzigartig« und Saddam Hussein sei »sein genuiner Nachfolger«. Beide seien Feinde des »Menschengeschlechts«, deren Anhänger letztlich auch den eigenen Tod suchten. Vgl. Hans Magnus Enzensberger, Hitlers Wiedergänger. In: Spiegel 6/1991.

40 Volker Rühe, Frieden um jeden Preis?, als Dokumentation bezeichnete Pressemitteilung der CDU vom 4. 3. 1991.

41 Ströbele hatte während des Krieges kurz vor seiner Abreise nach Israel in einem Gespräch mit Henryk M. Broder für die »Süddeutsche Zeitung« erklärt, die irakischen Angriffe auf Israel seien »die logische, fast zwingende Konsequenz der israelischen Politik den Palästinensern und den arabischen Staaten gegenüber«.

42 Oft wiederholte Lieblingswendungen Herzogs: »Ihr Dienst, Soldaten, ist ein Ehrenamt für unser Land.«; »entschlossene Verteidigung der Freiheit«, »Globalisierung der deutschen Außenpolitik«, »moralische Pflicht«, »Einsatz von Leib und Leben«.

43 Am 18. 6. 1997 in der Deutschen Gesellschaft für Auswärtige Politik.

44 Daran hat insbesondere die von der Remilitarisierung enorm profitierende Rüstungsindustrie kein Interesse.

45 Roeder leugnet Auschwitz. Er sprach in Hamburg über die »Übersiedlung von Rußlanddeutschen in den Raum Königsberg«, das seit 1946 Kaliningrad heißt.

46 Heinz Guderian hatte Widerstandskämpfer des 20. Juli an den Volksgerichtshof ausgeliefert.

Dieter S. Lutz

Krieg ist das Versagen der Politik – Frieden das Meisterwerk der Vernunft

Angriff und Verteidigung sind Siegerdefinitionen – Das Friedensgebot des Grundgesetzes

»Seit 5.45 Uhr wird jetzt zurückgeschossen, und von jetzt ab wird Bombe mit Bombe vergolten.« Mit dieser Lüge Hitlers begann das Deutsche Reich den Zweiten Weltkrieg.

Angriff und Verteidigung sind Siegerdefinitionen. Das verbrecherische Nazi-Regime wußte dies für sich zu nutzen, als es am 1. September 1939 über Polen herfiel.

Zehn Jahre später zogen der Herrenchiemseer Konvent (1948) und der Parlamentarische Rat (1948/49) die verfassungsrechtlichen Konsequenzen: Niemals wieder sollte Deutschland einen völkerrechtswidrigen Krieg auch nur vorbereiten können.

Auf der 6. Sitzung des Hauptausschusses des Parlamentarischen Rates am 19. November 1948 gab Carlo Schmid – einer der Großen der deutschen Sozialdemokratie – zu Protokoll:

»Wir sollten unsere Meinung zum Ausdruck bringen, daß in einem geordneten Zusammenleben der Völker das, was man früher als die ultima ratio regum, als das Souveränitätsrecht der Souveränitätsrechte ansah, schlechthin keine Stätte mehr haben soll, daß, wenn schon Gewalt ausgeübt werden muß, diese Gewalt nicht als nationaler Souveränitätsakt ausgeübt werden soll, sondern als Akt des kollektiven Selbstschutzes aller Nationen, die dafür sorgen, daß auf der ganzen Welt der Frieden erhalten bleibt und es Angreifern unmöglich gemacht wird, den Frieden zu stören. (...) Wer in dieser Welt hat denn je behauptet, er treibe Kriegsrüstungen, um einen Angriffskrieg zu machen? Es hat noch niemand etwas anderes gesagt, als daß seine Kriegsrüstungen dazu dienten, einen Verteidigungskrieg vorzubereiten.«

Die Lehren, die der Parlamentarische Rat aus diesen und ähnlichen Überlegungen zog, finden sich bis heute in einer ganzen Anzahl bemerkenswerter Grundgesetznormen. Zu ihnen gehören die Präambel, Artikel 1 Absatz 2, Artikel 4 Absatz 4, Artikel 9 Absatz 2, Artikel 24 Absatz 1, 2 und 3, Artikel 25 sowie Artikel 26 Absatz 1 und 2 GG. Diese Normen, die in der Zusammenschau das Friedensgebot des Grundgesetzes bilden, sollten der Verfassung der Bundesrepublik Deutschland in bewußter Abkehr von der kriegerischen Vergangenheit des Deutschen Reiches einen – wie es der Abgeordnete der FDP und spätere Bundespräsident Heuss ausdrückte – »exzeptionellen Charakter« verleihen und einen wertgebundenen demokratischen und friedlichen Staat konstituieren.

Nach dem Willen des Parlamentarischen Rates sollten an der von der Verfassung getroffenen Wertentscheidung für Frieden zukünftig sowohl alle Normen des Grundgesetzes und des später eingeführten Wehrverfassungsteils gemessen werden – als auch und gerade ihre Umsetzung in Politik. Deutsche Politik sollte Friedenspolitik sein. Zwar läßt das Grundgesetz auch Rüstungspolitik und militärische Sicherheitspolitik zu. Die Präferenz der Verfassung war und ist aber eindeutig: Sie wollte nach 1949 die Chance zum Neuanfang; sie wollte und will Frieden und Sicherheit aktiv und vorrangig auf nichtmilitärischer Basis durch die Stärkung des Rechts, durch gleichberechtigte internationale Kooperation und nicht zuletzt durch die Ächtung von Krieg.

Ganz besonders deutlich wird dieser Wille in Artikel 26 Absatz 1 GG. Dort heißt es: »Handlungen, die geeignet sind und in der Absicht vorgenommen werden, das friedliche Zusammenleben der Völker zu stören, insbesondere die Führung eines Angriffskrieges vorzubereiten, sind verfassungswidrig. Sie sind unter Strafe zu stellen.«

Die Frage, wie weit Art. 26 Abs. 1 Satz 1 GG reicht, beantwortet die Norm bei exakter wörtlicher Auslegung selbst: Verboten ist nicht nur die Vorbereitung eines Angriffskrieges, sondern jede beabsichtigte Handlung, die auch nur *»geeignet«* ist, einen Angriffskrieg *»vorzubereiten«*. Die verbotene Friedensstörung selbst braucht also noch nicht eingetreten sein, der Angriffskrieg noch nicht begonnen haben. Nach Art. 26 Abs. 1 GG genügt bereits die bloße »Eignung«. Es muß also nicht faktisch gestört werden oder worden sein – bloße abstrakte Gefährdung genügt. Das Verbot der Friedensstörung und des Angriffskrieges ist also in Wahrheit ein Verbot der abstrakten Friedensgefährdung.

Um Mißverständnisse zu vermeiden: Art 26 GG schließt militärische Verteidigung oder militärischen Beistand nicht aus. Er errichtet aber – zu Recht, wie ich meine – mit Blick auf die Vergangenheit eine hohe Meßlatte. Angriff und Verteidigung müssen zweifelsfrei sein. Er begründet ferner in der Zusammenschau mit zahlreichen anderen Normen der Verfassung ein Friedensgebot, das – wie bereits betont – dem Grundgesetz einen weltweit einmaligen Charakter verleiht. Folgt man dem Grundgesetz – so scheint es –, dann haben wir unsere Lektion aus der kriegerischen Vergangenheit Deutschlands gelernt. Haben wir aber auch für alle Zeiten unsere Lehren gezogen?

Tatsache ist, daß in den Jahrzehnten nach Verkündung des Grundgesetzes, Verfassungsanspruch und -realität beginnen, wieder auseinanderzugehen. Bedingt nicht zuletzt durch den Ost-West-Konflikt und das nukleare Abschreckungssystem ist im Laufe der Zeit von dem nachdrücklichen Friedensoptimismus der Jahre 1948/49, von dem Vertrauen in die internationale Ordnung und dem Wunsch nach ihrer aktiven Mitgestaltung sowie von der Aufbruchstimmung der Verfassungsväter und -mütter wenig zu spüren: Die Bereitschaft des Grundgesetzes, für eine Neuordnung der internationalen Beziehungen tätig zu werden, degenerierte, insbesondere unter der Kanzlerschaft Adenauers, zur realpolitischen Einordnung in traditionelle Machtbeziehungen; das friedens-

und sicherheitspolitische Gesicht der Bundesrepublik wurde auch zu Zeiten der Ost- und Entspannungspolitik von Willy Brandt und Egon Bahr nicht von Rüstungsbegrenzung und Abrüstung geprägt, sondern im Gegenteil von der weltweit höchsten Dichte an Militär und Vernichtungspotential.

Vieles von dem, was im Parlamentarischen Rat 1948/49 diskutiert und beschlossen wurde, ist bis heute verschüttet bzw. verdrängt. Wo zum Beispiel ist mit Blick auf die nunmehr bereits seit Jahren andauernde Stagnation der gegenwärtigen Abrüstungsverhandlungen der Geist, der am 5. Januar 1949 noch zu folgender Streitszene im Parlamentarischen Rat zwischen den KPD-Abgeordneten Renner und dem Vertreter der SPD, Carlo Schmid, führte?

»*Schmid:* Eine Reihe von Staaten, die dem Kriegsächtungspakt beigetreten sind, haben nicht daran gedacht, ihre Wehrmacht abzuschaffen, während unser Text über negative Maßnahmen wirklich noch hinausgeht.

Renner: Sie wollen doch nicht behaupten, daß mit dieser Fassung die Bildung eines Heeres für Westdeutschland abgelehnt ist?

Schmid: Die Fassung geht noch weiter. Sogar sogenannte Wehrsportvereine sind damit abgelehnt.«

Was ferner ist aus dem »Gewissen der Politiker« geworden, die heute wieder über den Einsatz von Cluster-Bomben beschließen und von Kolateralschäden sprechen? In der Diskussion des Parlamentarischen Rates um ein unbeschränktes Grundrecht auf Kriegsdienstverweigerung gab gerade der Hinweis des Abgeordneten Eberhard in der 43. Sitzung des Hauptausschusses am 18. Januar 1949 auf die erzieherische Wirkung eines entsprechenden Absatzes vor dem Hintergrund der Vergangenheit den Ausschlag für eine gemeinsame interfraktionelle Zustimmung. Der SPD-Abgeordnete betonte:

»Ich glaube, wir haben hinter uns einen Massenschlaf des Gewissens. In diesem Massenschlaf des Gewissens haben die Deutschen zu Millionen gesagt: Befehl ist Befehl und haben daraufhin getötet. Dieser Absatz (gemeint ist das Grundrecht auf KdV – D. S. L.) kann eine große pädagogische Wirkung haben, und wir hoffen, er wird sie haben. Denn es wird durch ihn in die Gewissensentscheidung des einzelnen gelegt, ob er einen solchen Befehl für sich gelten lassen will oder in anderer Weise dem Lande dienen will. Darum glaube ich, gerade in dieser Situation nach dem Kriege und nach dem totalitären System, wo wir Schluß machen müssen mit der Auffassung: Befehl ist Befehl – wenn wir nämlich die Demokratie aufbauen wollen –, ist dieser Absatz angebracht.«

Sind schließlich die heutigen Politiker »bösen Willens«, wenn sie den Erlaubnisvorbehalt zur Produktion und zum Export von Waffen nicht nur auf »Jagdflinten« oder »Polizeirevolver« begrenzen, wie noch im Parlamentarischen Rat der Abgeordnete Eberhard (SPD) auf der 12. Sitzung des Ausschusses für Grundsatzfragen vom 15. Oktober 1948 bzw. der Abgeordnete von Brentano (CDU) in der 6. Sitzung des Hauptausschusses vom 19. November 1948 meinte?

»Wir haben sehr real gedacht und haben uns entschieden, diesen Vorschlag zu machen. Wenn wir nämlich diesen Artikel in der ursprünglichen Fassung des Artikels 32 hier aufnehmen, wäre es in Deutschland nicht einmal möglich, Revolver herzustellen, um die Polizei zu bewaffnen. Das ist eine ganz nüchterne Feststellung. Wir sagen, daß keinerlei Kriegsgerät außer mit einer ausdrücklichen Genehmigung der Bundesregierung hergestellt werden kann, und wenn wir oben – was unsere allgemeine Absicht ist – in eindeutiger Weise zum Ausdruck bringen, daß wir den Krieg grundsätzlich als Mittel des Austrags internationaler Streitigkeiten ablehnen, kann nur derjenige, der bösen Willens ist, daraus ein Mißverständnis herleiten.«

Nochmals: Vieles von dem Geist der Verfassungsväter und -mütter der Jahre 1948/49 scheint heute verschüttet. Wer unter den bundesdeutschen Regierenden kann oder will sich heute zum Beispiel noch an die Bekräftigung des Verfassungskonvents auf Herrenchiemsee vom 10. bis 25. August 1948 erinnern, wenn die Friedensforschung zum wiederholten Male die Bildung eines Systems der Kollektiven Sicherheit fordert, oder wenn sie auf Vorleistungen der Bundesrepublik drängt?

»Das deutsche Volk ist gewillt künftighin auf den Krieg als Mittel der Politik zu verzichten und hieraus die Folgerungen zu ziehen (...) Nach der einmütigen Auffassung des Konvents muß der Bund bereit sein, im Interesse des Friedens und einer dauerhaften Ordnung der europäischen Verhältnisse in die sich aus einem System kollektiver Sicherheit ergebenden Beschränkungen seiner Hoheitsverhältnisse einzuwilligen. Zwar wird damit dem deutschen Volk eine Vorleistung zugemutet. Nach dem, was im Namen des deutschen Volkes geschehen ist, ist aber eine solche Vorleistung, die entsprechende Leistungen der anderen Staaten im Gefolge hat, angebracht.«

Ob in den vier Jahrzehnten nach 1949 ein regionales System Kollektiver Sicherheit tatsächlich möglich war, kann heute dahingestellt sein. Ost-West- Konflikt, Kalter Krieg und nukleare Abschreckung standen vermutlich entgegen. Mit der revolutionären Wende von 1989/90 sind Ost-West-Gegensatz und Abschreckungssystem jedoch beseitigt bzw. verschwunden. Ein Jahrzehnt nach der Zeitenwende ist die Gestalt der künftigen Sicherheitsordnung Europas aber noch immer nicht geklärt, geschweige denn die Ordnung selbst gebaut. Die Folgen sind Kriege und gewaltsame Konflikte – auch mitten in Europa – mit Hunderttausenden von Toten, Verwundeten und Flüchtlingen.

Sind Menschen friedlich?

»Der Krieg, der in der Geschichte der Menschheit immer ein Unglück war, ist in den vergangenen Jahrzehnten, wenn ich so sagen darf, ein immer größeres Unglück geworden«, erklärte Roman Herzog, das vormalige Staatsoberhaupt der Bundesrepublik Deutschland, auf dem Festakt zum 25jährigen Bestehen des Hamburger Friedensforschungsinstitutes am 18. September 1996 im Rathaus der Hansestadt. Der Zeitpunkt dieser kritischen Äußerung datiert also nicht aus den Jahrzehnten des nuklearen Abschreckungssystems zwischen Ost und West. Er liegt vielmehr sechs Jahre nach dem Ende des Ost-West-Konfliktes, das heißt nach der sogenannten »Zeitenwende« von 1989/90.

Nach Ansicht vieler ließen Ost-West-Konflikt und Kalter Krieg in den Jahrzehnten nach 1945 die Verwirklichung einer dauerhaften Friedensordnung nicht zu. Die Hoffnung der Menschen, ja das Versprechen der Politik zu Zeiten des Ost-West-Gegensatzes aber war es, die großen existentiellen Probleme wie Krieg, Hunger, Massenarmut oder Umweltverschmutzung zu lösen, wenn nur erst einmal Abschreckungssystem und Nuklearkriegsgefahr überwunden wären.

Entsprechend euphorisch waren die Erwartungen, die das Ende des Ost-West-Konfliktes nach 1989 begleiteten. In der »Charta von Paris«, der Erklärung der Staats- und Regierungschefs der KSZE-Staaten von 1990, heißt es zum Beispiel: »Nun ist die Zeit gekommen, in der sich die jahrzehntelang gehegten Hoffnungen und Erwartungen unserer Völker erfüllen: (...) Wohlstand und soziale Gerechtigkeit und gleiche Sicherheit für alle unsere Länder.«

Heute, nur wenige Jahre später, sind Euphorie und Hoffnungen jedoch verflogen, sieht die Realität in dramatischer Weise anders aus. Aus der Fülle an Literatur und Analysen sei stellvertretend nur ein Zitat angeführt. Es findet sich im Friedensgutachten 1997, das von den drei führenden deutschen Friedensforschungsinstituten herausgegeben worden ist:

»Die Politiker aller Länder scheuen es noch immer, sich den langfristig drohenden Trends entgegenzustellen. Substantiell hat sich deshalb seit der Konferenz von Rio nichts geändert. Niemand spricht mehr von der Versöhnung zwischen Ökonomie und Ökologie. Eingezwängt zwischen wirtschaftlicher Globalisierung und weltweiter Arbeitslosigkeit, zerstört die Menschheit weiterhin ihre eigenen Überlebensgrundlagen. Das globale Klima verändert sich signifikant mit jedem weiteren Jahr. Mit sinnlosen Ertragssteigerungen werden immer größere Teile des fruchtbaren Bodens degradiert und die Genressourcen der Natur weiter vernichtet. Die Weltmeere sind nahezu leergefischt; wegen des knapp gewordenen Trinkwassers drohen bereits bewaffnete Konflikte. Auch die Kluft zwischen Arm und Reich wächst unverändert.«

Von Kioto bis Kosovo – keine der hochgesteckten Erwartungen hat sich nach 1990 wirklich erfüllt. Doch nicht genug: Erstmals seit Jahrzehnten herrschte über viele Monate hinweg auch mitten in Europa Krieg – blutig und barbarisch, wie es im zu Ende gehenden 20. Jahrhundert für Europa nicht mehr vorstellbar schien. David Rieff hat deshalb seinem 1995 erschienenen Buch den provozierenden Titel »Schlachthaus Bosnien und das Versagen des Westens« gegeben. In ihm beschreibt der in New York lebende politische Essayist seine Erfahrungen und Erlebnisse während mehrerer Aufenthalte in den bosnischen Kriegszentren zwischen 1992 und 1994. Sein Fazit: Der Krieg in Bosnien übertrifft an Härte und Grausamkeit alles, was im »zivilisierten Europa« für möglich gehalten wurde. Bosnien ist ein Schlachthaus geworden, der Krieg ein Vernichtungskrieg gegen eine Minderheit, die bosnischen Moslems. Wenn Europa, die USA und die Vereinten Nationen es wirklich gewollt hätten, wäre der Vernichtungskrieg zu verhindern gewesen. So aber ist in Bosnien ein Traum gestorben:

»Der Traum, daß die Welt ein Gewissen hat, ebenso wie der Traum, daß es für die Schwachen wie für die Starken Gerechtigkeit gibt (...) Die Niederlage ist total, die Schande ist vollbracht.«

Wer nach der Lektüre von Rieffs »Schlachthaus« glaubt, Leid ließe sich nicht mehren, Grausamkeit nicht steigern, wird durch das 1994 erschienen Buch »Augenzeugen des Völkermords« von Roy Gutman eines anderen belehrt. Wer meint, Grauen, Entsetzen, Erschütterung seien nicht steigerbar, kennt noch nicht die Tiefen und Abgründe menschlichen Tuns, wie sie in Gutmans Reportagen aus Bosnien beschrieben werden. Für sie wurde der Autor mit dem Pulitzer-Preis 1993 ausgezeichnet. Es sind Reportagen über Völkermord, Vertreibungen, Todeslager, Gefangenenmißhandlungen und systematische Vergewaltigungen – durchgeführt mit erbitterter Grausamkeit und doch etikettiert und letztlich sanktioniert als »ethnische Säuberung«.

Müssen wir nach 1989 endgültig, wenn schon nicht akzeptieren, so doch erkennen, daß Menschen im Grundsatz eben doch nicht friedlich sind, es entwicklungs- und stammesgeschichtlich gesehen womöglich auch gar nicht sein können?

»Wer sich auf freier Wildbahn in Kleingruppen seinen in gleicher Weise organisierten Nachbarn gegenüber zu behaupten hat, also in territorialer Konkurrenz ums Überleben kämpft,« so der Hamburger Biologe Otto Kraus, Präsident der Jungius-Gesellschaft, »würde unverzüglich scheitern, wenn er sich an der Bergpredigt orientieren würde.«

Mit den stammesgeschichtlich bedingten Folgen dieses seit vier Millionen Jahren dauernden Überlebenskampfes werden die Menschen vermutlich noch lange Zeit und immer wieder aufs Neue im Widerstreit mit sich selbst sein. Diese Erkenntnis ist allerdings nicht neu. Der große Dichter Friedrich Schiller legte sie bereits 1803/1804 dem mittelalterlichen Wilhelm Tell in den Mund:

»Es kann der Frömmste nicht in Frieden bleiben, wenn es dem bösen Nachbarn nicht gefällt.«

Belege hierfür finden sich nach 1989/90 zuhauf: in Tschetschenien, Bosnien, Georgien, Moldau, in Somalia, Ruanda, im Sudan und anderenorts. Sind wir also auf immer und ewig zum Krieg verdammt? Nüchtern betrachtet, müssen wir es eingestehen: Menschen sind nicht friedlich. Oder wie es Bernhard Welte bereits 1967 ahnte:

»Ein idealer, d. h. der Wesensidee des Friedens voll entsprechender Friede ist für Menschen nicht möglich. Dieser ernüchternde Satz folgt aus der Wesenskonstitution des Menschen, und er bestätigt sich in der Erfahrung.«

Der amerikanische Psychiater Jonathan Shay, der mit einer Gruppe von Veteranen aus dem Vietnamkrieg mit schweren posttraumatischen Persönlichkeitsstörungen arbeitet, schreibt dazu mit Blick auf die jüngsten Ereignisse im vormaligen Jugoslawien:

»Angesichts solch ungeheurer Schrecken, wie sie mit der Auflösung Jugoslawiens verbunden sind, scheint ein wirklich dauerhaftes Ende aller Kriege ein unmöglicher Traum zu sein, auf den nur ein Narr Zeit und Geld verschwenden würde. Schließlich war die menschliche Geschichte stets von Kriegen begleitet. Vielleicht gehören sie zum Wesen des Menschen. Ich verzweifele oft daran, ob es möglich ist, die Phalanx der kulturellen, wirtschaftlichen und gesellschaftlichen Kräfte, die den Krieg unterstützen, zu bezwingen.«

Wer wäre durch diese Aussagen nicht erschüttert? Und doch beschreiben sie das im Erbgut verankerte Aggressionspotential der Menschen vermutlich zutreffend – ein Aggressionspotential, das sich bis zur blutrünstigen Berserkerwut steigern kann, das aber auch ohne Raserei und Wut Menschen in ihrer zivilisierten Existenz treffen und menschliche Werte wie Mitgefühl, Mitleid und Moral grundlegend vernichten kann. Die beiden folgenden Szenen sind hierfür illustrativ. Die erste wurde von dem Österreicher Wolfgang Niederreiter berichtet, der in Bosnien-Herzegowina als Söldner diente. Christoph Santner hat sie 1995 unter dem Titel »Ich geh jetzt Rambo spielen« veröffentlicht:

»Einige Tage sind wir dann in Mostar, wo ich unter anderem mitansehen muß, wie ein Deutscher einem sechsjährigen moslemischen Buben eine Handgranate zum Spielen gibt, bei der er schon den Ring abgezogen hat, die also scharf gemacht ist. Ahnungslos hält das Kind die Granate in der Hand. Der Deutsche ist bei der in Mostar stationierten sogenannten

HVO-Guerilla-Truppe von General Tuta. Vierzig, fünfzig Soldaten stehen in einem Sicherheitsabstand um diesen moslemischen Jungen herum und sehen zu, was da geschieht. Sie klatschen und freuen sich. Ich kann mich nur umdrehen und weggehen, weil ich gegen so viele Leute nichts unternehmen kann. Hinter meinem Rücken höre ich den Knall der Explosion. Nach einer Stunde komme ich wieder zurück, um zu sehen, was passiert ist. Ich finde die Überreste des Kindes.«

Wen würde nicht das Grauen packen? Wer wäre nicht zutiefst erschüttert? Ich wiederhole mich, weil die Worte fehlen, die Sprache angesichts des Schrecklichen an die Grenze ihrer Möglichkeiten stößt.

Die zweite Szene stammt aus einer ARD-Reportage vom 9. Juni 1999 mit dem Titel »Kampfbereit und kompromißlos. Mit der UÇK im Kosovo«. Gegen Ende des Filmes stößt der Reporter auf eine Gruppe Flüchtlinge, unter denen ein Mann besonders auffällt:

»Diese Gruppe wurde vor zwei Wochen aus dem Kosovo gejagt. Die Menschen wirken apathisch. Ein Mann fällt uns besonders auf, weil er ständig weint. Behutsam fragen wir ihn nach seiner Geschichte. Erst will er nicht sprechen, will endlich die schrecklichen Bilder vergessen. Ich fühle mich im Zwiespalt, will seinen Entschluß respektieren, aber ich will die Dinge auch so schildern, wie sie wirklich sind. Wem nützt es, wenn die Kriegsgreuel verborgen bleiben, frage ich ihn? Schließlich erzählt er seine unglaubliche Geschichte: Eine serbische Patrouille hatte ein Kind gefangen und vor den Augen der Mutter aufgehängt. Die Familie wurde davongejagt, durfte nicht an den Leichnam. Sie haben dann das Kind in der Nacht heimlich abgeschnitten und die kleine Leiche von anderen Flüchtlingen nach Albanien bringen lassen. Am nächsten Tag kommt ein serbischer Polizist, ein früherer Nachbar in unsere Küche. Er nimmt den Deckel vom Topf und sagt: Ja ihr Albaner seid Hungerleider. Ihr habt ja gar kein Fleisch in der Suppe. Und er nimmt das Baby meiner Schwester aus der Wiege, schlägt es vor unseren Augen tot. Dann hackt er Arme und Beine ab und wirft sie in die Suppe. Mit den Worten: ›Jetzt habt ihr Fleisch‹ verläßt er das Haus.«

Eine Geschichte jenseits der Vorstellungskraft. Sie läßt, wie die vorangegangenen Zitate, an der Friedlichkeit der Menschen zweifeln, ja sie kann einen in die Verzweiflung treiben. Aber es ist nicht nur die bloße »Unfriedlichkeit«, die uns an den Beispielen Bosnien oder Kosovo entsetzen. Was in Szenen bzw. in der zitierten Literatur – bewußt oder unbewußt – mitschwingt, ist mehr als die bloße Skepsis bezüglich der »Friedlichkeit« der Menschen. Es ist vielmehr die Sorge über die grundsätzliche »Friedensfähigkeit« der Menschen, ja der Menschheit überhaupt. Was heißt das? Was eigentlich ist Frieden?

Sind Menschen friedensfähig? Ist Frieden machbar?

»Der Frieden ist nicht alles, aber alles ist ohne den Frieden nichts.« Dieses oft zitierte Wort von Willy Brandt steht vorläufig am Schluß einer kulturhistorischen Entwicklung, die dem Begriff Frieden sowohl stark unterschiedliche Inhalte als auch Wertschätzungen zuweist. In der Gegenwart wird der Begriff »Frieden« als Ziel politischen Handelns gleichwohl von fast allen politischen Gruppierungen in Anspruch genommen. Wie sich Frieden definiert, ist dennoch nicht abschließend und verbindlich geklärt – trotz der mittlerweile vorliegenden Flut an wissenschaftlicher und politischer Literatur zum Thema. Festgehalten werden kann allerdings, daß bis vor einigen Jahrzehnten Frieden noch traditionell als ein Zustand bezeichnet wurde. Interpretiert wurde der Zustand als Abwesenheit von Krieg, später dann als Abwesenheit von Gewalt. Heute verstehen wir Frieden eher als einen politischen Prozeß. Er soll – so meine Definition – im Zusammenleben der Menschen und Völker der Existenzerhaltung und -entfaltung dienen. Er soll die Menschenrechte verwirklichen und Krieg, Gewalt, Ausbeutung, Armut, Hunger,

Unterdrückung verhüten, gegebenenfalls beseitigen. Er soll ferner die natürlichen Lebensgrundlagen und ihre Entwicklungsmöglichkeiten sowohl nutzen als auch für kommende Generationen bewahren.

Je nach (politischer) Situation bedarf die Friedensdefinition natürlich ihrer (historischen) Konkretisierung. Die Lehre, die zum Beispiel Hans Koschnick aus dem Balkankrieg zog, lautet: »Freiheit ohne Gerechtigkeit ist keine Freiheit.« Und – so fährt der ehemalige EU-Administrator von Mostar am 28. Januar 1998 im Rahmen einer Vortragsreihe des Hamburger Friedensforschungsinstitutes an der Universität fort – »Frieden ohne Gerechtigkeit ist kein Frieden«.

So sehr Hans Koschnick auch zuzustimmen ist – ähnlich hatte sich ja bereits David Rieff geäußert –, was aber heißt Gerechtigkeit? Und was meint Freiheit im gesellschaftlichen und internationalen Rahmen? Wie allein schon diese beiden Fragen zeigen, wird die Diskussion um die Inhalte von Frieden, seiner Definition und Konkretisierung weitergehen, ja weitergehen müssen. Verstehen wir Frieden zu Recht als Prozeß, so wird die Diskussion vermutlich sogar nie abgeschlossen sein. Gerade deshalb besteht aber allgemeine Einigkeit über einen weitergehenden Friedensgrundsatz. Dieser allgemein anerkannte Friedensgrundsatz – in der Sprache der Akademiker heißt er: Axiom –, lautet: Frieden ist kein Zustand, sondern ein Prozeß, der von Menschen gemacht wird. Oder kürzer: »Frieden ist machbar.«

Als Erkenntnis ist auch dieses Axiom nicht gänzlich neu. Indirekt bringt sie z. B. bereits der griechische Schriftsteller Heliodor zum Ausdruck. Schon im 3. Jahrhundert n. Chr. soll er zur Definition von Krieg und Frieden und zum Verhältnis von Theorie und Praxis gesagt haben: »Für Frieden oder Krieg ist nicht der Ausdruck und die wortwörtliche Bedeutung entscheidend, sondern weit mehr die Handlungsweise der Menschen!«

Das Axiom lautet also: »Frieden ist machbar.« Ein weiteres Axiom ist, daß Menschen vernünftig bzw. vernunftbegabt sind. Aus den beiden Axiomen »Menschen sind vernünftig« und »Frieden ist machbar« kann ein Lehrsatz abgeleitet werden. Dieser Lehrsatz – in der Fachsprache: Theorem – heißt: Menschen sind vernünftig und fähig, Frieden aktiv und auf Dauer zu gestalten und zu gewährleisten. Das Friedenstheorem lautet also, kurz zusammengefaßt: »Menschen sind friedensfähig.« Um Mißverständnissen vorzubeugen, sei nachdrücklich betont, daß es nicht heißt: »Menschen sind friedlich«, sondern »Menschen sind friedensfähig«.

Gänzlich neu ist dieses Theorem ebenfalls nicht. Es findet sich als Erkenntnis bereits in den Werken des Königsberger Philosophen Immanuel Kant, dessen 250. Geburtstages wir 1994 gedachten. Bei Kant heißt es: »Der Friede ist das Meisterwerk der Vernunft.«

Wer Friedensdefinition und Friedenstheorem im angesprochenen Sinne folgt, wird Friedenspolitik als einen (zweckgerichteten) Prozeß von Entscheidungen und Aktivitäten verstehen, welcher der Verhütung von Gewalt, insbesondere von Kriegen dient, gegebenenfalls zu ihrer Minimierung führt. M. a. W.: Politik ist dann Friedenspolitik, wenn sie (zumindest vorrangig) auf Vorsorge und Prävention ausgerichtet ist – sei es als Ursachenbeseitigung, sei es als Eskalationsbekämpfung.

Dem Hohen Kommissar für nationale Minderheiten der OSZE, dem vormaligen Außenminister der Niederlande, Max van der Stoel, ist deshalb uneingeschränkt zuzustimmen, wenn er die Konfliktprävention einschließlich ihrer finanziellen Kostenvorteile betont:

»Es ist meine feste Überzeugung, daß Kapital, das in Konfliktverhütung investiert wird (und ich sage absichtlich: ›investiert‹, nicht bloß ›ausgegeben‹), gut und sinnvoll investiertes Kapital bildet. Denn Konfliktverhütung ist preiswerter als friedenserhaltende Maßnahmen, und diese sind wiederum preiswerter als ein Krieg.«

Wie offensichtlich Max van der Stoel Recht hat, belegen zum Beispiel Zahlen, die vom damaligen deutschen Außenminister Klaus Kinkel im Februar 1998 veröffentlicht wurden. Allein Deutschland habe – so Kinkel – seit dem Zerfall Jugoslawiens 20 Milliarden D-Mark Hilfe für Bosnien-Herzegowina geleistet bzw. für militärische Maßnahmen aufgebracht. Davon entfielen von 1991 bis 1998 rund 17 Milliarden D-Mark allein auf die Aufnahme von Kriegsflüchtlingen.

Was hätte mit dieser gewaltigen Summe – vorbeugend und verhütend eingesetzt – nicht alles Segensreiches bewirkt werden können! Im übrigen auch im Interesse des von der Last der Aufnahme von ca. 400 000 Kriegsflüchtlingen befreiten Deutschland.

Wenn aber Vernunft und sogar finanzielle Kosten für Konfliktverhütung sprechen, Prävention gleichwohl auch nach 1989/90 bloßes Lippenbekenntnis bleibt, so sind Zweifel an der grundsätzlichen Friedensfähigkeit der Menschen mehr als angebracht. Ist das eingangs formulierte Friedenstheorem etwa bloße Kopfgeburt aus dem akademischen Elfenbeinturm? Sind die Menschen weder friedlich noch friedensfähig?

Zehn Jahre nach der Wende von 1989 scheinen Konflikt- und Kriegsherde wie Afghanistan, Somalia, Ruanda, Irak, Tschetschenien, Bosnien, Kosovo aber auch existentielle Menschheitsprobleme wie Hunger, Massenarmut, Ozonloch, Klimaveränderung, Wasserverknappung, Artensterben und vieles mehr jene Stimmen in Wissenschaft und Politik zu bestätigen, die schon immer Skepsis äußerten und den Menschen die Fähigkeit zur Vorsorge und Prävention absprachen. Stellvertretend sei Ralf Dahrendorf angeführt, der bereits 1993 schrieb (vgl. »Spiegel-Spezial«, 4/1993):

»Die Geschichte lehrt, daß Menschen immer nur Aufgaben anpacken, die nicht nur ›fast‹, sondern in greifbarer Realität tatsächlich präsent sind. Armut wird nicht vermieden, sondern bekämpft. Das gilt auch für die Überlebensgefahren. Ohne Hiroshima hätte es wahrscheinlich weitere Atomkriege gegeben. Wenn Bangladesh oder gar die Niederlande vom Meer umspült werden, wird es internationales Handeln geben, nicht früher ...«

Trifft die Skepsis, die in diesem Zitat zum Ausdruck kommt, auch auf den Kosovo-Krieg der NATO zu? Haben die Politiker versagt? Sind die Entscheider und Akteure eben doch nicht friedensfähig im definierten Sinne, das heißt fähig, die Vernunft mit der Kunst des Möglichen zu verbinden?

War der Kosovo-Krieg vermeidbar?

»Ich sehe keine Situation, in der ich falsch entschieden hätte. (...) Es gab nie wirklich eine Alternative, selbst für die nicht, die diesen Krieg heftig kritisiert haben«, so nachdrücklich verteidigt Bundesaußenminister Fischer seine Position in einem »Spiegel«-Gespräch (Der Spiegel, 25/1999, S. 34, 35). Nach eigenen Zweifeln befragt, betont der Politiker vehement: »Nein, ich war mir immer sicher (...)«

Trifft es zu, was Bundesaußenminister Fischer sagt? Gab es nie wirklich eine Alternative?

Folgt man Äußerungen zur Kosovo-Befreiungsbewegung UÇK, wie der des vormaligen Generals Naumann, dem zweithöchsten NATO-General während des Krieges (zum Beispiel im ZDF, 21. September 1999, 22.55 Uhr, Chronik eines angekündigten Krieges), so sind Zweifel mehr als berechtigt:

»Die UÇK spielte im Grunde eine Rolle, die uns den Erfolg des Herbstes 1998 kaputtgemacht hat. Sie stießen in das Vakuum, das der Abzug der Serben hinterlassen hat, nach und breiteten sich in einer Weise aus, die vermutlich niemand in irgendeinem unserer Staaten akzeptiert hätte. Ich kann mir nicht vorstellen, daß in Deutschland akzeptiert würde, wenn da irgendjemand, der meint sich gegen den Staat auflehnen zu können, Straßensperren errichtet, Grenzposten, anfängt, Uniformen zu tragen, Waffen zu schwenken. Wir würden das auch nicht tolerieren. Den Fehler hat die UÇK gemacht, daß sie das Vakuum füllte und dabei auch nicht zimperlich mit den Serben umging. Also ist es verkehrt, die UÇK in irgendeiner

Weise für qualifiziert zu halten, sie könnte in der Liga der Engel mitspielen.«

General Naumann bezieht sich mit seiner Äußerung auf den Zeitraum vom Herbst 1998 und insbesondere das Milošević-Holbrooke-Abkommen vom Oktober 1998. Erinnern wir uns: Mitte Oktober 1998 schlossen der US-Unterhändler Holbrooke und der jugoslawische Staatspräsident Milošević ein Abkommen, das die Überwachung der Einhaltung der UN-Resolutionen Nr. 1160 und 1199 und der dort angeführten Forderungen ermöglichen sollte, nämlich Waffenstillstand, Abzug der Militärs und Paramilitärs, Flüchtlingsrückkehr und Wahlen unter der Überwachung von insgesamt 2 000 OSZE-Beobachtern.

14 Tage nach Abschluß des Abkommens gab NATO-Generalsekretär Solana im Rahmen der Tagung des Nordatlantikrates vom 27. Oktober 1998 folgende positive Einschätzung als Presseerklärung ab (NATO-Brief, 4/1998, Seite 12.):

»Vor zwei Wochen hat die NATO einen Aktivierungsbefehl (ACTORD) für begrenzte Operationen der Luftstreitkräfte sowie für eine mehrstufige Luftaktion gegen Jugoslawien ausgegeben. Wir haben diesen Beschluß gefaßt, um die diplomatischen Bemühungen um den Frieden im Kosovo abzustützen und den Weg für eine politische Lösung der Krise frei zu machen.

Von Anfang an haben wir darauf bestanden, daß Präsident Slobodan Milošević die Resolution 1199 und 1203 des Sicherheitsrates der Vereinten Nationen uneingeschränkt und bedingungslos einhält. Seit der Aktivierungsbefehl ausgegeben worden ist, haben wir ununterbrochen Druck auf Präsident Milošević ausgeübt. Der Vorsitzende des Militärausschusses, General Klaus Naumann, und der oberste NATO-Befehlshaber Europa (SACEUR), General Wesley Clark, waren mit mir in Belgrad, um ihm persönlich klarzumachen, daß er keine andere Wahl hat, als die Resolutionen zu befolgen. Ich habe Präsident Milošević auch zweimal geschrieben, um den Ernst der Lage zu verdeutlichen.

Dieser Druck und unsere glaubwürdige Drohung mit der Anwendung von Gewalt haben im Kosovo eine Wendung zum Besseren bewirkt. Die Einigkeit und Entschlossenheit der NATO haben die Einheiten der jugoslawischen Streitkräfte gezwungen, Zurückhaltung zu üben und ihre einschüchternde Präsenz im Kosovo abzubauen. Es ist uns gelungen, den Umfang der Gewaltanwendung erheblich zu verringern und einen Waffenstillstand zu erreichen, der trotz sporadischer Zwischenfälle gehalten hat.

Diese Verbesserung der Sicherheitslage im Kosovo hat in erster Linie eine sofortige Verbesserung der humanitären Lage ermöglicht. Die internationalen Hilfsorganisationen haben ihre Arbeit im Kosovo wieder aufgenommen. Sie haben nun für ihre Konvois uneingeschränkten Zugang zu allen Gebieten erreicht. Tausende von Vertriebenen sind in ihre Dörfer zurückgekehrt. Zugleich schafft die Verbesserung der Sicherheitslage die Voraussetzungen dafür, daß ein ernsthafter politischer Dialog zwischen Belgrad und den Kosovo-Albanern eingeleitet werden kann.

In den letzten Tagen haben die Luftüberwachungssysteme der NATO und die Diplomatische Beobachtungsmission im Kosovo überprüft, ob Slobodan Milošević den uns gegenüber gemachten Zusagen die entsprechenden Taten folgen läßt.

Erfreulicherweise kann ich nun berichten, daß in den letzten 24 Stunden mehr als 4 000 Angehörige der Sonderpolizei aus dem Kosovo abgezogen worden sind. Polizeikräfte und militärische Einheiten, die auch unter normalen Umständen im Kosovo stationiert sind, ziehen sich nun mit ihren schweren Waffen in die Kasernen zurück. Kontrollposten werden abgebaut. Darüber hinaus haben die meisten Polizeikräfte und militärischen Einheiten, die normalerweise an anderen Standorten in Jugoslawien stationiert sind, den Kosovo verlassen. Die Sicherheitskräfte werden auf den Umfang abgebaut, den sie vor dem Ausbruch der jetzigen Krise hatten.

Die Kosovo-Albaner müssen die Resolutionen der Vereinten Nationen ebenfalls einhalten und mit der internationalen

Staatengemeinschaft zusammenarbeiten. Ich fordere die bewaffneten Gruppen der Kosovo-Albaner auf, den von ihnen erklärten Waffenstillstand aufrechtzuerhalten.« (Hervorheb. – DSL)

Während also Milošević offensichtlich seinen Teil der Vereinbarung erfüllte, kann das gleiche bedauerlicherweise nicht von den Staaten der OSZE gesagt werden. Sie hatten augenscheinlich Schwierigkeiten, die zugesagten OSZE-Verifikateure zu finden. Auch soll sich der bestellte Leiter der OSZE-Mission, William Walker, anfangs über Gebühr Zeit gelassen haben. Die UÇK nutzte die Gelegenheit, um weite Teile des Landes zu besetzen, nicht ohne selbst wiederum Greueltaten zu verüben. Das böse Wort »Nun knipsen wir die Serben aus« kursierte zu jener Zeit.

Da es sich bei den angeführten Informationen des NATO-Generalsekretärs um außerordentlich wichtige Daten und Fakten zur Beantwortung unserer Frage der »Erforderlichkeit« handelt, sollen an dieser Stelle der kurzen Lagebeschreibung Solanas nochmals ausführlichere Äußerungen des seinerzeit zuständigen deutschen Brigadegenerals bei der OSZE in Wien, Heinz Loquai, zur Seite gestellt werden (NDR 4, Streitkräfte und Strategien, 22. Mai 1999):

»Für die OSZE waren Rekrutierung und Stationierung einer so großen Mission Neuland. Es gab daher Friktionen und Verzögerungen. Außerdem wurden Entscheidungen in der von Briten und Amerikanern dominierten Mission sehr langsam getroffen. So warteten zum Beispiel deutsche Beobachter mitunter wochenlang, bis sie akzeptiert wurden. Die jugoslawischen Behörden, die die notwendigen Visa zügig erteilten, mahnten sogar eine schnellere Stationierung der OSZE-Mitarbeiter an, versprachen sie sich davon doch auch eine Kontrolle der UÇK. Und dennoch: Die sichtbare internationale Präsenz an Brennpunkten des Geschehens trug zur Entspannung der Lage bei, ließ die Flüchtlinge wieder in ihre Dörfer zurückkehren. Mitte November wurden nur noch wenige hundert in einem Lager künstlich zurückgehalten, um den Medien ein solches Camp vorführen zu können. Die Zusammenarbeit zwischen der NATO und dem jugoslawischen Militär bei den Inspektionen aus der Luft verlief offenbar ebenfalls reibungslos. Die Jugoslawen begannen, ihre militärischen und paramilitärischen Kräfte wie vereinbart abzuziehen.

Doch es gab ein Problem, auf das anscheinend niemand vorbereitet war. Die UÇK, die sich an die Vereinbarungen nicht gebunden fühlte, rückte dort ein, wo die Jugoslawen abgerückt waren. Von jugoslawischer Seite wurde wiederholt erklärt, wenn die UÇK weiterhin das geräumte Gebiet besetze, werde das zu Reaktionen führen. Der deutsche Botschafter in Belgrad, Wilfried Gruber, appellierte an Bonn, den deutschen Einfluß auf die Kosovo-Albaner geltend zu machen und den Worten auch Taten folgen zu lassen.

Nach Gesprächen mit der Führung in Belgrad sowie den Kosovo-Albanern sprach der amerikanische Sonderbotschafter Christopher Hill die Erwartung aus, daß noch vor Weihnachten eine politische Lösung für das Problem gefunden werden könne. Der EU-Beauftragte, der österreichische Botschafter Wolfgang Petritsch, teilte diesen Optimismus schon damals nicht. Ausschlaggebend dafür war die Zerstrittenheit der Kosovo-Albaner selbst. Tatsächlich nahmen die bewaffneten Auseinandersetzungen nach einer Zeit relativer Ruhe ab Mitte Dezember wieder zu. Sie liefen zumeist nach dem Muster ab: Nadelstiche der UÇK und unverhältnismäßig harte Reaktionen der jugoslawischen Sicherheitskräfte. Zwar gelang es den OSZE-Beobachtern immer wieder, vermittelnd einzugreifen. Sie konnten aber vor allem dort, wo sie nicht ständig präsent waren, die Eskalation der Gewalt nicht verhindern. Doch selbst nach dem Massaker von Racak am 15. Januar 1999, als 45 Kosovo-Albaner umgebracht wurden, schien noch Aussicht auf eine politische Lösung zu bestehen. Am 28. Januar berichtete der Leiter der OSZE-Mission, der Amerikaner William Walker, dem Ständigen Rat in Wien, seine Mitarbeiter hätten Vertrauen bei der

Bevölkerung gewonnen. Allmählich dringe die Botschaft im Kosovo durch, daß die Mission nützlich und hilfreich sei.

Dennoch forderte bereits drei Tage später der amerikanische OSZE-Botschafter, David Johnson, man müsse Maßnahmen treffen, um die Beobachter in Anbetracht drohender Militärschläge der NATO gegen Jugoslawien schnell abziehen zu können. Der französische Botschafter, Hervé Ladous, warnte zwar vor solchen Schritten. Man befinde sich weiterhin noch in der Logik der Verhandlungen. Aber die USA schienen ein militärisches Eingreifen schon vor den Rambouillet-Verhandlungen fest im Blick zu haben. Und es war klar, daß von einem Waffengang die OSZE ihre Mitarbeiter aus dem Kosovo abziehen würde.

Am 20. März 1999 war es dann soweit. Innerhalb von 8 Stunden verließen die internationalen OSZE-Beobachter unbehindert von jugoslawischer Seite das Kosovo, im Gefolge aller anderen Hilfsorganisationen. Rußland hatte sich bis zum Schluß vergeblich für ein Verbleiben der Mission eingesetzt, weil sie der einzige stabilisierende Faktor sei. Vier Tage später begann der Krieg. Die vorhandenen Chancen für eine friedliche Lösung waren ungenutzt verstrichen.

Es war jedoch lange offensichtlich, daß der politische Fahrplan in Brüssel und Washington geschrieben wurde. Fixpunkt dabei war der Gipfel in Washington zur Feier des 50-jährigen Bestehens der Allianz. Auf dieses strahlende Ereignis sollte nicht der Schatten eines ungelösten Kosovo-Problems fallen. Deshalb schien es auch, vier Wochen vor dem Fest, höchste Zeit zu sein, entschlossen zu handeln.« (Hervorheb. – DSL)

Die Einschätzung von Loquai wiederum wird bestätigt durch eine vertrauliche Lageanalyse des Auswärtigen Amtes vom 19. März 1999, erstellt also wenige Tage vor Beginn des NATO-Bombardements am 24. März. In dieser Lageanalyse, die in der Vierteljahresschrift für »Sicherheit und Frieden« (S+F) 3/1999 abgedruckt ist, heißt es zum einen:

»Von der Einhaltung des Abkommens ist Belgrad heute weit entfernt:

im Kosovo befinden sich derzeit VJ Truppen in einer Stärke von etwa 15 000 bis 16 000 (statt der autorisierten 11 300). Dieser Aufwuchs resultiert aus: Truppen, die neu in den Kosovo verbracht wurden, Einberufungen (ca. 3 000 Wehrpflichtige) und der am 15. März beschlossenen Verlängerung des regulären Wehrdienstes um 30 Tage.

Zudem läuft in der BRJ ein großangelegter Aufruf zum Reservedienst, eine allgemeine Mobilmachung ist im Gespräch.

Die Stärke der Spezialeinheiten des serbischen Innenministeriums (MOP) liegt nach letzten Angaben um etwa ein Viertel über ihrem Soll von ca. 10 000.

Etwa ein Drittel der VJ-Kräfte im Kosovo sind außerhalb ihrer Garnison stationiert, auch hier eine deutliche Überschreitung des erlaubten Umfangs.«

Andererseits heißt es in der Lagebeschreibung aber auch:

»*Der Waffenstillstand wird von beiden Seiten nicht mehr eingehalten.* Serbische Streitkräfte nutzen zudem jede Gelegenheit, um im Gegenzug zu kleineren Angriffen der UÇK in größeren Gegenoperationen deren Stellungen anzugreifen und möglichst auszuheben.

Im Rahmen von lokalen Operationen der jugoslawischen Armee (VJ) gegen die UÇK kam es in den letzten Tagen auch wiederholt zu vorsätzlichem Beschuß von Dörfern. *Stets wurde zuvor die Bevölkerung zum Verlassen der Ortschaften aufgefordert, was diese auch tat.*

(...)

UNHCR und KVM berichten übereinstimmend über eine systematische Vorgehensweise der VJ bei der Zerstörung von Dörfern *mit dem Ziel, durch gezielte Geländebereinigung sämtliche Rückzugsmöglichkeiten für die UÇK zu beseitigen (...) Die Zivilbevölkerung wird, im Gegensatz zum letzten Jahr, in der Regel vor einem drohenden Angriff durch die VJ gewarnt. Allerdings ist laut KVM die Evakuierung der Zivilbevölkerung vereinzelt durch lokale UÇK-Kommandeure unterbunden worden. Nach Beobachtungen des UNHCR ebnet die VJ die Dörfer entgegen der Vorgehensweise im letzten Jahr nicht völlig ein und zieht ihre Kräfte nach Beendigung der Aktionen rasch wieder ab. Nach Abzug der serbischen Sicherheitskräfte kehrt die Bevölkerung meist in die Ortschaften zurück. UNHCR schätzt, daß bisher lediglich etwa 2 000 Flüchtlinge im Freien übernachten müssen. Noch ist keine Massenflucht in die Wälder zu beobachten.*

Von Flucht, Vertreibung und Zerstörung im Kosovo sind alle dort lebenden Bevölkerungsgruppen gleichermaßen betroffen. Etwa 90 vormals von Serben bewohnte Dörfer sind inzwischen verlassen. Von den einst 14 000 serbisch-stämmigen Kroaten leben nur noch 7 000 im Kosovo.

Anders als im Herbst/Frühwinter 1998 droht derzeit keine Versorgungskatastrophe. Allerdings ist der Winter in die Region zurückgekehrt. In den Kampfgebieten beeinträchtigen Sicherheitsgründe die Versorgung der Vertriebenen durch Hilfsorganisationen. *Sowohl die VJ als auch die UÇK haben nach Beobachtungen des UNHCR Hilfsorganisationen zurückgewiesen. KVM spricht eher von einem Verteilungs- denn von einem Versorgungsproblem.«* (Hervorheb. – DSL)

Wer ist beim erstmaligen Lesen dieses Berichtes nicht – gelinde gesagt – erstaunt? Zum Beispiel darüber, daß die Albaner von den serbischen Streitkräften vorab gewarnt werden und dann auch wieder in die Dörfer zurückkehren können. Oder zum Beispiel auch darüber, daß von Flucht, Vertreibung und Zerstörung im Kosovo alle dort lebenden Bevölkerungsgruppen gleichermaßen betroffen sein sollen. Wessen Gedanke ist nicht als nächstes: Warum wußte ich dies alles bislang nicht? Und schließlich noch, daß das soeben Gelesene doch wohl eher die Beschreibung eines Bürgerkrieges oder eines bürgerkriegsähnlichem Geschehens ist, mit all den einhergehenden Grausamkeiten und Verbrechen, nicht aber ein zweifelsfreier Bericht über Völkermord, ethnische Säuberung und systematische Vertreibung.

Mit diesen Überlegungen sollen, ja dürfen die Verbrechen der Serben an den Kosovo-Albanern keinesfalls verniedlicht oder entschuldigt werden. Zum Zeitpunkt der angeführten Lageanalyse belief sich die Zahl der intern vertriebenen Kosovaren bereits auf 230 000 Menschen. Weitere 170 000 Menschen hatten sich in die Nachbarländer (Albanien, Mazedonien), nach Montenegro oder nach Westeuropa geflüchtet. Die Gesamtzahl der Flüchtlinge wurde von UNHCR auf etwa 400 000 geschätzt (Tendenz steigend) und lag damit um 100 000 höher als die Vergleichszahlen vom Oktober 1998!

Aber nochmals:

»UNHCR und KVM berichten übereinstimmend über eine systematische Vorgehensweise der VJ bei der Zerstörung von Dörfern mit dem Ziel, durch gezielte Geländebereinigung sämtliche Rückzugsmöglichkeiten für die UÇK zu beseitigen (...) Von Flucht, Vertreibung und Zerstörung Kosovos sind alle dort lebenden Bevölkerungsgruppen gleichermaßen betroffen. Etwa 90 vormals von Serben bewohnte Dörfer sind inzwischen verlassen. Von den einst 14 000 serbisch-stämmigen Kroaten leben nur noch 7 000 im Kosovo.«

Was ist die Schlußfolgerung? War vor diesem Hintergrund der NATO-Krieg wirklich erforderlich, die Luftschläge tatsächlich unabwendbar? Ich meine nachdrücklich, nein! Oder in Worten von Brigadegeneral Loquai:

»Vertreibungen und Flüchtlingsströme setzten ein, *nachdem* die internationalen Organisationen das Kosovo verlassen und die Angriffe begonnen hatten. D. h. *der Krieg verhinderte die Katastrophe nicht, sondern machte sie in dem bekannten Ausmaß erst möglich.* Die Frage, wie und warum die zweifellos vorhandenen Chancen zum Frieden verspielt wurden, ist dabei nicht nur historisch interessant. Sie ist wichtig für die zukünftige Gestaltung des Friedens in der geplagten Region. Der Frieden wurde u. a. verspielt,

- weil die meisten *NATO-Staaten einseitig Partei gegen die Serben und für die Kosovo-Albaner nahmen.* Hierdurch stärkte und ermunterte man die UÇK, und man förderte selbst bei gemäßigten Serben den Eindruck, daß die NATO ohnehin die Sache der Albaner betreibe;

- weil die *Europäer den USA zu gefügig waren* und den aufgebauten Zeitdruck hinnahmen, ohne sich der allmählichen Militarisierung der Politik zu widersetzen;
- weil die NATO glaubte, durch ihre Luftangriffe Milošević innerhalb kurzer Zeit zum Nachgeben zu zwingen, und die Durchhaltefähigkeit eines diktatorischen Regimes unterschätzte;
- weil die politische und militärische Führung der NATO außer acht gelassen hatte, daß der Einsatz allein von modernen Kampfflugzeugen gegen bewegliche, aus guter Deckung operierende Bodenziele risikoreich, aufwendig und von sehr begrenzter Wirkung ist. Fahnenjunker lernen diese Binsenweisheit auf der Offizierschule.«

Ist die europäische Friedens- und Sicherheitsordnung ein Meisterwerk der Vernunft?

Kann nach diesen Informationen und Analysen tatsächlich noch von der Unabwendbarkeit des Kosovo-Krieges gesprochen werden? Oder gar von einem Meisterwerk der Vernunft? Haben nicht vielmehr die Politiker versagt? Die Antwort scheint im negativen Sinne offensichtlich.

Gerade deshalb aber ist es wichtig, sich mit dem Offensichtlichen allein nicht zu begnügen. Handelt es sich beim Versagen der Politik um einen einmaligen Fall? Gilt die Kritik nur für das Fallbeispiel Kosovo? Oder trifft sie auch und gerade für die gegenwärtige Friedens- und Sicherheitsordnung in und für Europa insgesamt zu?

Um die Antwort vorwegzunehmen: Die gegenwärtige Friedens- und Sicherheitsordnung in und für Europa ist weder ein Meisterwerk noch und erst recht nicht eines der Vernunft. Im Gegenteil! Die ungeschminkte Wahrheit lautet sogar: Eine Europäische Friedens- und Sicherheitsordnung existiert nicht. Weder gibt es eine Friedensordnung, welche die Bezeichnung *»europäisch«* verdient. Noch gibt es eine Ordnung Europas, welcher der Name *»Friedens«*-Ordnung gebührt. Weder gibt es eine Sicherheitsordnung, welche die Bezeichnung *»europäisch«* verdient. Noch gibt es eine Ordnung Europas, welcher der Name *»Sicherheits«*-Ordnung gebührt. Im Gegenteil wird das Europa von heute von einer Reihe von Widersprüchen und Paradoxien geprägt, wenn nicht gar beherrscht. Ich werde auf diese Paradoxien noch zu sprechen kommen. Die Folgen dieser Widersprüche und Paradoxien jedenfalls sind Kriege und gewaltsame Konflikte – auch mitten in Europa – mit Hunderttausenden von Toten, Verwundeten und Flüchtlingen.

Wenn ich behaupte, daß eine »Europäische Friedensordnung« nicht existiert, so sage ich nicht, daß es keine Friedensordnung *»in«* Europa gäbe, exakter noch: daß es keine *»west«*-europäische Friedensordnung gäbe. Im Gegenteil haben zweifelsohne die Europäische Gemeinschaft und die Europäische Union in den vergangenen Jahrzehnten entscheidend dazu beigetragen, Europa-West grundlegend zu verändern. EG und EU kommen ein Verdienst zu, das nicht hoch genug zu veranschlagen ist: Sie haben die einzige multinationale Struktur in Europa entwickelt, die nicht nur ein Sicherheitssystem darstellt, sondern eine Friedensordnung. Ein kriegerischer Konflikt zwischen den EU-Mitgliedern kann heute nach menschlichem Ermessen als strukturell ausgeschlossen gelten. Neben wirtschaftlichem Wohlstand ist Frieden das maßgebliche Ergebnis der Integration Westeuropas – und zwar nach der fruchtbarsten aller Methoden: der Konfliktvorbeugung durch Beseitigung der Konfliktursachen. Frieden durch Integration heißt die Erfahrung, die EU-Europa in die gesamteuropäische Zukunft einbringen kann. Der friedensstrategische Beitrag, den die Europäische Union für Gesamteuropa leisten kann, ja leisten muß, geht deshalb über die kurzfristige Hilfe zur ökonomischen und politischen Konsolidierung »Rest«-Europas hinaus. Er richtet sich mittel-

und langfristig auf die Öffnung und Ausweitung der Union selbst. Deutlicher noch: Wer eine »Europäische Friedensordnung« im Wortsinne will, muß sich entschlossen für eine Öffnung und Ausweitung der EU einsetzen.

Wer diese These seriös vertritt, muß ihr zwingend zwei grundlegende Einsichten zur Seite stellen: Zum einen ist der Zeitbedarf für ein so ehrgeiziges Vorhaben wie die Öffnung und Ausweitung der EU mit dem Ziel der Schaffung einer Europäischen Friedensordnung eher nach Jahrzehnten denn nach Jahren zu bemessen. Zum anderen kann auch ein noch so anspruchsvolles Projekt langfristiger ökonomischer Integration gegen die heute schon glimmenden Brandherde in den Krisenregionen Europas nichts oder nur wenig ausrichten. Kurz- und mittelfristig braucht Europa noch etwas anderes und zusätzliches, nämlich eine funktionstüchtige und effiziente Sicherheitsstruktur, die hilft, Konflikte friedlich beizulegen und Gewalt, sollte sie dennoch ausbrechen, im frühestmöglichen Stadium und auf niedrigster Ebene zu unterbinden. Anders formuliert: Eine Friedensordnung muß wachsen, eine Sicherheitsordnung aber läßt sich schaffen (vgl. auch Reinhard Mutz, passim).

Seit der »Epochenwende« von 1989 sind zehn – im Sinne dieser Erkenntnis – nutzbare Jahre weithin ungenutzt verstrichen. Das Sicherheitssystem in und für Europa, das wir gegenwärtig haben, ist weit davon entfernt, einer Sicherheitsordnung im Wortsinn auch nur nahe zu kommen. Es ist ineffizient, fragmentiert, völlig überrüstet und wird – wie bereits betont – von einer Reihe von Widersprüchen und Paradoxien geprägt, ja beherrscht.

Die Paradoxien des gegenwärtigen Sicherheitssystems in und für Europa

Im Zusammenhang mit der Frage nach der Friedensfähigkeit der Menschen habe ich bereits Äußerungen von Max van der Stoel, Ralf Dahrendorf, aber auch von Klaus Kinkel zitiert. Diese und ähnliche Aussagen belegen illustrativ, daß zu den angeführten Paradoxien auch das lautstarke Bekenntnis aller politischen Kräfte zur Krisenprävention einerseits und die gleichzeitige Ignoranz und Passivität der europäischen Staatengemeinschaft gegenüber erkennbaren oder gar schon eskalierenden Konfliktpotentialen andererseits gehören. »Vorsorgen ist besser als Heilen« bleibt im gegenwärtigen europäischen Sicherheitssystem weitgehend bloßes Lippenbekenntnis.

Der Ausbruch des Bosnienkonfliktes Anfang der 90er Jahre etwa – von Politik und Wissenschaft lange vorhergesagt – wurde weder verhindert noch in seiner tragischen Eskalation eingefangen. Europa schaute mehr oder weniger entsetzt zu, bis die Aggressoren ihre kriegerischen Ziele größtenteils erreicht hatten. Die politischen, ökonomischen und psychischen Konsequenzen des Krieges, aber auch die finanziellen Kosten, um das Land wieder aufzubauen, lassen sich bis heute kaum schätzen.

Prävention als Lehre blieb gleichwohl inhaltsleer und folgenlos: Mit oder ohne Absicht wurde in Dayton zum Beispiel das Kosovo vergessen. Über Jahre hinweg fanden die Kosovo-Albaner darüber hinaus kaum Gehör bei der europäischen Völkergemeinschaft. Erst als die soziale Verteidigung der Kosovo-Albaner in den bewaffneten Kampf umschlug, erst als aus Freiheitskämpfern Terroristen wurden, erst als die Serben begannen, albanische Zivilisten zu massakrieren, erst als albanische Nationalisten drohten, um eines Großalbaniens willen den gesamten Balkan in einen Krieg zu verwickeln, erst da erwachte Europa aus seiner Lethargie und zwang Serben und Kosovo-Albaner an den Verhandlungstisch von Rambouillet. Zu spät! Fünf nach zwölf ist Prävention nicht mehr möglich. Schon gar nicht, wenn die bitter notwendigen Strukturen, Mechanismen, Finanzmittel und Personen für eine effektive und erfolgreiche Prävention fehlen bzw. erst gefunden oder aufgebaut werden müssen. So scheiterte das Hoolbroke-Milošević-Abkommen vom Oktober 1998 u. a. deshalb, weil die zugesagten 2 000 OSZE-Verifikateure im gegenwärtigen europäischen Sicherheitssystem nicht vorgehalten werden und vor einem Jahr auch nicht rasch genug gefunden wurden. So kann auch das nach dem Krieg von der NATO errichtete »Protektorat«, was zu deutsch »Schutz«-Gebiet heißt, bis heute Vertreibungen, Plünderungen und Mord nicht verhüten, weil schlichtweg die erforderlichen 3 000 (internationalen) Polizisten fehlen. Sie sind im gegenwärtigen europäischen Sicherheitssystem weder vorgesehen, noch kam in den vergangenen Monaten des Krieges jemand in den Planungs- und Führungsstäben der kriegführenden Parteien auf die Idee, rechtzeitig, sprich: präventiv, eine entsprechende internationale Polizei zu suchen bzw. aufzubauen. Nochmals: Zivile Vorsorge ist bloßes Lippenbekenntnis.

Anders dagegen die militärische Vorsorge. Auch sie gehört – wenngleich aus gegenläufigen Gründen – zu den großen Paradoxien des gegenwärtigen europäischen Sicherheitssystems. In der Öffentlichkeit ist die Ansicht weit verbreitet, das vergangene Jahrzehnt nach dem Ende des Ost-West-Konfliktes sei eine »Abrüstungsdekade« gewesen, und die NATO-Staaten hätten in einem nie dagewesenen Ausmaß – und zwar überproportional – abgerüstet. Doch ist diese Ansicht ein gefährlicher Irrglaube. Richtig ist vielmehr, daß der weltweite Rückgang der Militärausgaben und der Bestände an Soldaten in erster Linie auf Reduzierungen Rußlands bzw. der vormaligen Sowjetunion zurückzuführen sind. Die Militärausgaben Rußlands liegen gegenwärtig bei lediglich 20 Milliarden US-Dollar, die der USA und der europäischen NATO-Staaten dagegen noch immer bei ca. 270 bzw. 180 Milliarden

US-Dollar. Die NATO gibt das Zehn- bis Zwanzigfache von Rußland aus. Allein die 19 Staaten der NATO haben mit der gewaltigen Summe von über 450 Milliarden US-Dollar zugleich mehr als fünf Achtel der gesamten Rüstungsausgaben der etwa 190 Staaten dieser Welt zu verantworten.

Die Schlußfolgerung, stärker abzurüsten, wird gleichwohl nicht gezogen. Im Gegenteil: Gerade in diesen Tagen haben die USA bzw. der US-Kongreß abermals die Absicht bekundet, ihren Militäretat um weitere 112 Milliarden US-Dollar aufzustocken. Die Europäer – so der Wille der USA und der NATO – sollen nachziehen. Bereits Anfang Februar 1999 haben US-Verteidigungsminister Cohen und NATO-Generalsekretär Solana auf der Münchener Wehrkundetagung heftig »die wachsende Kluft zwischen den Investitionsausgaben im Verteidigungsbereich zwischen Amerika und seinen Verbündeten« kritisiert und die Europäer ermahnt, die Rüstungsetats anzuheben. Auf dem jüngsten Gipfel des Europäischen Rates der EU in Köln am 4. Juni 1999 wurde der »Ausbau von wirksamen europäischen militärischen Fähigkeiten« und die »Umstrukturierung der europäischen Verteidigungsindustrien mit dem Ziel einer engeren und effizienteren Zusammenarbeit« beschlossen. Auf dem Septembertreffen der NATO-Verteidigungsminister in Toronto faßte Washington seine Mahnung abermals in deutliche Worte. In der FAZ vom 23. September heißt es dazu:

»Die Amerikaner erwarten, daß ihre Verbündeten ihre Defizite zügig beseitigen und insbesondere ihre Kommando- und Führungssysteme, ihre Luftbeweglichkeit, ihre Aufklärungsmittel, ihre Kampfkraft sowie das Durchhaltevermögen ihrer Streitkräfte deutlich verbessern (...) Dazu gehört auch die Beschaffung ›intelligenter‹, also punktzielgenauer Munition, ebenso wie die einer Luftflotte für den Transport von Soldaten und schwerem Gerät.«

Spätestens seit dem Kölner Gipfel der EU ist meines Erachtens erkennbar: Die Idee der »Zivilmacht Europa« ist in starker Veränderung begriffen. Diese Veränderungen sind so weit zu befürworten, wie sie für eine funktionsfähige Sicherheitsordnung Europas erforderlich sind. Gleichzeitig scheint aber eine nachdrückliche Mahnung – rechtzeitig ausgesprochen – notwendig: Wir müssen sehr aufpassen, daß die Idee der Zivilmacht Europa nicht Gefahr läuft, mehr und mehr Makulatur zu werden. Die Staaten der »mächtigsten Militärallianz aller Zeiten«, der NATO jedenfalls, führen bereits heute einen absurden und teuren Rüstungswettlauf weithin mit sich selbst. Von der Unterdrückung der Kosovo-Albaner in Jugoslawien hat der Rüstungskoloß NATO hingegen Serbien nicht abschrecken können. Daß darüber hinaus selbst der Einsatz der riesigen Kriegsmaschinerie das propagierte Ziel der Verhinderung einer »humanitären Katastrophe« nicht verwirklichen konnte, wurde je länger der Krieg dauerte immer offensichtlicher.

Ein drittes Paradoxon des gegenwärtigen Sicherheitssystems besteht darin, daß stets von einer *europäischen* Friedens- und Sicherheitsordnung ausgegangen wird, Europa als (allein oder als gleichberechtigt) handelnder sicherheitspolitischer Akteur aber gar nicht existiert. Zu Zeiten des Ost-West-Konfliktes hatte Europa(-West) seine sicherheitspolitischen Belange an die USA direkt oder an den von den USA dominierten Militärpakt NATO delegiert. Die USA waren die Lösung des Problems (europäische) Sicherheit. Heute – zehn Jahre nach der Zeitenwende – existieren zwar Warschauer Pakt, Sowjetunion und Abschreckungssystem nicht mehr, an der strukturellen Abhängigkeit Europas von Amerika hat sich aber nichts oder nur wenig geändert. Der frühere US-Präsidentenberater Zbigniew Brzezinski beschreibt diesen Zustand in seinem Buch »Die einzige Weltmacht« zutreffend, wenn auch für Europa wenig schmeichelhaft:

»Tatsache ist schlicht und einfach, daß Westeuropa und zunehmend auch Mitteleuropa weitgehend ein amerikanisches Protektorat bleiben, dessen alliierte Staaten an Vasallen und Tributpflichtige von einst erinnern.«

Und Egon Bahr ergänzte erst jüngst im Oktober 1999

in einem im »Willy Brandt Kreis« vorgelegten Thesenpapier:

»Amerika betrachtet Europa strategisch de facto als Protektorat am Westrand des eurasischen Kontinents, dessen Schutzbedürfnis ebenso zu fördern ist wie die Marginalisierung Rußlands und die Schwächung seines Einflusses am Südrand der ehemaligen Sowjetunion. Um ihre globalstrategische Stellung zu behalten und zu stärken, wird Amerika in Zukunft auch ohne Rücksicht auf die UN handeln, also eher eine Politik der Weltbeherrschung statt der Weltordnung verfolgen, der es sich unterzuordnen hätte.«

Richtig ist: Frieden und Sicherheit sind in Europa auch zehn Jahre nach dem »Epochenbruch« noch immer nur mit den USA zu erzwingen. Der Dayton-Prozeß, der Ägäis-Konflikt oder aktuell der Kosovo-Konflikt belegen diese Aussage. Doch darf Friedenserzwingung mit militärischen Mitteln nicht – mit einer für Europa so dringend erforderlichen – *vorbeugenden* Friedenspolitik im Rahmen einer funktionierenden und effektiven Sicherheitsordnung verwechselt werden. Letztere soll ja gerade den Einsatz militärischer Mittel überflüssig machen, Kriege verhüten helfen. Solange sich aber die Europäer nicht auf eine gemeinsame Friedens- und Sicherheitsordnung einigen, solange wird Amerika in Europa seinen dominanten, ja hegemonialen Einfluß behalten. Es liegt im Interesse der USA, nicht Europas, daß dieser Teufelskreis sich immer wieder aufs Neue schließt. Soll er beendet werden, dann muß der Tabubruch mitgedacht werden: Entweder die USA ordnen sich (der Vision) einer Sicherheitsordnung nach dem Leitgedanken der Stärke des Rechts ein und unter, oder die Sicherheitsarchitektur Europas muß zumindest auf Zeit auf die Einbeziehung Amerikas verzichten.

An der tiefen Dankbarkeit, welche die Europäer und insbesondere die Deutschen gegenüber den USA empfinden, ändert sich durch diese Analyse nichts. Auch werden nicht diejenigen zu »Anti-Amerikanern«, die nachdrücklich Kritik üben, wenn die USA den Vertrag zur Abschaffung der

Landminen nicht unterschreiben oder sich dem Weltstrafgerichtshof nicht beugen wollen oder Informationen und Daten selbst im Kriegsfall, wie jüngst im Kosovo, nicht an die Verbündeten der »Wertegemeinschaft« weitergeben. Es ist die Heuchelei und nicht das Streben nach Gleichberechtigung und Partnerschaft, das Freundschaften schwächt, ja zerstört.

Zu den Paradoxien des gegenwärtigen Sicherheitssystems gehört schließlich viertens, daß in den Jahren nach 1989/90 die Jahrhundertchance bestand und auch heute noch besteht, eine stabile und dauerhafte Friedens- und Sicherheitsordnung in und für Europa im Sinne eines regionalen Systems Kollektiver Sicherheit zu schaffen, wie es Kapitel VIII der UN-Charta, aber auch Artikel 24 des Grundgesetzes der Bundesrepublik Deutschland vorsieht. Diese Chance wurde bislang nicht genutzt.

Für sich genommen, kann die Fortführung der NATO, verbunden mit ihrer Osterweiterung positive Funktionen erfüllen. Genannt werden immer wieder die Demokratisierung der jeweiligen Länder und ihre Heranführung an Europa. Diese Aussagen sind richtig, wenn und soweit die Fortführung der NATO alternativlos ist.

Gemessen allerdings an der Jahrhundertchance nach dem Epochenbruch von 1989/90 und den sich mit ihr eröffnenden Möglichkeiten war und ist das Setzen auf die NATO eine verpaßte Gelegenheit, ja ein grundlegender Fehler. Diese Feststellung muß entsprechend für die Ausweitung der NATO nach Osten gelten. Militärbündnisse wie die Nordatlantik-Vertragsorganisation (NATO) oder die Westeuropäische Union (WEU) umschließen – mit oder ohne Osterweiterung – immer nur einen Teil des europäischen Kontinents. Sie führen die Spaltung Europas in sichere und unsichere, stabile und instabile Zonen fort. Konflikte außerhalb ihrer Grenzen können sie nicht präventiv bearbeiten, wie das Beispiel des vormaligen Jugoslawien zeigt. Sie haben anders als ein System Kollektiver Sicherheit nicht die Mittel und Mechanismen hierfür. Aber selbst Probleme zwischen den Partnern sind von Militärbündnissen kaum in den Griff zu bekommen, wie der Ägäis-Konflikt zwischen der Türkei und Griechenland oder der seit Jahrzehnten fortdauernde Zypern-Konflikt illustrieren. Militärbündnisse sind dafür weder geschaffen noch ausgelegt. Darüber hinaus sind sie selbst ein latenter Faktor für Isolierungs- oder gar Bedrohungswahrnehmungen der von der Mitgliedschaft ausgeschlossenen Staaten. Gegen-Bündnisse, Rüstungseskalationen und Abschreckungsdenken können die Folge sein. Und wie die Realität zeigt: immer wieder Krieg.

Ein System kollektiver Verteidigung kann ein System kollektiver Sicherheit nicht ersetzen. Es genügt auch nicht, wie es das Bundesverfassungsgericht in einem paradoxen *obiter dictum* vom 12. Juli 1994 getan hat, die NATO einfach in ein System kollektiver Sicherheit umzudeklarieren. Positiv formuliert heißt diese Kritik: Wer das *obiter dictum* des Bundesverfassungsgerichtes als Auftrag versteht, wer die Pariser Charta von 1990 und die ihr nachfolgenden Diskussionen ernst nimmt, wer schließlich den Epochenbruch von 1989 als einmalige Chance für Europa begreift, muß für Europa mehr wollen als das NATO-Europa in der bisherigen Form. Dies heißt im übrigen nicht, daß die NATO ihre bisherige Rolle mit Blick auf die transatlantischen Beziehungen aufgeben oder verlieren muß.

Plädoyer für ein regionales System Kollektiver Sicherheit nach Artikel 24 Grundgesetz

Wie müßte eine europäische Sicherheitsordnung aussehen, die diesen Namen auch wirklich verdient? Soll die historische Chance, die sich aus der »Zeitenwende« von 1989/90 ergeben hat, nicht völlig verspielt werden, muß das Sicherheitssystem in und für Europa, wie wir es haben, endlich vom Kopf auf Füße gestellt werden. Die Militärallianz NATO, deren Mitglieder nur ein Zehntel der Staatengemeinschaft dieser Welt ausmachen, geben bis fünf Achtel der Weltmilitärausgaben aus. Es gelingt ihr gleichwohl nicht, Völkermord und Krieg in Europa zu verhüten. Was Europa dringend braucht – so meine vielleicht wichtigste These –, ist ein regionales System Kollektiver Sicherheit, wie es auch das deutsche Grundgesetz in Artikel 24 GG will und wie es auch die UN-Charta als regionale Einrichtung vorsieht. Die europäische Sicherheitsordnung ruht dann auf einer Rechtsordnung, die im Ordnungsfall keiner weiteren Mandatierung bedarf, sie besitzt ausreichende und effiziente Instrumente der vorbeugenden Krisenprävention und der friedlichen und zivilen Streitbeilegung (»Aggressor in einem bewaffneten Konflikt ist, wer sich dem Schiedsverfahren entzieht«), sie kann Aggressoren und Kriegsverbrecher verfolgen und vor Gericht stellen, und sie besitzt (in Kooperation mit der NATO und der W/EU) militärische Erzwingungsmittel, die als *ultima ratio* nicht der politischen Willkür Tür und Tor öffnen, sondern Ordnungsrecht folgen und gegebenenfalls wieder herstellen (»An die Stelle von Intervention tritt Ordnungsrecht«).

Wie eine solche Alternative – »ein Sicherheitsmodell für das 21. Jahrhundert«, wie es die OSZE-Staaten in ihrer Diskussion der letzten Jahre nannten – im Detail aussehen könnte, hat das Hamburger Friedensforschungsinstitut (IFSH) über Jahre hinweg intensiv diskutiert. Die Überlegungen der Wissenschaftler und Wissenschaftlerinnen sind 1995 in dem Buch »Die Europäische Sicherheitsgemeinschaft (ESG)« von der Stiftung Entwicklung und Frieden in Bonn veröffentlicht worden. Die englische Ausgabe ist 1996 im NOMOS-Verlag Baden-Baden erschienen.

Die vom IFSH konzipierte und zur Diskussion vorgelegte Europäische Sicherheitsgemeinschaft (ESG) folgt der Grundidee eines regionalen Systems Kollektiver Sicherheit. Sie funktioniert so, wie die Vereinten Nationen ihrer Gründungsabsicht zufolge funktionieren sollten, aber aus unterschiedlichen Gründen weder während des Kalten Krieges noch danach funktionieren konnten: nach dem Prinzip des konsequenten

Einstehens der Gemeinschaft für die Sicherheit jedes einzelnen ihrer Mitglieder. Große wie kleine Staaten stehen unter gleichem Recht, erhalten gleiche Sicherheit, übernehmen gleiche Verpflichtungen. Die verläßliche Funktionsfähigkeit verlangt dazu einen begrenzten Schritt von der zwischenstaatlichen Zusammenarbeit zu einem übernationalen Mechanismus; deshalb wird die Gewaltoption, die letzte Zuflucht des Rechts auf Sicherheit, aus der Verfügung der Einzelstaaten bzw. ständiger oder zeitweiliger Interessenkoalitionen in die Obhut der internationalen Rechtsgemeinschaft überführt.

Aufgabe der ESG ist es, in allen Fällen aktiv zu werden, in denen eine Friedensgefährdung, eine Friedensbedrohung, ein Friedensbruch oder eine Aggression vorliegt. Im Falle eines bewaffneten Angriffs gegen ein Mitglied der Gemeinschaft sind die Gemeinschaft und deren Mitglieder zum automatischen Beistand verpflichtet, gleichviel, ob der Aggressor Mitglied der ESG ist oder nicht. Im Falle innergesellschaftlicher Konflikte gewaltsamer Art in den Mitgliedstaaten der Gemeinschaft ist die ESG dann zuständig, wenn sich diese Konflikte zu internationalen Streitigkeiten entwickeln oder zu entwickeln drohen. Sie ist ferner zuständig, wenn die Verpflichtung zur Achtung von Minderheiten- und Menschenrechten nicht eingehalten wird.

Betonen möchte ich an dieser Stelle, daß eine Idee oder gar ein Modellvorschlag keinesfalls mit der Realität verwechselt werden darf. Und doch bleibt es richtig, daß Politik, die gestalten will, Ideen und Modellvorstellungen als Wegweiser dringend benötigt. Schlechte Utopien und Illusionen sind das eine, dringend notwendige Visionen das andere. Der vormalige Bundespräsident Herzog wurde deshalb, wie er selbst formulierte, »nicht müde«, einerseits auf den Unterschied hinzuweisen, andererseits »den Zusammenhang von Vision und Realität zu betonen« (Roman Herzog, Demokratie als Friedensstrategie. Baden-Baden 1997):

»Im Gegensatz zu Utopien sind Visionen mühsam. Für

den Eintritt einer Utopie ist niemand verantwortlich, weil sie gar nicht eintreten kann, für die Erfüllung von Visionen sind wir es selbst (...) Visionen braucht der Mensch, wenn er menschenwürdig und verantwortlich leben will, und solche Visionen brauchen auch Völker und Staaten. Die Hoffnung, ja die Entschlossenheit, den Bereich von Frieden, Freiheit und Wohlstand zu erweitern, ist keine Utopie und sie ist nicht die schlechteste Vision, die Europa sich wählen kann.«

Versagen der politischen Klasse? Torheit der Regierenden?

Zutreffende Analysen. Wohlfeile Worte. Doch wo sind die Taten? Wo die Akteure?

»Ich bin besorgt, daß die Welt allenthalben aus den Fugen gerät und daß die politische Klasse nicht willens und fähig ist, dem entgegenzusteuern«, *sagte* vor einigen Monaten sorgenvoll Altbundeskanzler Helmut Schmidt – mittlerweile 80 Jahre alt, für viele Menschen aber noch immer die herausragende Symbolfigur politischer Führungs- und Leistungsfähigkeit, vielleicht die letzte.

Hat Helmut Schmidt recht? Trifft seine Besorgnis zu?

Würde es neben Globalisierung und Massenarbeitslosigkeit, Überbevölkerung und Welthunger, Artensterben und Klimaveränderung, Ozonloch und Ressourcenverknappung, Terrorismus und Fundamentalismus und vielen anderen Problemen mehr noch eines weiteren Beleges bedürfen, das europäische Sicherheitssystem nach 1989/90 und der jüngste Krieg im Kosovo würden ihn liefern.

»Ich fühle mich wie Kassandra! Seit Jahren warne ich vor der Katastrophe im Kosovo!«

Hans Koschnick, der mit diesen Worten vor und während des Kosovo-Krieges immer wieder seiner Verzweiflung Luft machte, war vormals Bürgermeister von Bremen und EU-Administrator von Mostar. Ein renommierter Politiker also und ein erfahrener Balkan-Experte. Gehört wurde er gleichwohl nicht. Bis zu einem Zeitpunkt, da Krieg herrschte im Kosovo. Blutig, barbarisch und doch mitten in Europa. Warum?

Weil Menschen auf Dauer nicht friedlich sind? Weil Menschen und insbesondere die politische Klasse – wie die Paradoxien des europäischen Sicherheitssystems zeigen – vermutlich nicht einmal friedensfähig sind, das heißt nicht fähig, das Machbare mit dem Vernünftigen zu verbinden? Hat die amerikanische Wissenschaftlerin Barbara Tuchman also recht, wenn sie in ihrem gleichnamigen Buch (Frankfurt a. M. 1984) von der »Torheit der Regierenden« spricht? »In der Regierungskunst«, so Tuchman, »bleiben die Leistungen der Menschheit weit hinter dem zurück, was sie auf fast allen anderen Gebieten vollbracht hat. Weisheit kommt in dieser Sphäre weniger zur Geltung, und ihre Wirkung wird häufiger vereitelt, als es wünschenswert wäre«.

Die Historikerin Tuchman meint die Torheit der Regierenden »von Troja bis Vietnam«. Sie hätte ihre Aussage aber genauso gut auf die gegenwärtige Sicherheitspolitik in Europa beziehen können.

Eine zu scharfe, eine ungerechte, vielleicht sogar eine grundlegend falsche Charakterisierung des Versagens der politischen Klasse in Europa?

Nicht, wenn es um Krieg, also um die Entscheidung über Leben und Tod geht! Politik ist die Kunst des Möglichen. Krieg ist das Versagen der Politik. Wer Krieg führt, muß sich eine genaue Meßlatte, eine überaus scharfe Lupe gefallen lassen. Dies gilt nach Art. 26 GG insbesondere für die Deutschen. Und dies gilt erst recht für die rot-grüne Regierung in Deutschland. Sie ist angetreten unter der Überschrift »Deutsche Außenpolitik ist Friedenspolitik«. Sie wollte an die Stelle des Rechts des Stärkeren die Stärke des Rechts setzen, die Fähigkeit der EU zur zivilen Konfliktprävention und zur friedlichen Konfliktregelung steigern, die rechtliche Basis der OSZE stärken und die obligatorische friedliche Streitschlichtung im OSZE-Raum durchsetzen, die Handlungsfähigkeit auf dem Feld der Krisenprävention und der Konfliktregelung verbessern, sich aktiv dafür einsetzen, das Gewaltmonopol der Vereinten Nationen zu bewahren, deren Kompetenz und Mittelausstattung verbessern sowie die Rolle des Generalsekretärs der Vereinten Nationen stärken, die guten Beziehungen zu Rußland weiterentwickeln und auf eine breite Grundlage stellen und vieles andere mehr.

Worte und Sätze aus den Wahlprogrammen und insbesondere aus der Koalitionsvereinbarung der gegenwärtigen Regierungskoalition in Deutschland. Erst wenige Monate alt, waren sie im März 1999 schon wieder Makulatur, klangen wie Hohn und Spott.

Erstmals in der Geschichte der Bundesrepublik führte Deutschland wieder Krieg – keineswegs frei von Zweifeln an seiner Vermeidbarkeit, ohne Mandat der Vereinten Nationen, jenseits des Verfassungsrechts, ohne Nachweis der Geeignetheit der militärischen Mittel und ihrer Verhältnismäßigkeit, nach den Gesetzen der Durchschlagseffizienz und der Gesichtswahrung und ohne wirkliche Kontrolle der Eskalationsdominanz.

Nein! Es ist nicht falsch oder ungerecht, auf die Diskrepanz zwischen Anspruch und Wirklichkeit hinzuweisen, die »Torheit der Regierenden« beim Namen zu nennen und den Dilettantismus und die doppelte Moral der politischen Klasse zu kritisieren. Gerade wer Haß, Gewalt und Kriege verhüten will, muß wissen: Es ist nicht die Ungerechtigkeit allein, es ist die Bigotterie, die doppelte Moral, die Heuchelei der Mächtigen, die politische Willkür, welche die Menschen in die Verzweiflung treibt, zu Fanatikern werden läßt – bis hin zum Terror gegen sich selbst und gegen andere.

Mit dieser Kritik schließt sich abermals der Kreis. Sollen nicht doppelte Moral, Heuchelei, politische Willkür, Widersprüche und Paradoxien die europäische Sicherheitsordnung bestimmen, so muß das Recht des Stärkeren ersetzt werden durch die Stärke des Rechts, muß die europäische Sicherheitsordnung vor allem als Rechtsordnung verstanden und gebaut werden. Woher aber die Hoffnung nehmen auf ein Gelingen? Beweist die skizzierte Geschichte des verfassungsrechtlichen Friedensgebotes nicht eher das Gegenteil?

Die gute Nachricht ist: Im Konzert der bombardierenden NATO-Staaten war es die deutsche Regierung, die als erste erkannte, daß nur eine nicht-militärische Lösung des Kosovo-Konfliktes den »Preis« des Krieges rechtfertigen und begrenzen konnte. Nach anfänglichen Fehlern kehrte Deutschland erfolgreich zu Politik und Diplomatie zurück – zunächst mit dem Fischer-Plan, dann über den Schröder-Plan. Insbesondere dem Durchsetzungs- und Führungswillen des deutschen Bundeskanzlers und damaligen EU-Ratspräsidenten ist es zu verdanken, wenn sich Rußland heute wieder im europäischen Boot befindet, wenn sich der Schaden für die UNO – vielleicht – in Grenzen hält, wenn die Mehrzahl der geflüchteten und vertriebenen Kosovo-Albaner mittlerweile zurückgekehrt ist, wenn über den geplanten »Balkanpakt« neue Hoffnung in der Balkanregion – wenn schon nicht auf Frieden auf Dauer, so doch vorerst auf relative Stabilität in der Region – zu keimen beginnt.

Die Europäische Sicherheitsordnung als Rechtsordnung – Arbeitsteilung zwischen Europa und den Vereinten Nationen

Nochmals zusammengefaßt: Geht Macht vor Recht, so wird Recht zum Faustrecht: Und Macht, die vor Recht geht, verkommt zur Willkür. Dies ist die Beschreibung der friedens- und sicherheitspolitischen Realität, wie viele Menschen in Europa sie vor und während des Kosovo-Krieges wahrnahmen. Oder positiv formuliert: Eine Europäische Sicherheitsordnung, die funktionstüchtig, effektiv und auf Dauer stabil sein will, ist vor allem eine Rechtsordnung. Soll sich »Kosovo« nicht wiederholen, so muß deshalb an die Stelle des Rechts des Stärkeren in Europa die Stärke des Rechts treten.

Ähnliche Überlegungen scheint mittlerweile auch die Bundesjustizministerin Herta Däubler-Gmelin anzustellen. In ihrer Rede im Rahmen der Tagung des Institut de Droit International am 17. August 1999 in Berlin trug sie u. a. vor:

»Gustav Radbruch, der bekannte deutsche Rechtsphilosoph und Reichsjustizminister, hat gesagt: ›Die Gerechtigkeit ist die zweite große Aufgabe des Rechts, die erste aber ist die Rechtssicherheit, der Friede‹.«

Und an anderer Stelle fährt die Bundesjustizministerin fort: »Wer den Frieden will, muß das Recht wollen, wer den internationalen Frieden will, muß das internationale Recht wollen. Wir haben die schrecklichen Bilder aus dem Kosovo und den von Krieg und Bürgerkrieg geschüttelten anderen Regionen der Welt vor Augen. Es geht darum, die Stärke des Rechts anstelle des Rechts des Stärkeren zu setzen.«

Was heißt dies operationalisiert? Dazu zwei Vorschläge, die unter dem Gesichtspunkt der Arbeitsteilung zwischen UNO und »regionaler Einrichtung« diskutiert werden können. In Hinblick auf Aggressorfeststellung einerseits und die strukturelle Kongruenz bei Hoheitsübertragungen andererseits wären aus dem Kosovo-Konflikt folgende Lehren zu ziehen, schließlich können sie auch aus den Bemühungen einer Reform der UNO selbst resultieren. Die beiden Vorschläge betreffen die Rolle von Gerichten und Schiedsgerichten in einer Rechtsordnung als Sicherheitsordnung, inklusive der Frage der Mandatierung im Erzwingungsfalle sowie das brisante Problem des militärischen Beistandes durch regionale Einrichtungen.

Gehen wir von der UN-Charta aus, so stellt nach Art. 39 der Sicherheitsrat fest, »ob eine Bedrohung oder ein Bruch des Friedens oder eine Angriffshandlung vorliegt«. Zugleich gibt der Sicherheitsrat Empfehlungen ab. Nach Art. 40 UN-Charta beschließt der Sicherheitsrat vorläufige Maßnahmen; nach Art. 41 ff. UN-Charta beschließt er diejenigen Maßnahmen, »die zu treffen sind, um den Weltfrieden und die internationale Sicherheit zu wahren oder wiederherzustellen«. Diese Maßnahmen können nichtmilitärische, militärische oder kriegerische sein.

Der »Charta der Vereinten Nationen zufolge« agiert der Sicherheitsrat im Krisenfall auf zwei, gegebenenfalls auf drei Ebenen:

– Aggressions- und damit auch Aggressorfeststellung,
– Beschluß der erforderlichen Maßnahmen und
– ggf. die Durchführung der jeweiligen Maßnahme.

Unter Demokratiegesichtspunkten ist eine solche Macht- und Gewaltenfülle »in einer Hand« sicherlich problematisch. Angesichts der Realität der Nationalstaaten und ihrer divergierenden Interessen ist hingegen eher fraglich, ob die Effektivität und Funktionsfähigkeit des Sicherheitsrates in jeder Situation, also auch unter weniger günstigen Bedingungen gewährleistet ist. Mein nachdrücklicher Vorschlag ist deshalb, zu überlegen, ob nicht eine größere Arbeits- und Gewaltenteilung beiden Aspekten gerecht werden kann. Die »Aggressorfeststellung« z. B., also gerade eine der Fragen, an denen bislang ein effektives Funktionieren der UNO scheiterte, könnte über die institutionalisierte Möglichkeit zur obligatorischen friedlichen Streitbeilegung – sei es vor dem Internationalen Gerichtshof (IGH), sei es vor einem anderen internationalen Schiedsverfahren, z. B. dem OSZE-Gerichtshof – zweifelsohne erfolgreicher geregelt werden. Nicht zufällig heißt es deshalb auch im Rahmen der Überlegungen zu einer Europäischen Sicherheitsgemeinschaft (ESG): »Aggressor ist, wer sich dem Gerichts- oder Schiedsverfahren entzieht!« Zweifelsohne besäße eine solchermaßen institutionalisierte und obligatorische Streitschlichtungsmöglichkeit außerhalb des Sicherheitsrates zugleich im Sinne der Gewaltenteilung eine höhere demokratische Legitimation als die bisherige Regelung.

Jegliche internationale Gerichtsbarkeit oder Schiedsgerichtsbarkeit macht allerdings nur dann Sinn, wenn ihre Entscheidungen für die Streitparteien verbindlich sind und »ohne

Wenn und Aber« ausgeführt werden müssen. Andernfalls wird der Mechanismus zur Farce, die Institution ihres Prestiges beraubt und dem Gespött notorischer Friedensbrecher preisgegeben. Dies sieht im übrigen auch das deutsche Grundgesetz so, das in Artikel 24 eine obligatorische und rechtsverbindliche internationale Schiedsgerichtsbarkeit fordert.

In jedem Fall ist also dafür Sorge zu tragen, daß dem Spruch einer Gerichts- oder Schiedsinstanz auch gegen Widerstreben oder Widerstand Geltung verschafft werden kann. Erforderlich ist deshalb ein mit hinlänglichen Machtmitteln ausgestattetes regionales Organ, das seine Exekution übernimmt, sei es mit Hilfe von eher indirekten Sanktionen, sei es durch massivere, der Rechtsdurchsetzung dienende Maßnahmen unmittelbaren Zwangs. Genutzt werden könnten – wiederum im Sinne einer demokratischen Arbeits- und Gewaltenteilung – die bestehenden bzw. noch zu schaffenden regionalen Einrichtungen kollektiver Sicherheit. Im übrigen sieht Art. 52 Abs. 2 UN-Charta schon heute vor, daß die Mitglieder der Vereinten Nationen von regionalen Abmachungen oder Einrichtungen Gebrauch machen, um »örtlich begrenzte Streitigkeiten durch Inanspruchnahme dieser regionalen Abmachungen oder Einrichtungen friedlich beizulegen, bevor sie den Sicherheitsrat damit befassen«. Und im Absatz 3 dieser Norm heißt es weiter: »Der Sicherheitsrat wird die Entwicklung des Verfahrens fördern, örtlich begrenzte Streitigkeiten durch Inanspruchnahme dieser regionalen Abmachungen oder Einrichtungen friedlich beizulegen, sei es auf Veranlassung der beteiligten Staaten oder aufgrund von Überweisungen durch ihn selbst.«

Wie bereits die angeführten Normen zeigen, will Kapitel VIII der UN-Charta durchaus eine Arbeitsteilung des globalen und der regionalen Friedenssicherungssysteme. Zusammenfassend kann sogar festgehalten werden, daß die UN-Charta regionale Einrichtungen nicht nur akzeptiert, sondern durchaus fördert und unterstützt. Der Wortlaut des Artikel 52 Abs. 2 UN-Charta deutet ferner auf eine primäre

Zuständigkeit der regionalen Abmachung/Einrichtung für Streitfälle in ihrem regionalen Bereich hin. Art. 52 Abs. 4 relativiert diese klare Zuständigkeitszuteilung allerdings etwas, indem er auf die Anwendung der Artikel 34 und 35 der Charta und damit auf das Untersuchungsrecht des Sicherheitsrates hinweist.

Nach Art. 53 Abs. 1 UN-Charta schließlich nimmt der Sicherheitsrat der Vereinten Nationen »gegebenenfalls diese regionalen Abmachungen oder Einrichtungen zur Durchführung von Zwangsmaßnahmen mit seiner Autorität in Anspruch. *Ohne Ermächtigung* des Sicherheitsrates dürfen *Zwangsmaßnahmen* aufgrund regionaler Abmachungen oder seitens regionaler Einrichtungen *nicht* ergriffen werden« (Hervorheb. – DSL).

Folgt man dieser Norm der Charta der Vereinten Nationen, so haben regionale Abmachungen und Einrichtungen kollektiver Sicherheit Autonomie, wenn es um die friedliche Streitbeilegung, vermutlich auch, wenn es um die nicht-militärischen Zwangsmaßnahmen geht. Unter dem Gesichtspunkt des Einsatzes militärischer Mittel sind sie für sich betrachtet jedoch kein selbständiges Aliud zur kollektiven Selbstverteidigung bzw. zu regionalen Bündnissen der Selbstverteidigung, z. B. der NATO. Während ein regionaler Militärpakt im Sinne des Art. 51 UN-Charta militärisch autonom handeln kann (bis der Sicherheitsrat der Vereinten Nationen die erforderlichen Maßnahmen getroffen hat), besitzt das regionale System Kollektiver Sicherheit diese Autonomie nicht. Militärische Zwangsmaßnahmen sind gemäß Art. 53 UN-Charta ohne Ermächtigung des Sicherheitsrates verboten. Dem moralisch, rechtlich und politisch auf einer höheren Ebene angesiedelten regionalen System Kollektiver Sicherheit ist also bizarrerweise weniger erlaubt als den auf Konfrontation ausgerichteten bzw. an bestehenden Konfrontationen ausgerichteten Militärpakten. Dies muß sich rasch und nachdrücklich ändern.

Vom Status quo aus gesehen, kann sich der Einsatz von

Streitkräften, darunter gegebenenfalls auch der Bundeswehr, im Rahmen eines Systems Kollektiver Sicherheit in und für Europa nach der Charta der Vereinten Nationen ohne Ermächtigung des Sicherheitsrates also bislang nur jenseits militärischer Zwangsmaßnahmen bewegen. Nicht zu den militärischen Zwangsmaßnahmen gehören allerdings die sog. friedenserhaltenden Maßnahmen (peacekeeping operations).

Der militärische Beistand im Falle eines bewaffneten Angriffs gegen ein Mitglied des regionalen Sicherheitssystems ist (ohne Ermächtigung des Sicherheitsrates) dagegen der regionalen Einrichtung als solcher – automatisch und obligatorisch – nur möglich, wenn das betreffende regionale System Kollektiver Sicherheit durch Kapitel VIII der UN-Charta über Völkervertragsrecht legitimiert ist und sich unter Berufung auf Art. 51 UN-Charta als ein System Kollektiver Selbstverteidigung bindet. Die Organisation Amerikanischer Staaten (OAS) z. B. ist eine solche Einrichtung regionaler Art gem. Art. 52 UN-Charta, die zugleich eine Bündnisverpflichtung gem. Art. 51 UN-Charta vorsieht.

Mein Vorschlag im Rahmen dieser Überlegungen ist, eine solche »Bindung« zu schaffen, wobei ich vorrangig die OSZE im Blick habe. Bevor ich hierauf zurückkomme, zunächst noch der Hinweis auf ein weiteres, nicht minder kompliziertes Rechtsproblem.

Was im Falle eines bewaffneten Angriffs auf zwischenstaatlicher Ebene über die Bindung an einen völkerrechtlichen Vertrag möglich ist, muß dagegen für den Fall innergesellschaftlicher Konflikte ausgeschlossen werden. Weder nach der Charta der Vereinten Nationen noch nach dem Grundgesetz kann und darf sich ein regionales Sicherheitssystem die Autonomie zur militärischen Intervention in einen innerstaatlichen Konflikt anmaßen – gleichgültig, ob es sich um einen regionalen Militärpakt oder um ein regionales System Kollektiver Sicherheit handelt, und gleichgültig, ob es sich um einen Konflikt handelt, der sich zu einer internationalen Streitigkeit zu entwickeln droht oder nicht. Nach

Art. 39 UN-Charta besitzt vielmehr allein der Sicherheitsrat der Vereinten Nationen die Kompetenz festzustellen, ob eine Bedrohung oder ein Bruch des Friedens oder eine Angriffshandlung vorliegt und welche Maßnahmen zu ergreifen sind. Eine militärische Intervention in innere Angelegenheiten ohne einen Beschluß des UN-Sicherheitsrates müßte entsprechend als unzulässig und rechtswidrig angesehen werden. Aber auch dieses Problem läßt sich lösen: Vorstellbar ist zum einen ein entsprechender völkerrechtlichen Vertrag zwischen den Partnern der regionalen Abmachung. Er würde allerdings nur für die Vertragspartner gelten, wäre aber zweifelsohne ein Fortschritt im Vergleich zur jetzigen Lage. Denkbar wäre aber auch – im Rahmen der Reformbemühungen der UNO – eine dauerhafte Vorabübertragung eines entsprechenden Mandats durch die UN auf die jeweilige Regionalorganisation (ohne daß den Vereinten Nationen das Recht genommen wird, die Angelegenheit gegebenenfalls wieder an sich zu ziehen).

Um Mißverständnisse auszuschließen: Die regionale Einrichtung steht auch nach einer Vorabübertragung (Mandatierung) nicht in Konkurrenz zur UNO. Die regionale Einrichtung soll vielmehr in enger Kooperation und Abstimmung mit dem globalen System UNO diese Welt sicherer und friedlicher machen, indem sie in einem regional begrenzten Zuständigkeitsbereich mehr leistet, als es die Vereinten Nationen derzeit können. In diese Richtung sollte meines Erachtens die deutsche Politik nachdrücklich wirken. Im Idealfall hätten wir dann unter dem Dach der UNO eine Europäische Sicherheitsordnung, die beispielgebend auch für andere Regionen bzw. weitere regionale Abmachungen sein könnte. Mosaik für Mosaik, Region für Region würde so das Bild einer neuen reformierten UNO zusammengefügt werden.

Daß auch Bundesaußenminister Joschka Fischer mittlerweile ähnliche Schlußfolgerungen zieht, zeigt seine Rede vor der Vollversammlung der Vereinten Nationen im September 1999 in New York. In dieser Rede sagte er u. a.:

»Ein zweiter Ansatz, um das internationale System der Friedenssicherung effizienter zu gestalten, führt über Kapitel VIII der UN-Charta, nämlich über eine Stärkung der regionalen Sicherheitssysteme und eine Neu-Austarierung der Aufgaben und Kompetenzen zwischen diesen und der UN.«

Zu den regionalen Einrichtungen, von denen der Bundesaußenminister spricht, gehört nach meiner Ansicht die OSZE und zwar an erster Stelle. Sie sollte – was im übrigen auch der erklärte Wille der Koalitionsvereinbarung zwischen SPD und Bündnis 90/Die Grünen ist – gestärkt werden. Warum die OSZE (und nicht eine der anderen europäischen Institutionen) vorrangig gestärkt werden soll, erklärt sich aus einer Vielzahl von Gründen. Zu ihnen zähle ich u. a.:

- die Größe der Teilnehmerzahl (55 Staaten), kein europäisches Land fehlt oder ist ausgeschlossen, »ungeteilte Sicherheit« wird möglich;
- die Weite der geographischen Ausdehnung (»von Vancouver bis Wladiwostok«); über sie wird die OSZE zu einer Einrichtung der »nördlichen Hemisphäre«;
- die (Ein-)Bindung Nordamerikas an Europa jenseits von Militär und Rüstung (was gleichwohl den Blick auf das benannte Hegemonieproblem nicht verstellen darf);
- die Breite des Sicherheitsverständnisses (umfassender Sicherheitsbegriff), die politische, militärische, wirtschaftliche, ökologische, humanitäre und andere Aspekte, darunter auch die Demokratisierungsfrage, einschließt;
- der Charakter als regionale Abmachung nach Kapitel VIII der Charta der Vereinten Nationen;
- die Einheit von Normsetzungsinstitution und operativem Akteur.

Zu den Schwerpunkten bundesdeutscher Friedens- und Sicherheitspolitik könnte deshalb in den nächsten Monaten gehören, konzeptionelle und operative Beiträge zur Ausarbeitung und Umsetzung von Vorschlägen zur Reform der OSZE vorzulegen. Zu diesen Vorschlägen sollte u. a. zählen:

- die Schaffung einer völkerrechtlich verbindlichen Grundlage für die OSZE;
- die Stärkung der Position und Erweiterung der Kompetenzen des OSZE-Generalsekretärs;
- die Reformierung des OSZE-Gerichtshofes im Sinne eines obligatorischen und rechtsverbindlich entscheidenden (Schieds-)Gerichtshofes nach dem Vorbild des Artikel 24 Absatz 3 GG;
- die Aufstellung von systemeigenen Friedenstruppen inklusive von Verfügungstruppen für den Generalsekretär sowie die Einrichtung eines Militärstabes;
- die Einführung und rechtliche Verankerung des Prinzips »zuerst OSZE« (OSCE first) gegenüber insbesondere NATO und UNO.

Folgt man dem Grundgesetz der Bundesrepublik – und damit kehre ich am Schluß meiner Ausführungen zu den Lehren aus dem Weltkrieg II zurück –, so will »das deutsche Volk dem Frieden in der Welt dienen« (Präambel). »Dienen« heißt aus meiner Sicht, »sich aktiv zur Verfügung zu stellen«, »Vorleistungen« zu erbringen, gegebenenfalls sogar (kurzfristig) »Nachteile in Kauf zu nehmen«. Das aktive Moment in der Bedeutung von »dienen« verlangt ferner Engagement und Eigeninitiative vom »deutschen Volk« im Sinne einer stetigen und nachhaltigen Friedenspolitik mit dem Ziel der dauerhaften Abschaffung der Institution Krieg und dem dynamischen Aufbau gewaltfreier (internationaler) Strukturen. Versteht man »dienen« in diesem Sinne, so kann Deutschland bei der Verwirklichung des Zusammenwachsens Europas durchaus auch die »Schrittmacherrolle« übernehmen, sprich: Führung und Stärke zeigen, ohne in Widerspruch mit den Erfahrungen aus der Vergangenheit, der Verfassung oder mit über die Jahre hinweg bewährten Verfahren der Einordnung und der Zurückhaltung zu geraten. »Führen« und »dienen« in diesem Sinne sind Kehrseiten ein und derselben Medaille.

Stefanie Christmann

Demokratieverrat zum Zwecke und als Konsequenz des Krieges

> Wann Krieg beginnt, das kann man wissen, aber wann beginnt der Vorkrieg. Falls es da Regeln gäbe, müßte man sie weitersagen. In Ton, in Stein eingraben, überliefern. Was stünde da. Da stünde, unter andern Sätzen: Laßt euch nicht von den Eignen täuschen.
>
> *Christa Wolf, »Kassandra«*

Daß politisches Geschehen im Medienzeitalter immer mehr zur Show wird, erleben wir täglich. Demokratie setzt eigenverantwortliches Handeln von Entscheidungsträgern voraus, doch auch viele Bundespolitiker aus dem rot-grünen Lager sind nur Sprecher, wie z. B. die Bundestagsdebatten vom 16. Oktober 1998 und vom 15. April 1999, die Bremer Bundesdelegiertenkonferenz (BDK) der Grünen am ersten Dezemberwochenende 1995 oder der Kriegsparteitag der SPD am 12. April 1999 zeigen. Im Stück »Demokratieverrat zum Zwecke und als Konsequenz des Krieges« besetzten Joseph Fischer und Gerhard Schröder die Hauptrollen. Fischer, der seit Sommer 1995 via Medien vorgibt, wie über militärische Aktionen zu denken sei, und seine Dienerschar waren in der zweiten Hälfte der 90er Jahre Meinungsführer – nicht die CDU oder die SPD.

Eine besondere Rolle, aber keinen Hauptpart spielte Oskar Lafontaine. Im Kampf um die Kanzlerkandidatur hatte Schröder einflußreiche Medien wie den »Spiegel« und »Die Woche« auf seiner Seite. Lafontaine akzeptierte, wie die SPD, daß die Landtagswahl in Niedersachsen über die Kanzlerkandidatur entscheiden solle. In diesem von den Medien hochgespielten, zutiefst undemokratischen Verfahren wurde abgestimmt über etwas, was nicht zur Wahl stand, und damit aus parteitaktischen Gründen Demokratie veruntreut. Die SPD wurde übervorteilt – und die Niedersachsen wurden mißbraucht, denn sie hätten, Meinungsumfragen zufolge, Gerhard Glogowski nicht zum Ministerpräsidenten gewählt. Von dessen Nachfolger Sigmar Gabriel war im Wahlkampf noch gar nicht die Rede.

Auch nach der Entscheidung über die Kanzlerkandidatur ordnete Lafontaine Inhalte und Ziele dem bloßen Machtwechsel unter. Er suggerierte im Doppelpack mit Schröder, neoliberale Modernisierung, ein auf eine Dienstleistungsagentur für die Wirtschaft verkürztes Staatsverständnis (Schröder) sei mit sozialstaatlicher Verankerung und makroökonomischer Weichenstellung (Lafontaine) vereinbar.

Nicht Argumente, sondern Image zählten in diesem, von Franz Müntefering nach amerikanischem Muster professionell in Szene gesetzten Wahlkampf, der frühere Wahlkämpfe in der konsequenten Vorspiegelung falschen Scheins übertraf. Schröder ohne Lafontaine hätte kaum Chancen gehabt, die SPD an die Regierung zu bringen, schon allein, weil sich für ihn weder die SPD-Basis noch die Gewerkschaften hätten mobilisieren lassen.

So wichtig Lafontaine und Müntefering für die Erlangung der Macht waren, so unwichtig wurden sie nach dem Koalitionsvertrag für die weitere Strategie. Lafontaine suchte nach Alternativen zur eindimensionalen Anpassung an die Globalisierung der Wirtschaft. Er wurde noch über seinen Rücktritt Mitte März hinaus von der Wirtschaft und ihren anhängigen Medien, der Schröder-Presse, verteufelt. Norman Birnbaum, der in Lafontaine den »einzigen Sozialdemokraten« sah, »der seine Legitimation vom Wählerwillen ableitete«, kommentierte dies mit den Worten: »Die internationale Elite der multinationalen Konzerne beherrscht nicht nur die Produktionsmittel, sondern inzwischen auch die Mittel zur politischen Willensbildung.« Wie ein Feuerwerk schnellten nach Lafontaines Rücktritt die Börsenkurse hoch, eine groteske Inszenierung. Ebenso absurd wie die Versuche, die Auseinandersetzung mit Lafontaines Buch (»Das Herz schlägt links«) und die Möglichkeit von Alternativen zur neoliberalen Gestaltung der Globalisierung zu umgehen, indem man den Autor in einer Medienkampagne zum rachsüchtigen Psychopathen zu machen versuchte.

Weder der seit Jahren auf Arbeitsmarktpolitik und Makroökonomie spezialisierte damalige SPD-Vorsitzende und der Wahlkampfmanager Franz Müntefering noch Rudolf Scharping spielten bei den Weichenstellungen, die zum Krieg führten, eine wichtige Rolle. Am 9. Oktober 1998 reiste Schröder mit Fischer, Volmer und Verheugen zu Clinton, um die Strategie gegen Milošević abzustimmen. Scharping blieb zu Hause. Selbst als er schon designierter Verteidigungsminister war, am 12. Oktober, nahm er nicht an der Abstimmung mit Kohl, Kinkel und Rühe teil, sondern nur Schröder, Fischer und Verheugen. Auch in Rambouillet und während des Krieges erfuhr Scharping – im wesentlichen durch Fischer – vom Fortgang der Verhandlungen. Scharping war keine Hauptfigur der Entscheidungen treffenden Politik. Seine unreflektierte moralische Empörung ließ ihn aber bei seinen täglichen Pressekonferenzen zum geifernden Pressesprecher einer kriegführenden Regierung werden.

Scharping, der erfolglos den mächtigeren Fraktionsvorsitz angestrebt hatte, um ein Sprungbrett für die immer noch von ihm ersehnte Kanzlerschaft zu haben, forderte als Gegenleistung für die Abschiebung auf die Hardthöhe, daß der Verteidigungshaushalt nicht angetastet werden dürfe. Seit er Chef des Bundesverteidigungsministeriums ist, spielt der vom Paulus zum Saulus Gewandelte eine offensive Rolle in Fragen von Rüstung und militärischen Einsätzen, d. h. das Amt ist Mittel zum Zweck persönlicher Profilierung mit Blick auf ein mächtigeres Amt. Scharping ist eine interessante Persönlichkeit, wenn man analysiert, wie Karriereristen den Staat zu ihrer Beute machen – aber das wäre ein anderes Thema.

Bei den Grünen schlossen sich die Partei- und FraktionssprecherInnen ebenso wie Fritz Kuhn, Daniel Cohn-Bendit und andere, die gern als Vorausdenker agieren, bestehenden Lagern an. Cohn-Bendit, Fischers Kamerad aus der Frankfurter »Putzgruppe«[1], hatte bereits Anfang der 90er Jahre, also lange vor Fischer, militärische Einsätze gefordert. 1995 und in den Jahren danach spielte er aber keine so tonangebende Rolle mehr wie Fischer. Zwar agierte er 1999 auf der BDK in Bielefeld mit der Forderung nach Bodentruppen nochmal als Fischers Vorhut, aber er wird innerparteilich weniger ernstgenommen als von den Medien. Bei den Grünen gilt er als Oldie und Radikalo in Fischers Anhang. Mit jenen, die lediglich Rollen im Gefolge anderer Akteure spielen, wird sich diese Analyse nicht gesondert beschäftigen. Mehr Beachtung finden dagegen Politiker, die, wie Ludger Volmer (zeitweise) und Annelie Buntenbach oder der Hamburger Linke Uli Cremer eigenständig agierten, wenn auch in Nebenrollen.

Mit dem Regierungswechsel zu Rot-Grün wurde Kontinuität zum Glitzerwort derer, die angetreten waren, Politikwechsel zu gestalten. An die Stelle der Kritik trat die Bejahung des Bestehenden. Der nun maßgebende Teil der Grünen wurde zum Verteidiger des Status quo. Die neue Regierungsspitze stellte sich eher in die Tradition Volker Rühes (Deutschland spielt auch militärisch die gleiche Rolle wie seine Verbündeten) als in die Helmut Kohls (Deutschland spielt an der Seite Frankreichs im zivilen und wirtschaftlichen Bereich eine herausgehobene Rolle im zu vereinigenden Europa). Der 1944 geborene Kanzler Schröder und der vier Jahre jüngere Außenminister Fischer verstanden Souveränität kaum als *Freiheit zu* eigenverantwortlicher Gestaltung, sondern vielmehr als *Freiheit von* historisch bedingten Zwängen. Souveränität wurde – wie während und nach dem Golfkrieg von Volker Rühe – zur Anpassung an die Strategie der westlichen Partner mißdeutet, als Sich-Einreihen ins militärische Glied umgemünzt und präsentiert als Aufsteigen in den Kreis der Verantwortungsträger der internationalen Staatenwelt.

Unabhängig von der Meinungsführerschaft der USA in

der NATO gab es 1998/99 auf rot-grüner Seite, insbesondere von Joseph Fischer, ein sehr starkes Interesse, Deutschland 50 Jahre nach Kriegsende um jeden Preis in den Kreis der »ältesten Demokratien« (Fischer) zu führen. Der Grünen-Politiker steht nicht gern in der zweiten Reihe. Die persönlichen Antriebskräfte sind in ihrer Bedeutung für den Paradigmenwechsel in der deutschen Außenpolitik und der demokratischen Kultur kaum zu überschätzen.

Die neue, nicht rational, sondern moralisch begründende Regierung verfolgte auch die Strategie, dem mit Kriegsschuld und Shoah belasteten (West-)Deutschland die neue (Schein-) Identität einer »gerechten Nation« zu kreieren. Deutschland wurde zur Nation stilisiert, die im Namen »der« Menschenrechte nun selbst gegen Diktatoren zu Felde zieht und selbst Kriegsverbrecher anderer Länder auf die Anklagebank setzt. Dies ist die Krönung von Rühes Stauffenberg-Instrumentalisierung. Der Krieg hatte, wie insbesondere Fischers Wortwahl zeigt, für das eigene Land auch die Funktion, negatives Nationalgefühl und Scham hinter sich zu lassen. Diese Politik folgte, schaut man nach den Antriebskräften Fischers, dem Programm, sich über die Vätergeneration, die »das« zugelassen habe, zu erheben.

Neben den häufig genannten Gründen für die viel geringere Zustimmung zum NATO-Überfall im Osten Deutschlands (anderes Verhältnis zu Osteuropa, zu den Volksgruppen in Jugoslawien bzw. zur NATO), ist dieser, unbeachtet gebliebene Aspekt für das Verständnis sehr wichtig: Die DDR hatte, anders als die alte BRD, einen Mythos des Widerstands und der aktiven Überwindung faschistischen Denkens gepflegt, und zwar nicht nur in der staatlichen Propaganda, sondern auch in der (Denken möglicherweise noch mehr beeinflussenden) Kunst, in Denkmälern und Literatur. In den ersten Jahren wurden – im völligen Gegensatz zur Trümmerliteratur Westdeutschlands – programmatische Prosaerzählungen über Wehrmachtsdeserteure veröffentlicht. Mit diesem Blickwinkel schob die DDR nicht nur die Verantwortung für den

Zweiten Weltkrieg und die Shoah von sich weg, sondern durch die Heroisierung kommunistischer Widerstandskämpfer, kommunistisch-säkularer Märtyrer entstand auch eine andere Aufteilung in Sieger und Verbrecher der NS-Zeit als in der damaligen Bundesrepublik. Als positive Konsequenz dieser mutwilligen und verwerflichen Geschichtsklitterung ergab sich, daß die Menschen im Osten Ende der 90er Jahre nicht das Gefühl hatten, sich von überkommener Schuld reinwaschen zu müssen. Sie konnten deshalb weniger für die Buß- und Bewährungsübung gewonnen werden, die darin bestehen sollte, einen Nationalisten militärisch zu bestrafen – und mit ihm sein Volk. Wer kein Büßerhemd trägt, dem kann man nicht die Erlösung schaffen, es ihm auszuziehen. Joseph Fischer, dem die Gemüter der Westdeutschen eine Klaviatur sind, auf der er meisterhaft zu spielen versteht, sprach an den Ostdeutschen völlig vorbei. Ihre Seele ist an anderer Stelle gekränkt als die der Westdeutschen. Deren Medizin, sich an einem »gerechten Krieg« zu beteiligen, traf im Osten nicht auf Bedarf.

Im Vorfeld des Krieges wurde Eigenständigkeit, also eine von Großbritannien, Frankreich und den USA abweichende außenpolitische Linie, als »Sonderweg« diffamiert, als sei jeder Sonderweg, jedes *»aus dem Rahmen fallen«* per se falsch und gefährlich. Obwohl in den voraufgegangenen 50 Jahren deutschen Sonderwegs in der Bevölkerung ein friedenspolitischer Konsens gewachsen war, der als hohes Gut hätte betrachtet werden können. Die Phase der Erleichterung über das vorgebliche Ende des Ost-West-Konflikts hatte diese Einstellung noch befestigt. Die Vorstellung, ob Deutschland nicht gerade, weil es zwei Weltkriege begonnen und die industrielle Vernichtung von Menschen erdacht und durchgeführt hatte, einen pazifistischen Sonderweg gehen müsse (Halina Bendkowski), geriet nach 1989 nicht ins Vergessen, aber sie wurde von den alten und besonders den neuen Bewahrern des status quo konsequent als gefährlich und ins Unheil führend diskreditiert.

Der Weg in den Krieg wurde auch möglich, weil die deutsche Demokratie marode ist. Das politische System ebenso wie die Hauptakteure, die Parteien, denen sich die Wähler zunehmend versagen. Ursache für Regierungswechsel sind schon heute vor allem Stimmenverluste der früheren Regierungspartei(en).

Die zum Krieg nötige Verfertigung von Sprache zu Speeren (Feindbilder) und zu Schutzschildern (Menschenrechte, der Kreis der alten Demokratien), die nötige (Partei-)Disziplin, die Mißachtung und Diffamierung Andersdenkender und die geschaffenen Präzedenzfälle waren zusätzliche, sehr forcierte Angriffe auf eine Demokratie der Vernunft. Deshalb werden nach der Auseinandersetzung mit der jüngsten Geschichte Gründe für die Krisenanfälligkeit unserer Demokratie analysiert und Reformvorschläge vorgestellt. (Vgl. das Kapitel »Führt ein Weg von der Oligarchie zurück zur Demokratie?«)

Aus zwei Gründen wird der Weg der Grünen zur Kriegsbeteiligung besonders genau analysiert. Erstens war bei den ehemals basisdemokratischen Bündnisgrünen der Bruch mit dem eigenen Programm am größten und zugleich am folgenreichsten: Ihr Kurswechsel schwächte die Friedensbewegung und die kritisch-pazifistische Öffentlichkeit. Die Grünen waren einst angetreten, um einerseits Basisdemokratie zu verwirklichen und andererseits Bundeswehr und NATO abzuschaffen. Sie legten den weitesten Weg zurück. Wie intensiv sie dies betrieben – und, aus Sicht der Akteure: wie erfolgreich –, spiegelt die Tatsache, daß die Zustimmung der Grünen zu den Luftbombardements Umfragen zufolge 18 % über der der Bevölkerung lag (konkret, 5/1999). Da die Grünen ihren Kurswechsel, zweitens, unter sehr großer öffentlicher Anteilnahme vollzogen – nicht nur stellvertretend, sondern mit und in der Gesellschaft –, beeinflußten sie den Positionswechsel der Bevölkerung viel stärker als die anderen Parteien.

Drei Aspekte von Entdemokratisierung sind zentral:

Erstens trat in der Vorgeschichte des Krieges gegen Jugoslawien zutage, in welch großem Umfang (klein-) bürgerliche Erziehungsmuster der Wende vom 19. zum 20. Jahrhundert – wie: *»Nimm Vernunft an«, »im Rahmen bleiben«* – die Zeit bis zur Jahrtausendwende überdauert haben. Diese Muster sind nach wie vor aktuell und instrumentalisierbar. Sie prägen in hohem Grad das Handeln der beiden Hauptakteure der nationalen Ebene. Deren Entscheidungen zeugen nicht von antiautoritärem, mündigem Denken. Bereitwillig opfern sie eigene Maßstäbe, eigenes Urteil und Vernunft der Autorität der Mehrheit und der alles erleichternden Eindimensionalität des Denkens. Gleiches gilt für ihr Gefolge. *»Lernen«, »erwachsen werden«* und *»Einsicht in Zwänge«* wurden zu politischen Euphemismen der Preisgabe des Anspruchs auf Selbstbestimmung. Vernunft zu *»vernünftig«* zu beugen, bedeutete einen folgenreichen Substanzverlust der Demokratie, vor allem angesichts der dringenden Notwendigkeit, einen grundlegenden ökologischen Umbau, nicht zuletzt den Einstieg in die Solarwirtschaft zu realisieren. Heute regiert unter dem Deckmantel des *Vernünftigen* die Unvernunft.

Zweitens wurde vornehmlich die Vokabel Konsens bemüht, aber Dominanz praktiziert. Militanz bemächtigte sich der demokratischen Kultur mittels de-realisierender Demagogie und Diffamierung Andersdenkender. Auch die starke Gegnerschaft von BürgerInnen der östlichen Bundesländer gegen den Überfall auf Jugoslawien wurde, da überstimmbar, nicht mit dem Ziel, einen Konsens zu finden, diskutiert, sondern auf dem Dominanzwege »gelöst«.

Der Weg in den Krieg war, drittens, ein Weg zurück in eine Politik, die Spielfeld »der großen Männer« (Annelie Buntenbach) ist. »Groß« insofern, als sie in Zusammenarbeit mit den Medien die zweigeteilte Gesellschaft des Patriarchats in schönster Reinkultur re-etablieren konnten: Einige wenige harte Männer treffen einsam harte Entscheidungen und setzen sie mit anderen harten Männern durch – während Frauen passiv sind, beschützt werden müssen, Soldatenmütter sich Sorgen um tapfere Söhne machen, und Politikerinnen ihre Rolle als Dekoration für die Auftritte der »großen Männer« finden. Typisches Beispiel ist die Bundestagssitzung vom 16. Oktober 1998, die den Vorratsbeschluß (ActOrd), die Drohung mit Krieg, verabschiedete: Frauen – Rita Süssmuth und Antje Vollmer – präsidierten, in der Debatte selbst wurde zur Sache aber nicht eine Frau gehört.

Ein »einmaliger Sündenfall« (Volmer)? – Die Bundestagssitzung vom 16. Oktober 1998

Die Bundestagsdebatte vom 16. Oktober 1998 über einen Vorratsbeschluß zum Einsatz von Luftstreitkräften gehört nicht, wie etwa die Aussprache zur Wehrmachtsausstellung, zu den Abgeordnete bewegenden Debatten, sondern die Positionen waren und blieben dieselben: Die Diskussion wäre – wie die Asyldebatte vom 26. Mai 1933 – in der Rubrik »abzuarbeitendes Pflichtprogramm« einzuordnen.

Die Koalitionsverhandlungen liefen, SPD und Grüne wollten sich als regierungsfähig beweisen, Gerhard Schröder, Joseph Fischer und Ludger Volmer waren gerade von einem Besuch bei Clinton zurückgekehrt. Das Bewußtsein, künftig Machthaber zu sein, hatte sich bereits im Selbstgefühl eingenistet.

Das Parlament tagte zweieinhalb Wochen nach den Bundestagswahlen nochmal in alter Besetzung – ein Trick, der den Mythos schaffen sollte, man habe die Entscheidungssituation – Überfall aus der Luft: Ja oder Nein – von der alten Bundesregierung übernommen. Während die Rot-Grünen Wert darauf legten, man habe aus verfahrenstechnischen Gründen in alter Besetzung zusammenkommen müssen, bezeichnete Gregor Gysi, PDS, das Verfahren als »illegitim«. Burkhard Hirsch, der als einziger FDP-Abgeordneter mit »Nein« gegen die Regierungsvorlage stimmte und als Bundestagsvizepräsident ein genauer Kenner der juristischen Sachlage ist, stellte in einer persönlichen Erklärung klar, der alte Bundestag habe keine Berechtigung mehr, über diese Frage zu entscheiden. Es sei auch gar nicht nötig, hatte vorher schon Wolfgang Schäuble, CDU, gesagt: Man tage auf ausdrücklichen Wunsch der künftigen Regierung in alter Besetzung. Außerdem hätte die alte Mehrheit eine Entscheidung in dieser Frage nicht gegen den erklärten Willen der neuen Mehrheit herbeigeführt – eine Erklärung Schäubles, der man Glauben schenken darf, denn der Bundestag trifft häufig Absprachen zur Wahrung der Mehrheiten. Von dieser Gepflogenheit nach einer Wahl und noch dazu in dieser außenpolitischen Frage abzugehen, hätte der Union einen Sturm der Entrüstung eingetragen.

Die Rot-Grünen konnten sich durch diesen taktischen Zug, den alten Bundestag entscheiden zu lassen, nach außen als in Zwängen gefangen darstellen: Sie stimmten dem Kinkel-Antrag »bloß« zu, statt selbst einen Antrag zu formulieren. So wie sich Schröder und Fischer hinter Kohl und Kinkel versteckten, suchten sie auch Deckung hinter der NATO. Schröder baute die bedeutungsvolle Kulisse auf, ohne deutsche Zustimmung sei die Handlungsfähigkeit der NATO eingeschränkt.[2] »Wenn alle NATO-Staaten, in deren Mehrheit sozialdemokratische Parteien Regierungsverantwortung tragen, die NATO-Entscheidung unterstützen und in ihr eine ausreichende Rechtsgrundlage sehen, ist es jedenfalls für mich nicht zwingend, anzunehmen, daß alle unsere Freunde im Unrecht sind und der eine oder andere von uns im Recht.« Der designierte Außenminister Joseph Fischer nahm sich Kinkel zum Schutzschild: »Für uns ist es wichtig, (...) daß es keine Selbstmandatierung der NATO in dieser Frage gibt. Ich möchte ausdrücklich noch einmal darauf hinweisen, Herr Bundesaußenminister, daß Ihre heutige Erklärung, es handle sich um eine Notfallsituation, um eine Ausnahmesituation, nicht um einen Präzedenzfall, für uns ebenfalls von großer Bedeutung ist.« – Der unausgesprochene Deal der mit der Option zum Politikwechsel Überforderten, aber *»Vernünftigen«* war: Rot-Grün setzt die alte Politik fort, bekommt aber ein Entschuldigungsschreiben von Schwarz-Gelb mit auf den Weg in die Regierung.

Am 16. Oktober widersprach Ludger Volmer seinem künftigen Minister überraschend vehement: Jede Ausflucht sei Augenwischerei, es handle sich um einen Präzedenzfall: »Der Selbstmandatierung von Militärbündnissen ist Tür und Tor geöffnet«. Alter Entspannungspolitik und De-Eskalationsstrategien verpflichtet, hinterfragte er als einziger das Instrument der Drohung: »Das Dilemma jeder Abschreckungspolitik besteht darin, ein Übel anzudrohen, das schlimmer ist als das aktuelle, und den festen Willen zu haben, es auch eintreten zu lassen.« Frappierend war, daß er der einzige Redner war, dem der Geist Egon Bahrs und Willy Brandts präsent zu sein schien.

Im Gegensatz zum künftigen Außenminister Fischer setzten sich die beiden langjährigen Außenpolitiker von SPD und Grünen, Günter Verheugen und Ludger Volmer, beide künftige Staatsminister im Auswärtigen Amt*, als einzige unter den Rednern der neuen Koalitionäre inhaltlich mit der Brisanz des Beschlusses auseinander. Verheugen warnte davor, einen Vorratsbeschluß mit unbegrenzt langer Wirkung zu fassen. Zu lang seien für ihn schon vier Wochen. Falls sich die Krise erneut verschärfen sollte, müsse ein neuer Entscheidungsprozeß in der NATO und auch in Bundesregierung und Bundestag beginnen. Es dürfe keinen militärischen Automatismus geben, man müsse jederzeit politisch handlungsfähig bleiben. – Ein einsamer Rufer in der Wüste, denn der Deal, daß der alte Bundestag die Entscheidung fällte, sollte ja gerade die neue Koalition langfristig aus der Verantwortung ziehen, sie ins Wort nehmen, sie zu bloßen Vollstreckern machen. Die neue Regierung hatte ein Interesse daran, den Vorratsbeschluß zeitlich möglichst nicht zu begrenzen. Die Anlage des

* Günter Verheugen ist inzwischen Mitglied der EU-Kommission.

Deals offenbart, daß die Goldhagen-, die Wehrmachts- und die Klempererdebatte, die grundsätzliche Frage nach der Schuld von Vollstreckern, Mittätern und Zuschauern, die Spitzen der Politik, Schröder, Fischer & Co., nicht erreicht hatte und hat – obwohl diese Diskussion über einen langen Zeitraum intensiv geführt wurde.

Volmer und Verheugen beharrten als einzige Redner der künftigen Koalition auf rationalem Denken und kritisierten offen, daß man nun mit militärischer Gewalt drohe, weil es nicht gelungen sei, die NATO-Staaten, das eigene Lager, zu nichtmilitärischen Sanktionen zu verpflichten. Volmer fragte explizit, weshalb beispielsweise der jugoslawischen Fluggesellschaft so spät das Landerecht entzogen worden sei oder weshalb man Jugoslawien nicht die Teilnahme an der Fußballweltmeisterschaft verweigert habe: »Alle Fachleute sind sich einig, daß eine solch scheinbar läppische Maßnahme für den größenwahnsinnigen Diktator eine empfindlichere Schmach gewesen wäre, die ihm eher die Sympathie seiner Bevölkerung entzogen hätte, als die geplanten Bombardierungen.« Verheugen erklärte, Sanktionen seien die »bessere Möglichkeit«; zugleich stellte er aber resigniert fest, daß »das Thema Sanktionen in Verbindung mit dem Thema Handlungsfähigkeit der Europäischen Union‹ ein außerordentlich beschämendes und außerordentlich bedrückendes war. Wir haben hier über Monate und Jahre ein Trauerspiel erlebt.« Krieg also als Ergebnis eigener Unfähigkeit, zivile Mittel einzusetzen. Ein Eingeständnis, das die bereits gestreute Mär von Milošević als dem einzig Verantwortlichen und Schuldigen für diesen Krieg Lügen straft.

Die Gründe, die Abgeordnete für die Notwendigkeit einer Zustimmung zur ActOrd anführten, waren höchst unterschiedlich. Schröder war bereit, das Völkerrecht zu brechen und Soldaten in einen Krieg zu schicken, weil für »die Bundesrepublik Deutschland« ein »verheerender Ansehens- und Bedeutungsverlust« entstünde, wenn man nicht für die Drohung stimme. Wolfgang Gerhardt, FDP, beschrieb das Elend von Bürgerkriegsflüchtlingen und »ein Massaker mit 14 Toten, darunter eine Frau und ein Kind«. Er erklärte, »unserer Entscheidungsfindung muss auch zugrunde liegen, daß das Menschenrecht eines einzelnen schon unendlich viel gilt und er Anspruch hat, daß wir es verteidigen«. Die Hollywood-Geschichte vom Soldaten James Ryan lief gerade in den Kinos.

Dem von ihm aufgezeigten Elend gegenüber befand der Vorsitzende der »Liberalen« die Frage, ob ein Mandat des Sicherheitsrates oder aber eine Selbstmandatierung der NATO vorliege – also ob Völkerrecht gebrochen werden könne –, als »zwar wichtig, aber nicht entscheidend«. Auf das Recht als verbindliche Grundlage zu verzichten, heißt aber, für die Demokratie Konkurs anzumelden, denn sie fußt auf dem Konsens, das Recht zu respektieren.

Da sich der Sicherheitsrat in der Resolution 1199 ausdrücklich jede weitere Entscheidung über eine mögliche Eskalation vorbehalten hatte, kommentierte PDS-Gruppenführer Gregor Gysi zu Recht die Selbstmandatierung mit den Worten: »Damit begeben wir uns auf eine Stufe mit der Bundesrepublik Jugoslawien«. Der fraktionslose Abgeordnete Kurt Neumann erinnerte an das Wahlprogramm der SPD – »Einsätze der NATO, die über ihren kollektiven Verteidigungsauftrag hinausgehen, bedürfen eines Mandats der Vereinten Nationen oder der OSZE«. Das Wahlprogramm erachtete einen bloßen »Handlungsrahmen«, so die Terminologie der Kontinuitätswahrer, nicht als hinreichend. Neumann fragte auch, wie man denn mit Drohung und Militär den Kosovo-Albanern eine »begrenzte Autonomie« verschaffen wolle, wenn sie selbst das gar nicht wollen.

Aber solche Kritik hörten sich CDU/CSU, FDP und die auf Regierungskurs marschierenden Teile von SPD und Grünen nur an, ohne sich damit auseinanderzusetzen. In großen Teilen war es eben keine Debatte. Die Atmosphäre war von Realitätsverlust geprägt. Am 16. Oktober war das Parlament in Feiertagslaune und zelebrierte erleichtert nach Richard Holbrookes Verhandlungserfolg im scheinbar virtuellen

Raum die Geschlossenheit der Demokraten. Man wetteiferte darin, sich gegenseitig guten demokratischen Stil zu bescheinigen. Den Gedanken an die Möglichkeit, daß doch noch der Ernstfall einträte, schoben die meisten weit von sich. Von den künftigen Koalitionären fragte immerhin Ludger Volmer nach den Folgen von Luftkrieg – allerdings ohne konsequent das spätestens seit dem Golfkrieg absehbare Szenario zu beschreiben: brennende Raffinerien, verseuchte Böden, rapide steigende Kindersterblichkeit etc. Von den Umwelt- und Entwicklungspolitikern hatte niemand das Rederecht. Wer die Fraktions- oder besser: Parteimeinung vertritt, wird vor der Debatte vom Fraktionsvorstand festgelegt. Gleiches gilt für die innerfraktionelle Aufteilung der Redezeit. Wieviel Redeminuten einer Debatte die einzelnen Fraktionen erhalten, richtet sich nach ihrer Größe.

Schröder betonte, er sei »zuversichtlich, daß es nicht so weit kommen wird, daß wir militärisch intervenieren müssen«. Erwiesen sich Luftopertionen als nicht notwendig, habe das »ausschließlich damit zu tun, daß die NATO (...) eine militärische Drohung aufgebaut« habe. Es blieb Gregor Gysi überlassen, realistisch zu bleiben und zu fragen, wie man mit Humanität argumentieren könne, wenn man Luftkrieg androhe und nicht einmal Zelte, Medikamente, Lebensmittel für die dann zu erwartenden Flüchtlinge bereitstelle.

Von »Krieg« oder gar von »Überfall« sprachen die Abgeordneten im Oktober 1998 nicht, sondern nur von »begrenzten Luftoperationen«. Sie nannten aber den Bürgerkrieg in Jugoslawien ganz selbstverständlich einen »Krieg« Miloševićs gegen sein eigenes Volk, einen »Krieg«, der die ganze Region gefährde. Die demagogische Ausblendung der anderen Nationalisten, die ebenso den Frieden der Region bedrohten, machte aus einer richtigen Aussage eine falsche. Außen- und innenpolitisch waren die Feindbilder klar, Volmer bezeichnete Milošević als »den boshaftesten Despoten in Europa«. Der CSU-Fraktionsvorsitzende Michael Glos erntete Beifall, als er in altgewohnter Manier die Act-

Ord-Gegner der PDS als umbenannte SED diffamierte und der relativ jungen PDS-Bundestagsriege vorwarf: »Ich erinnere mich nicht, daß die SED 1968 ein Mandat gefordert hat, als es um die Intervention in der damaligen Tschechoslowakei ging«. – Antje Vollmer, die später mit Blick auf den Weg in den Krieg eklatanten Mangel an Humanisten und Demokraten und eine Hatz auf Andersdenkende beklagte,[3] präsidierte am 16. 10. just zu diesem Zeitpunkt. Sie ließ Glos gewähren, und statt vom Hohen Haus Achtung für den andersdenkenden Gysi einzufordern, rief sie ihn zur Ordnung: Er habe seine Redezeit überschritten.

Die Koalitionsparteitage der SPD und insbesondere der Bündnisgrünen kritisierten am letzten Oktoberwochenende die Zustimmung zur Activation Order, aber die Situation im Kosovo war nur ein Thema unter vielen. Volmer nannte den Beschluß »einen einmaligen Sündenfall«. Die regierungswillige Parteibasis verzieh ihren Akteuren den Beschluß nicht, nahm ihn aber als läßliche Sünde auf dem Weg zur Macht hin, obwohl die Bundestagsentscheidung bereits vorab gegen den rot-grünen Koalitionsvertrag verstieß. Der legte fest: »Die Beteiligung deutscher Streitkräfte an Maßnahmen zur Wahrung des Weltfriedens und der internationalen Sicherheit ist an die Beachtung des Völkerrechts und des deutschen Verfassungsrechts gebunden. Die neue Bundesregierung wird sich aktiv dafür einsetzen, das Gewaltmonopol der Vereinten Nationen zu bewahren«.

Am 26. März 1999, also kurz nach Beginn des Krieges, interpretierte Volmer in einem Brief an die Grünen den »einmaligen Sündenfall« ganz anders als auf dem Parteitag: »Die Bundestagsabstimmung vom 16. Oktober 1998 ist die bis heute gültige Grundlage für die deutsche Beteiligung an den nun erfolgten Luftangriffen. Jeder, der damals entschied, wußte oder mußte wissen, daß der politischen Drohung die Tat würde folgen müssen, wenn (...)« Ein paar Zeilen weiter heißt es dagegen: »Die Befürworter des Beschlusses handelten in dem Willen und in der Vorstellung, mit dem Aussprechen der Drohung das Blutvergießen auf dem Balkan endgültig beenden zu können.« Volmer berief sich auf eine »gegebene(n), unabhängig von uns entstandene(n) und von uns nicht zu verantwortende(n) Lage«. – Der grüne Fraktionssprecher Rezzo Schlauch verwandte in der Bundestagsdebatte am 15. April 1999 die Formulierung »Grundlagenbeschluß des Deutschen Bundestages« schon ganz selbstverständlich. Der Automatismus, vor dem Verheugen gewarnt hatte, wirkte. Die rot-grünen Täter hatten sich als Opfer von Schwarz-Gelb getarnt.

Realitätsverweigerung im Krieg: die Bundestagssitzung vom 15. April 1999

In der Folgezeit gab es mehrere Debatten zum Kosovo, besonders markant ist die Bundestagssitzung vom 15. April – also nach 22 Tagen Bombenangriffen aus der Luft. Es war eine bloße Aussprache, keine Debatte mit Abstimmung. Der Kriegszug zeigte Spuren im deutschen Parlament. Während Vertreter der CDU nach den Bedingungen fragten, unter denen demokratische Staaten einen Krieg führen, weigerte sich die Exekutive hartnäckig, die Realität ihres Tuns zur Kenntnis zu nehmen. Sie outete sich mit der egomanischen Weltsicht von »Opfer-Tätern« und diffamierte Andersdenkende: Schröder erklärte, wer der NATO Mitschuld am Flüchtlingselend zuspreche, »der begeht einen schrecklichen Irrtum oder eine bewußte Verleumdung«. Höchst demagogisch formulierte er: »Jede andere Politik (als Überfall – S. C.) würde uns zum faktischen Erfüllungsgehilfen der Belgrader Vertreibungspolitik machen.« Mit dem Pronomen »uns« wurde die Öffentlichkeit für diese willkürliche Behauptung vereinnahmt. Den zahlreichen zivilen Opfern des Luftkriegs zum Hohn präsentierte Schröder seine Absicht als verbindliche »Wahrheit«: »Unsere Politik richtet sich nicht gegen die Menschen in Jugoslawien.« – Mit Realpolitik oder gar Vernunft hatte dieses Wunschbild nichts mehr zu tun, sondern hier suhlte sich ein Kanzler in seiner vermeintlichen Definitionsmacht. Sein Machtanspruch schlug sich inhaltlich in der Ankündigung eines Protektorats nieder und sprachlich in wiederkehrenden Formulierungen wie »Dies – und nur dies und nur in dieser Reihenfolge« oder »nicht abgegangen kann und nicht abgegangen werden wird«. Nach drei Wochen Krieg war dem Kanzler jegliche Dialogfähigkeit abhanden gekommen, er war ganz Kriegspartei und argumentierte auf der Siegerkoordinate, Milošević dürfe nicht »der Triumph gegönnt werden«. Die Politik einer Demokratie war zur Unkultur reinen Dominanzstrebens verkommen.

Der SPD-Fraktionsvorsitzende Peter Struck übertraf den Kanzler noch. Milošević war ihm nur noch ein »wahnwitziger, machtbesessener Diktator« mit einem »rassistischen Ziel« und »barbarischen Verbrechen«, für die Struck das Strafmaß sprechen wollte: Je länger der Serbenführer an seiner Politik festhalte, »um so höher wird der Preis, den er bezahlen muß«.

Wolfgang Gerhardt, FDP, der wie Fischer in extremer Weise »karitative Notwendigkeit« und Helferabsicht mit Feindbild und Haßgefühlen kombinierte, um die militärische Intervention zu rechtfertigen, sprach gar von »Staatsmännern in Form von Terroristen« und erklärte: »Am Ende kann er (Milošević – S. C.) auch nicht wieder Verhandlungspartner werden, nach all dem, was er getan hat.« Ihn aus dem Amt zu vertreiben wäre ohne Bodenkrieg nicht möglich. Doch davon sprach Gerhardt nicht. Daß der »Tyrann« (Gerhardt) seit den Bombenangriffen sein Volk erst recht hinter sich hatte, übersah er geflissentlich. Nicht mehr Realität und Vernunft, sondern Wunschvorstellungen bestimmten die Reden. Wie sehr Gerhardt die Fähigkeit zum rationalen Denken abhanden gekommen war, wurde überdeutlich, als er, seiner eigenen Argumentation widersprechend, Brzezinski zitierte: »Unzweideutig steht mittlerweile mehr auf dem Spiel als das

Schicksal des Kosovo. Die Voraussetzungen haben sich an dem Tag dramatisch verändert, an dem das Bombardement begann. Ohne zu übertreiben ist festzustellen, daß ein Scheitern der NATO das Ende ihrer Glaubwürdigkeit wäre und gleichzeitig die globale Führungsrolle der Vereinigten Staaten in Mitleidenschaft geriete.« Die Konsequenz, die Gerhardt daraus zog – »Wir müssen dort gewinnen.« –, ließ alternativen Suchen nach Verständigung keinen Raum mehr. Der Krieg hatte sich verselbständigt und seine Logik das Denken erobert. Die tatsächliche Unerheblichkeit der Menschenrechte der KosovarInnen konnte nicht mehr verdeckt werden.

Rezzo Schlauch, Fraktionssprecher der Grünen, der sich eigenen Angaben zufolge im Fernsehen informierte, lastete Milošević die Flucht von einer Million Menschen an. »Es ist nicht die NATO, vor der die Menschen fliehen, es ist die Soldateska von Milošević.« Schlauch erklärte, Milošević führe Krieg gegen sein Volk, die NATO aber Krieg gegen Miloševićs Militär. Dies verkündete er besserem Wissen zum Trotz, denn zu jener Zeit hatte Ludger Volmer, inzwischen Staatsminister im Auswärtigen Amt, bereits in einem großen Kreis grüner Akteure mitgeteilt, daß die NATO schon eine Woche nach Beginn des Luftkriegs verzweifelt nach Angriffszielen suchte. Der Euphemismus »Kollateralschäden« wurde im April 1999 von den Medien bereits als Unwort charakterisiert. Für die Bevölkerung Deutschlands war längst unübersehbar, daß die NATO zivile Ziele in großer Zahl bombardierte, als Schlauch im Bundestag immer noch die Fassade eines chirurgischen NATO-Krieges stützte.

Die Vertreter der Regierungsparteien – mit Ausnahme Annelie Buntenbachs (Grüne) und Hermann Scheers (SPD) – hatten die Vernunft dem Krieg dargebracht. Dagegen gab es auf Unionsseite, die den rot-grünen Kriegskurs stützte, immerhin auch das Bemühen, die Kriegslogik zu reflektieren. CDU-Fraktionschef Schäuble warnte davor, Vergleiche mit Auschwitz oder Hitler zu bemühen, da sie »historisch schief«

und »gefährlich« seien: Aus dem falschen moralischen Argument könne allzu leicht der Ruf nach einer Eskalation militärischer Gewalt abgeleitet werden. Der CDU Außenpolitiker Karl Lamers warnte vor einer »allzu emotionalen Rhetorik und einem gewissen moralischern Überschuß«, dies seien »Elemente in dem Prozeß, der den Krieg zum Äußersten treibt«. Während Schäuble die Frage, ob die NATO Krieg führe, verneint hatte, kam Lamers – den Machtkampf zwischen NATO und UNO ausblendend – zu dem Schluß, daß die NATO nicht Krieg im Sinne »handfester Interessen« führe, es daher kein »Krieg im herkömmlichen Sinne« sei, daß aber dennoch die »Regeln, die den Krieg bestimmen, gelten«. Wer zu jener Zeit von einem NATO-Krieg sprach, wurde von der fraktionsübergreifenden Gemeinschaft der Demokraten gebrandmarkt. Insofern war diese Feststellung Lamers eine Rückeroberung von ein paar Zentimetern Terrain für die Vernunft, ein zaghafter Versuch, dem Sprachkrieg, der Täuschung durch die »Eignen« (Christa Wolf) Einhalt zu gebieten.

Lamers war bereit, die Realität zur Kenntnis zu nehmen. Er gestand ein, daß man sich verkalkuliert habe, sowohl in bezug auf das Durchhaltevermögen Miloševićs als auch im Hinblick auf das »Anschwellen der Flüchtlingszahlen seit den NATO-Luftschlägen«. Man habe auch nicht damit gerechnet, daß sich die Serben mit Milošević solidarisieren würden. Außerdem müsse man sich der Tatsache stellen, daß die Mehrheit der Menschen in Jugoslawien nicht multiethnisch zusammenleben wolle, nach den Gewalttaten des Krieges erst recht nicht. Man könne daher nicht die eigenen Wunschvorstellungen mit Gewalt dorthin exportieren. Der CDU-Politiker ging sogar so weit zu sagen, daß die »Völker« in Ex-Jugoslawien ihre »Einstellung, einschließlich der Bereitschaft zu Repression und Gewalt, für moralisch ebenso legitim (halten) wie wir das Umgekehrte«. Während Joseph Fischer am 15. April an seinem Wunschtraum eines wieder zu errichtenden »friedlichen, multiethnischen Kosovo« festhielt, beendete Lamers seine Rede damit, daß man Frieden auf dem Balkan nur dauerhaft begründen könne, wenn man »die eigenen Vorstellungen in ihrer Absolutheit in Frage« stelle. Gelten zu lassen, daß es Andersdenkende gibt, ohne sie deshalb sofort zu diffamieren, ihnen sogar Priorität einzuräumen, war zu jener Zeit im Bundestag der vereinigten Demokraten geradezu freigeistig.

Die Aussprache offenbarte auch, daß der NATO-Überfall die Mauer unsichtbar neu errichtet hatte. Wenn Schröder, Schäuble oder Fischer das Wort »Europa« benutzten, war der Westen, waren die NATO-Staaten gemeint. Als Gysi dagegen sagte: »Seit neun Jahren reise ich durch Europa«, war tatsächlich Europa gemeint. Mit dem alten Westblick, der an der bloß eingerissenen Mauer endete, entwickelten die Politiker der Alt-BRD entsprechend keinen Sinn für die Bedeutung der Demokratiebewegung in Jugoslawien, deren Sterben in diesem Krieg Gysi beklagte.

Die Militanz gegen Andersdenkende im Parlament nahm während des Krieges außerordentlich zu: Gerhard Schröder »warnte« die PDS, »von der fünften Kolonne Moskaus zur fünften Kolonne Belgrads« zu werden. Das schwerste Geschütz fuhr Fischer auf, der bezogen auf Jugoslawien von einer »Blutspur«, »Deportation – ich wiederhole: Deportation«, einer »rohe(n) Form von Faschismus« und »ethnischer Säuberung« sprach und Gysi sowohl wegen seines Oster-Urlaubs als auch wegen seines Besuchs in Belgrad übelst diffamierte. Fischer übertraf sogar die Niveaulosigkeit Scharpings, der am Rednerpult Fotos von Opfern zeigte, obwohl während des Krieges niemand die Richtigkeit von Bildern und Berichten verbürgen konnte. Der Chefdiplomat der Koalition nannte Gregor Gysi einen »Weißwäscher der Politik eines neuen Faschismus, der auf Vertreibung und ethnische Reinheit für eine großserbische Politik setzt«.

Der Pegel des Irrationalismus muß im Krieg auf mindestens gleicher Höhe gehalten werden, je weniger überzeugend der karitative Sinn des Überfalls angesichts rapide steigender

Flüchtlingszahlen und zunehmender »Kollateralschäden« wurde, desto größer die Notwendigkeit von Feindbildern. Da die NATO Milošević nicht besiegen konnte, da die beiden kriegführenden deutschen Staatsmänner ihren Haß nicht konkret an ihm austoben konnten, suchten sie sich einen Stellvertreter: den Fraktionssprecher der PDS. Gregor Gysi war gerade von Gesprächen mit Milošević zurückgekehrt. Er hatte sich auch in einer von der NATO zerstörten Autofabrik fotografieren lassen, um der Mär der chirurgischen Luftopertionen den Spiegel vorzuhalten. Die aggressive Art des Umgangs mit Gysi glich der Radikalität, die im Krieg Deserteure trifft. Der Seeheimer Kreis, also die SPD-Rechten, warf Gysi auch den Verrat nationaler Interessen vor, obwohl Deutschland in diesem Krieg doch angeblich keine nationalen Interessen vertrat, wie die Exekutive zu wiederholen nicht müde wurde. Plötzlich war jedes Mittel rechtens, einen Andersdenkenden niederzumachen. Gysis Schlußworte »Wir müssen endlich den Wahnsinn stoppen und an die Stelle des Wahnsinns des Krieges wieder die Vernunft setzen« wurden aus der SPD mit dem Zwischenruf bedacht: »Die Rede haben Sie wohl mit Milošević abgestimmt!« – Kein Ordnungsruf vom Bundestagspräsidium.

Die Praxis, Kritik auszuschalten, indem man die Person, den Kritiker diffamierte und so auszuschalten suchte, wurde im Krieg Usus und setzte sich über das Kriegsende hinaus weiter fort.

Die Erfurterin Ilona Rothe, die während des Kosovo-Krieges die Aktion »Mütter gegen den Krieg« startete, verglich die Situation, in der sie sich damals befand, mit der DDR: Wenn man etwas kritisiere, werde man sofort zum Regimegegner erklärt.

Kriegsgegner traf noch Monate nach Kriegsende Häme. So schrieb Bundestagspräsident Wolfgang Thierse am 13. 8. 1999 im »Freitag« von einem »Chor derer, die durch ihre massive Kritik an den NATO-Bombardements ihr jämmerliches Stillschweigen zu Miloševićs ethnischer Vertreibungs- und Mordpolitik zu kaschieren versuchen«.

Wolf-Dieter Narr, Politikprofessor und Sprecher des Komitees für Grundrechte und Demokratie, erhielt Mitte August einen Strafbefehl, weil er zu den Erstunterzeichnern eines Appells an Bundeswehr-Soldaten zur Desertion gehörte, der während des Krieges u. a. auf der Hardthöhe verteilt worden war. Auch andere erhielten solche Strafbefehle von 3 000 bis 5 000 Mark.[4] Ein Strafantrag der Deutschen Friedensgesellschaft gegen die Bundesregierung wegen verbotenen »Angriffskriegs« im Kosovo wurde dagegen von der Bundesanwaltschaft im April abgeschmettert.

Grüne der zweiten Generation um Mathias Wagner und Cem Özdemir veröffentlichten ein Strategiepapier, dem zufolge die Grünen die FDP beerben sollten. Zu diesem Zwecke sollten Alt-68er und Linke aus der Partei ausgeschlossen werden.

Schröder erklärte bei der Vorstellung von Hans Eichels Sparpaket, dies sei das Projekt der »Macher«, und wer es kritisiere, sei ein »Miesmacher«. Wer wie Schröder inhaltliche Diskussion durch Moral ersetzt, ist zwangsläufig nicht mehr mit Andersdenkenden, sondern mit »Miesmachern«, Quertreibern, Bösen, Schädlingen konfrontiert. Das sind alle anderen. Die müssen ausgemerzt werden. Bild wurde diese gefährliche Ideologie in der Imagewerbung der Bundesregierung »Deutschland erneuern.« vom 1. September 1999. Nicht an die Rose der Sozialisten denkt ein Arbeitsloser, dessen Unterstützung und Rentenbeitrag gekürzt werden soll, wenn er Blüte und Rosenschere sieht und darunter den Spruch: »Gezielte Schnitte fördern das Wachstum.« Sondern, daß er selbst als unnütz und schädlich eingestuft und abgeschnitten wird. Das Bild wollte mit der Erinnerung an den Rosen hegenden Kanzler des Wirtschaftswunders spielen, aber die schneidende Schärfe des harten silbrigen Metalls ließ statt Adenauer assoziieren: Was wir als schädlich definieren, wird abgekappt, um den besten Zweig zur Blüte zu bringen. An solches Denken, wie es auch Sloterdijks Menschenpark-Idee für den Bereich der Menschenzucht per Gentechnik etwa zur gleichen Zeit revitalisierte, wollte die Regierung bei ihrer Imagewerbung nicht anknüpfen. Die bloße Existenz des Plakats offenbart jedoch, wie abgestumpft die politischen Zirkel geworden sind. Sie sind so in ihre Kunstprodukte vertieft, daß sie die Menschen darüber aus den Augen verlieren.

»Demokratische Kultur« ist ein Begriff ohne reales Gegenstück geworden. Demokratie ist nur noch eine Regierungsform – aber nicht mehr politische Kultur, die sich in Respekt und in einer integrierenden Haltung bei der Gestaltung des Gemeinwohls niederschlägt.

Rückblende: Sommer 1995, Joseph Fischer eröffnet die demagogische Hatz auf die Pazifisten, und Hubert Kleinert instrumentalisiert den Holocaust aus parteistrategischen Überlegungen heraus

Sowohl der Vorratsbeschluß des 16. Oktober 1998 als auch die deutsche Teilnahme am NATO-Krieg im Frühjahr 1999 waren nur möglich, weil sich zuvor zwei wesentliche Neubewertungen in weiten Teilen der politischen Klasse und der Bevölkerung durchgesetzt hatten: Krieg war zum Instrument der Wahrung von Menschenrechten aufgewertet und Pazifismus zur Mitschuld an Greueln abgewertet worden.

1993, als sich die Situation in Jugoslawien zuspitzte, begann Rühe und begannen im Nachvollzug die Grünen über die Beteiligung der Bundeswehr an Blauhelmeinsätzen zu diskutieren. Seit dieser Zeit wurden grüne pazifistische Grundpositionen wie Auflösung der NATO, Austritt aus der NATO, Auflösung der Bundeswehr, Stop der Rüstungsproduktion und -exporte untergraben. Seit Sommer 1995 geschah dies forciert.

Am 30. Juli 1995 wurde der Angriff auf politische Sprache begonnen, die »Täuschung der Eignen« (Christa Wolf, »Kassandra«). Drei Jahre vor den Bundestagswahlen und nach dem Massaker in Srebrenica drängte Joseph Fischer in einem an Bundestagsfraktion und Partei gerichteten sogenannten Grundsatzpapier die Pazifisten innerparteilich in die Defensive.

Die höchst demagogische Streitschrift plädierte für kämpfende Blauhelm-Einheiten zur Verteidigung der UN-Schutzzonen für Bosnier in serbischem Umland. Mit dem Text Fischers begann erst bei den Grünen selbst und dann in der Gesellschaft allgemein die Umdeutung militärischer Einsätze zu unverzichtbaren Aktionen zum Schutz der Menschenrechte. Jene Sinnverkehrung also, die später Kriegsgegnern die Argumentation schwer machte, sie von vornherein in die Defensive drängte. So wie der damalige Verteidigungsminister Volker Rühe Auslandseinsätze der Bundeswehr mit der Vokabel »Missionen« religiös verbrämte, so verschaffte Fischer, der »Eumelos« (Christa Wolf, »Kassandra«) der Grünen, Krieg durch eine Freiheit und Menschenleben bemühende Argumentation eine Art säkularer Weihe.

Die Streitschrift Fischers ist der Beginn der strategisch betriebenen Zerstörung der Vernunft. Betrieben fatalerweise von Personen, die von der Bevölkerung dem linken Spektrum zugeordnet wurden. Daß vermeintlich Linke diese Argumentationen vorbrachten, irritierte und zog der Friedensbewegung, die noch im Golfkrieg gemeinsam mit diesen nun gewandelten Akteuren Hunderttausende auf die Straße gebracht hatte, den Boden unter den Füßen weg. Mit dem Papier beginnt zugleich die offene Mißachtung der Parteibasis, die innerparteiliche Entdemokratisierung. Der Anspruch, zumindest innerhalb der eigenen Partei vernunftgeleitet zu diskutieren, wurde aufgegeben zugunsten demagogischer Übervorteilung.

Mit Blick auf den erhofften Einzug ins Auswärtige Amt nach den nächsten Bundestagswahlen sah der Realo Joseph Fischer im Sommer 1995 die Boykottstrategie als nicht praktikabel an, weil dagegen zu viele mächtige, auch deutsche, Interessen stünden (Der Spiegel, 34/1995). Vor diesen innenpolitischen Mächten kapitulierte er (in seiner eigenen Diktion müßte man sagen: er duckte sich weg) und wandte sich militärischen »Lösungen« zu. Interessant ist, wie Fischer in dieser Situation den – Konflikte friedlich entschärfenden – Mechanismus der Vereinnahmung nutzte: Er regte nicht an, daß die EU alle verfeindeten und kämpfenden Bürgerkriegsgruppen mittels eines großen wirtschaftlichen Förderprogramms auf das gemeinsame Ziel Wohlstand einigen solle. Sondern den empörten Aufschrei seiner Partei vorausahnend, instrumentalisierte er die Vereinnahmung zum demagogischen Instrument gegen die Pazifisten. Gleich zweimal umarmte er seine Gegner im Grundsatzpapier präventiv und demonstrativ als »liebe Freunde und Freundinnen«, penetrant oft mißachtet er Andersdenkende durch die Pronomen »wir« und »uns«. Hand in Hand damit geht, daß Fischer von den im Sommer 1995 nach wie vor gültigen Beschlüssen der Grünen gegen Militäreinsätze nur in der Vergangenheit sprach: »wir waren gegen«, »galt deshalb bisher zu Recht«.

Die Vereinnahmung war einerseits ein Angebot an die, die ihm aus Bequemlichkeit, Gewohnheit oder Überzeugung gern folgten, andererseits verschaffte Fischer sich durch die Pluralpronomen rhetorisch eine Hausmacht. Er spiegelte eine Mehrheitsmeinung vor, die es zu dieser Zeit nicht gab. Aus dieser Position heraus konnte er dann die Pazifisten in die Ecke der verweichlichten und sogar der mitschuldigen Minderheit stellen.

Bei seinem Angriff auf rationales Denken nutzte Fischer mehrere Strategien: Er grenzte in bezug auf den Konflikt in Jugoslawien ganze Realitätsbereiche aus, Kriege in anderen Regionen ebenso wie den noch längst nicht überwundenen Ost-West-Gegensatz, das prekäre Verhältnis zu Rußland, Verbrechen der Bosnier an den Serben. Er reduzierte in extremer Weise auf einen Teilaspekt, die Schutzzonen, und versuchte, anhand dieser nun doppelt künstlichen Inseln die Notwendigkeit kämpfender Truppen zu beweisen. Er bezeichnete den Bürgerkrieg stets als »Krieg«, mit Blick auf die Serben warnte er vor »Faschismus«, erklärte einen Kampf um Siedlungsgebiete zum ethnischen Vernichtungskrieg. Diese falsche Etikettierung ermöglichte ihm dann, den Bürgerkrieg zum Kahlenberg des Abendlandes hochzustilisieren, dort werde entschieden über die Fortdauer von »fünfzig Jahre Integrationsfortschritt und Frieden in Europa«. – Europa lebt mit dem Basken-, Nordirland- und – über die Türkei – mit dem Kurdenkonflikt. Fischer wußte, daß sein Pathos hohl war. Das beweist u. a. das vernunftgeleitete Einsprengsel in seinem Text, letztlich verfolgten die USA und Westeuropa alle eigene Interessen auf dem Balkan und das Problem der Bosnier sei doch eben, daß eigentlich niemand wirklich an ihnen Anteil nehme.

Ein Abzug der UN wäre eine »historische Niederlage der Weltorganisation, eine Niederlage für alle, die auf eine Internationalisierung der nationalen Machtpotentiale gesetzt haben«. Die exponierte Wiederholung des Wortes »Niederlage« spiegelt die Veränderung des Blickwinkels: Es geht nicht primär um Schutz und Zukunft der BosnierInnen, sondern darum, selbst das Gesicht zu wahren, als der Stärkere vom Feld zu gehen, zu dominieren. – Fünf Jahre später, 1999, wird Fischer sich so ausschließlich auf der Sieg-Niederlage-Koordinate bewegen, daß er formulieren wird: »Milošević wird der Verlierer sein.« (Der Spiegel, 16/1999). Indem Fischer 1995 die Ereignisse aufblähte, schuf er neue hehre »Prinzipien«: An die Stelle von Pazifismus trat das Ansehen der Vereinten Nationen. Damit lockte er die Grünen weg von ihrer ureigensten und vor allem klaren Position zu einer von ihm bestimmten und gezeichneten Konfliktlinie, an der für ihn leichter zu streiten wäre.

Fischer spitzte Handlungsalternativen auf zwei Extreme zu: »Entweder wir sind für den militärischen Schutz der Schutzzonen (...) oder (...) wir sollten uns für den Abzug der UN-Blauhelme aussprechen«. Diese Reduzierung auf »entweder – oder« ist grünem Denken fremd. Sein Kennzeichen ist die Suche nach einer Vielfalt von Möglichkeiten und nach

Konsens. Derart auf nur zwei Möglichkeiten reduziert, entstand ein falsches Bild, Militarisierung erschien notwendig. Während die UN »taumel(te)n«, stelle sich für den Westen die »Alternative weichen oder widerstehen«. Alliterationsgeschmückt wurde die Frage, ob man auf Gewaltfreiheit beharren (als »weichen« diskreditiert) oder den Einsatz kämpfender Truppen beschließen (als »widerstehen« idealisiert) solle, aus der Sachdiskussion herausgelöst und äußerst demagogisch emotionalisiert: Wer will schon weichen, Drückeberger sein, Feigling? In Deutschland mit seiner Nazi-Geschichte möchte sich selbstverständlich jeder gern als Teil des Widerstands fühlen. Genau diese Möglichkeit der Entlastung und der billigen, weil virtuellen Erhebung bot Fischer an. Die Wortwahl nahm dem Leser die Entscheidung vorweg. Die Gegenübersetzung sinnverkehrter Worte und speziell dieser beiden Vokabeln war ein antiaufklärerischer und gewalttätiger Sprechakt par excellence.

Fischer, der ehemalige Straßenkämpfer, scheute nicht vor Extremen zurück: »Der Krieg ist mit all seiner Grausamkeit und Barbarei zurückgekehrt und tobt auf dem Balkan.« Solche Personifikation des Menschenwerks Krieg und die Verbindung mit Verben, die sonst dem Verhalten von Bestien und Hurricanen vorbehalten sind, finden sich im Allgemeinen eher in Landserheften denn in vernunftgeleiteten politischen Texten.

Auch mit Rückgriffen auf die Geschichte verlieh Fischer den UN-Schutzzonen einen Stellenwert, den sie nicht hatten: Er zog den Vergleich zum spanischen Bürgerkrieg. Er erinnerte an den Faschismus, er beschwor den Grünen die »Gefahr, ihre moralische Seele zu verlieren«, wenn sie »argumentative Ausflüchte« suchten und sich »wegduckt(en)«. Er wertete militärische Taten auf und rationales Denken und Handeln ab. Der damalige Fraktionssprecher der Grünen suchte und fand den wunden Punkt der (west-)deutschen Seele und instrumentalisierte ihn, indem er deutsche Geschichte und Empfindungen vermengte: »droht unserer Generation jetzt nicht ein ähnliches politisch-moralisches Versagen, wie der Generation unserer Eltern und Großeltern in den dreißiger Jahren«. Pazifisten würden, wenn sie »den Sieg der brutalen, nackten Gewalt (...) einfach hinnehmen (...) schlicht versagen«. Fischer hetzte die Pazifisten und trieb sie in die Enge. Mit dieser Vorgehensweise versperrte er den Blick: So wird beispielsweise die Anklage unserer Kinder und Enkel sich kaum auf die Schutzzonen beziehen, sondern auf unseren ökologisch ruinierten Planeten.

Die radikale »Entweder/oder«-Konstruktion verwendet Fischer häufig: »Können wir Prinzipien höher stellen als Menschenleben«. Weitgehend fremd sind ihm die »Sowohl als auch«-Verbindungen, die der Realität oft näherkommen und eine rationale, konsensorientierte Erörterung eines Problems eher ermöglichen als die »Entweder/oder«-Fragestellung. Folge von Fischers de-realisierender, Dominanzdenken verbreitender Demagogie ist, daß negative Folgen eigener militärischer Aktionen ausgeblendet werden: getötete Zivilisten, Serben und eigene Soldaten ebenso wie ökologische Desaster. Die von Fischer gestellte rhetorische Frage ist ebenso unangemessen wie die Alternative »weichen oder widerstehen« und läßt, so gestellt, nur eine Antwort zu. Dieser Autor will nicht aufklären und überzeugen, sondern den Leser überreden und sogar dominieren. Demagogie ist die Ausnutzung des Machtgefälles zwischen Sprecher und Hörer. Ohne das Szepter Demagogie sind Demokratien schwerlich für Militäreinsätze zu gewinnen.

Alternativen wie die Aufnahme von Bürgerkriegsflüchtlingen oder die Evakuierung der Schutzzonen (vertreten von den Bundestagsabgeordneten Angelika Beer und Kerstin Müller) oder die Umsiedlung der einzelnen Volksgruppen in getrennte Siedlungsgebiete, wenn sie denn nicht zusammen leben wollen (Friedensforscher Schmidt-Eenboom) – solche dritten Lösungen zwischen dem Sieg über Milošević und der Niederlage der UN wurden vom neuen Verfechter einer »militärisch gestützten Außenpolitik« nicht mal gestreift.

Demagogie löste den Diskurs ab und verdammte die Entscheidung über politisches Handeln zur inszenierten Show. Die Dialektik der Demokratie, gegen die die Bündnisgrünen sich bis 1995 erfolgreich zur Wehr setzten, hatte mit Joseph Fischer einen neuen und hochbegabten Protagonisten gefunden. Obwohl die Demagogie der Streitschrift jeden Kritiker hätte reizen müssen, obwohl entsprechende Manuskripte bei verschiedenen Zeitungen vorgelegt wurden, widmete sich die Presse erst vier Jahre später, als es zu spät, als der Krieg schon begonnen war, dieser unwürdigen Argumentation und den unhaltbaren Parallelen zum Faschismus. Politische Sprache zu analysieren bleibt fatalerweise allzu oft dem Belieben der Feuilletonchefs angeheimgestellt – während sich die Politikressorts auf »harte Fakten« konzentrieren. Aber Sprache ist ein »hartes Thema«, wie dieses Beispiel leider beweist.

Die grüne Linke kämpfte sich seit Sommer 1995 innerparteilich in der Defensive ab. Statt Fischers sprachliche Gewalt sofort als solche kenntlich zu machen, statt »widerstehen« als Bezeichnung dafür zurückzugewinnen, daß man sich der Preisgabe des Pazifismus, dem Krieg entgegenstellen werde. Die Partei wich trotz engagierten Widerstands insbesondere der Hamburger Linken um den Sprecher der grünen Bundesarbeitsgemeinschaft Frieden, Uli Cremer, von Parteitag zu Parteitag immer weiter zurück. Das lag auch daran, daß immer mehr Delegierte sich als *»vernünftig«* beweisen wollten. Was *»vernünftig«* sei, bestimmten vor jedem Parteitag via Medien Fisherman's friends.

Die Realos kämpften nach diesem Streitpapier vom 30. Juli wie die Griechen in Christa Wolfs Erzählung »Kassandra«: »Ein Pulk von Griechen, dicht bei dicht sich haltend, gepanzert und die Schilde um sich herum wie eine lückenlose Wand, stürmte, einem einzigen Organismus gleich (...). Die äußersten, so war es wohl gemeint, wurden von den schon erschöpften Troern bald erschlagen. Die der Mitte zu erschlugen eine viel zu hohe Zahl der unsern. Der Kern, so sollte es sein, erreichte das Ufer, und der Kern des Kerns: der

Griechenheld Achill. Der sollte durchkommen, selbst wenn alle fielen.« Im Dienste des Kalküls, so Wolfs an die »Dialektik der Aufklärung« erinnerndes Bild, wird das Individuum zur Erreichung eines Zwecks instrumentalisiert, zum Objekt degradiert. Es entsprach der Kampftaktik, daß Fischer den Realo-Antrag für die Bremer Bundesdelegiertenkonferenz im Dezember 1995 selbst gar nicht unterschrieben hatte. So sehr wurde der »beste Mann« von Parteifreunden gegen innerparteiliche Gegner gepanzert.

Wenige Tage vor der Bremer BDK erklärte Fischer in einem Brief an Wortführer seiner Kritiker – Ludger Volmer, Jürgen Trittin, Claudia Roth – den eigentlichen Grund für seinen Meinungswechsel in der Außenpolitik: »Wer die Position der SPD zur Außen- und Sicherheitspolitik kennt (...), der muß endlich einmal seinen eigenen linken Anhängern in unserer Partei sagen, daß dies im Ernstfall einer Regierungsbeteiligung Eurerseits auf eine ›Strategie des kalkulierten Umfalls‹ hinauslaufen wird und muß.« Statt offen über das Thema »Regierungsfähigkeit« zu diskutieren, also über die Frage, ob radikale Anpassung für einen Machtwechsel notwendig und sinnvoll sei, drängte Fischer die Partei mit blutigen Völkermordszenarien und geschichtlichen Vergleichen an die Wand. Zugleich löste er mit dieser auf die eigene Partei zielenden Strategie, die sich des Publikums nur bediente, in der Öffentlichkeit eine emotionale Dynamik aus, die schließlich zur Forderung nach militärischer Aktion führte und ihn, Fischer, unter Druck setzte. Keine andere Partei instrumentalisierte die Öffentlichkeit derart für innerparteiliche Machtkämpfe – und vor allem nicht mit derart weitreichenden Folgen.

Die grünen Pazifisten und die Kriegsgegner in der Gesellschaft wurden in einem kühl kalkulierten Zungenstreit geschlagen, in einem demagogischen Heereszug, wie ein vertraulicher Brief des langjährigen Fischer-Intimus Hubert Kleinert vom 12. Oktober 1995 beweist. Der ehemalige Bundestagsabgeordnete Kleinert war 1995 Referent in der hessischen Landesvertretung in Bonn. Er versandte den Brief mit seinem stellvertretend für den Fischer-Kreis geschriebenen Antragsentwurf für die Bremer BDK an die Mitglieder des Realo-Kreises zur Vorab-Beratung.

Der Antragsentwurf enthält u. a. folgende Passagen: »Leitendes Ziel aller zivilisierten Politik ist für uns die Achtung der Würde und der Grundrechte des Menschen. Dazu gehört die Ächtung des Krieges als Mittel der Politik (...) Die deutsche Geschichte, deren Teil wir sind, belädt uns selbst mit einer besonderen Last, aber auch mit einer besonderen Verantwortung. Die Last sind die Gaskammern von Ausschwitz, der Holocaust und der industrialisierte Völker- und Massenmord der Nazis an Juden, an vielen Völkern Osteuropas und an religiös und politisch Andersdenkenden. (...) Von Deutschland sind in diesem Jahrhundert zwei Weltkriege ausgegangen. Und bei aller Singularität der Verbrechen des Nationalsozialismus: Die Nazis haben den Antisemitismus nicht erfunden und die Verstrickung nicht geringer Teile des deutschen Konservativismus in das Hitlersche Terrorregime zeigt, daß der Nationalsozialismus als absoluter Tiefpunkt der Geschichte der zivilisierten Menschheit nicht einfach als ›Betriebsunfall‹ über die deutsche Geschichte hereingebrochen ist. Dieser Vergangenheit haben wir uns ebenso zu stellen wie der Verantwortung, die gerade für uns Deutsche daraus erwächst (...) Gerade unsere deutsche Geschichte verpflichtet uns in besonderer Weise, für eine solche Völkermordsklausel (bei der UN – S. C.) einzutreten. (...) Hätte es eine solche Völkermordsklausel gegeben (...) vielleicht wären tausende und abertausende Opfer des Holocaust am Leben geblieben.[5] Wir können trotz aller veränderten Umstände und Rahmenbedingungen nicht so tun, als sei dies nicht historische Realität. Wir Deutsche können dies erst recht nicht. (...) So richtig es ist, wenn gerade die Deutschen vor dem Hintergrund ihrer Geschichte mit der Frage eines eigenen Beitrags bei solchen Missionen besonders sensibel und zurückhaltend umgehen, (...) so wenig können wir auf die Dauer eine Sonderrolle bei Missionen der Staatengemeinschaft beanspruchen. Eine Arbeitsteilung, in der die Deutschen die Moral formulieren oder mit der Scheckbuchdiplomatie ihre Verantwortung abgetragen zu haben glauben, die anderen aber zuständig sein sollen für die riskanten und gefährlichen Konsequenzen, (...) lehnen wir ab.«

Im vertraulichen Begleitschreiben distanziert sich Hubert Kleinert von seiner eigenen Argumentation, er schreibt darin u. a.: »In diesen (für einen BDK-Antrag nötigen – S. C.) 20 Unterschriften soll eine möglichst breite auch regionale Streuung sichtbar werden. (...) Zur Lektüre des Textes abschließend noch eine Vorbemerkung: Die ausgreifenden, eher lyrischen Teile des Textes, der entsprechende Stil, das Hantieren mit dem Generationenargument, das Herausstellen der besonderen deutschen Verantwortung etc. sind nicht besondere Vorlieben des Autors, sondern beruhen auf politischer Überlegung. Sicher kann man den Text noch kürzen und lassen sich Redundanzen finden. Aber der ausgreifende Charakter des Textes mit seinen historisierenden Teilen erhöht gegenüber einem nüchternen, nur auf Instrumente, Institutionen, Forderungen und Spiegelstriche bezogenen ›typischen‹ Parteitagsantrag die Akzeptanzchancen und unterstreicht die Ernsthaftigkeit, mit der wir an diese Fragen herangehen. Telefonisch bin ich ab 23. 10. 12 Uhr wieder zu erreichen (...)«

Die eigentliche Intention nennt Kleinert zu Beginn seines Begleitschreibens: »Mit diesem Antrag können mehrere Ziele erreicht werden: 1. Wir dokumentieren, daß es ein breites, quantitativ wie qualitativ beachtliches Spektrum in der bündnisgrünen Partei gibt, die jenseits von Gesinnungsdemonstration, Bauchradikalismus und den Resten von platten Schwarz-Weiß-Weltbildern eine konstruktive, gestalterische Reformperspektive auch auf dem Gebiete der Außen- und Sicherheitspolitik heute schon formulieren kann (...)«

Kein Realo hat sich je von Kleinerts Anschreiben distanziert, das ganz bewußt und zielorientiert den Holocaust instrumentalisiert, um militärpolitisch regierungsfähig nach

Meinung der parlamentarischen Mehrheit zu werden. Der Brief geriet in die Hände einiger Linker, aber auch sie machten diesen Skandal nicht publik. Man fürchtete den offenen Konflikt, wollte weitermachen, verhielt sich *»vernünftig«*.[6] – Vier Jahre später, nach der Beteiligung der Deutschen am Krieg gegen Jugoslawien, erregte sich – diesmal die Brisanz der Sloterdijk-Debatte und die Gefahren der Gentechnik unterschätzend – Bundestagsvizepräsidentin Antje Vollmer in ihrem FAZ-Artikel »Ritter der Übermoral« vom 27. September 1999: »Wenn wir einen Meister der kritischen Theorie (...) gebraucht hätten, dann damals, als der Begriff des Völkermords inflationierte, Milošević innerhalb von Monaten zu Hitlers Wiedergänger mutierte (...), das ganze Arsenal historischer Schreckensbilder (die Menschen in den Viehwaggons, das Fußballstadion in Chile) durchgezappt wurde, um eine kriegsskeptische Öffentlichkeit humanistisch aufzurüsten.« – Antje Vollmer gehörte zum Realokreis, sie hätte, mit dem Begleitschreiben Kleinerts in der Hand, diese unsägliche Diskussion und die Instrumentalisierung des Holocaust unterbinden können. Stattdessen gab sie 1995 und auch später Interviews, in denen sie die Linie von Fischer und Kleinert verteidigte. Daniel Cohn-Bendit, Hubert Kleinert, Antje Vollmer und die damalige Bundesvorstandssprecherin Krista Sager waren die Parteikämpfer, die den grünen Achill ummantelten und sicher an Land brachten.

Die Argumentation Kleinerts, aus der deutschen Geschichte ergebe sich besondere Verantwortung, verselbständigte sich weit über die Grünen hinaus bis zur unzulässigen Relativierung des Holocaust durch Rudolf Scharping und Joseph Fischer während des Kosovokrieges. Grund waren 1999 vermutlich nicht mehr nur kalkuliert demagogische Zwecke, sondern beide Politiker hatten sich in der Propaganda von einst verfangen und glaubten nun selbst an den fabrizierten Mythos, daß sie die Auserwählten seien, das Erbe der Vätergeneration den Geschichtsbüchern zu überantworten und selbst den Neuanfang als »normale Nation« zu inszenieren.

Von Bremen nach Bielefeld: Die Spaltung der grünen Linken und die Marginalisierung der Pazifisten

Vom Bosnien-Papier Fischers im Juli 1995 über den Bonner Strategiekongreß im Herbst bis zur Bremer BDK am 1.–3. Dezember 1995 waren die Militäreinsätze das grüne Streitthema. Die Grünen führten von Sommer 1995 bis zur Sonder-BDK in Bielefeld im April 1999 die Diskussion über Gewaltfreiheit versus militärische Gewalt für und mit der Gesellschaft. Deutlich wurde dabei, wie mit der sog. Militarisierung der Außenpolitik die Militarisierung des innerparteilichen Umgangs einherging. Gewählte Parteigremien wurden mit Geschäftsordnungstricks an Diskussionen und Beschlüssen teilweise ganz gehindert (BDK Suhl 1996), teilweise sollten sie ausgetrickst werden (BDK Magdeburg 1998). Offen zutage trat auch, daß in diesem Prozeß zur außenpolitischen Militarisierung informelle Zirkel gezielt Medien für sich marschieren ließen, um das Votum der Delegierten nachträglich, also für die nächste Stufe der Auseinandersetzung, ins Gegenteil zu verkehren (BDK Bremen 1995).

In Bremen begann zugleich der jüngste Prozeß der Spaltung der grünen Linken in sogenannte Regierungslinke um Ludger Volmer (Kerstin Müller, Volker Beck, Angelika Beer u. a.) und immer weiter marginalisierte, auf ihren programmatischen Positionen beharrende Linke (Hamburger Pazifisten – Uli Cremer, Lühr Henken und Andreas Bachmann – sowie einige Bundestagsabgeordnete, beispielsweise Gila Altmann, Annelie Buntenbach und Steffi Lemke). Die Trennung der im Babelsberger Kreis eher lose vernetzten grünen Linken war ein für Deutschland eminent wichtiger Prozeß. Andernfalls wäre das Land wahrscheinlich nicht innerhalb von vier Jahren kriegskompatibel geworden.

Verursacht wurde die Spaltung wesentlich durch – 1995 auf jeden Fall ungewollte – Fehleinschätzungen Ludger Volmers. Aus der Sicht der Gesellschaft war vor dem Bremer

Parteitag die grüne außenpolitische Landschaft so, wie sie etwa die »Welt« am 29. November 1995 charakterisierte: Es gab drei divergierende Positionen, vertreten von »Fraktionssprecher Joschka Fischer«, von »Chef-Außenpolitiker Ludger Volmer« und den »fundamentalistischen Pazifisten«. Selbst die »Welt« offenbarte zu jener Zeit noch Sympathien für die Gruppe um Volmer. Die Schlagzeilen des Herbstes lauteten, die Grünen/Volmer setzten sich gegen Fischer zur Wehr, der Fraktionssprecher vertrete eine Minderheitsmeinung.

Die Pazifisten, also die Gruppe links von Volmer, waren zu jener Zeit de facto keine Randgruppe, sondern die Anwälte des Parteiprogramms vertraten strömungspolitisch mindestens ein Drittel der Basis. Die Medien, Realos und mitunter auch Regierungslinke stellten sie aber als Außenseiter des grünen mainstreams dar, erst recht als Illusionisten innerhalb der Gesellschaft. Volmer nennt sie, obwohl das Wort »radikal« in Deutschland wegen des »Radikalenerlasses« und des Verbots der Zeitschrift »radikal« die Aspekte »extrem, extremistisch, illegal« bekommen hat und damit zur Bezeichnung einer pazifistischen Gruppe nicht p. c. ist, »Radikalpazifisten«. Er grenzt sie damit negativ von seiner eigenen Strömung ab, die er »politische Pazifisten« nennt. Volmers im grünen Umfeld inzwischen normativ gewordene Terminologie, die vorgibt, Pazifismus sei nicht absolut, sondern relativ, wird im folgenden nicht benutzt. Stattdessen wird Volmers Gruppe als »Regierungslinke« bezeichnet, da dieser Kreis, der sich selbst als »links« versteht, seine programmatischen Positionen mit Blick auf sogenannte Regierungsfähigkeit anpaßt. Die Gruppe um Buntenbach und Cremer wird Pazifisten genannt.

Ludger Volmer trug, seit er die Partei nach der BDK in Neumünster 1991 wieder aufgebaut hatte, innerparteilich den Nimbus des linken Programmatikers und des Integrationskünstlers. Und das Herz der Partei schlug zu jener Zeit links – während die Bundestagsfraktion mehrheitlich Realo-geprägt war. Volmer selbst empfand sich 1995 oft an den Rand gedrängt, isoliert: »Es ist alles andere als einfach, im Auswärtigen Ausschuß als einziger zum Teil gegen Gerd Poppe, Waltraud Schoppe und Helmut Lippelt (allesamt Fischer-getreue Realos – S. C.) die Mehrheitsposition der Partei aufrechtzuerhalten.« (Brief an den Babelsberger Kreis vom 10. November 1995) Die PDS hatte zu jener Zeit noch Gruppenstatus und wurde kaum wahrgenommen, so daß Volmers Erleben, parlamentarisch der Linksaußen zu sein, den die anderen als illusionär und unrealistisch hämten, durchaus seiner realen Situation im Ausschuß entsprach.

Dieses Gremium zermürbte Volmer, der zwar konfliktbereit als Exponent einer Strömung agieren, aber kaum Isolation und Verächtlichmachung ertragen kann. Volmer ist kein Heroe, der sich allein gegen alle stellt, sondern bei aller Streitlust konsensbedürftig – sowohl persönlich als auch in der Sache. Zudem war die Einigung der Partei nach Neumünster sein Erfolg, der auch verteidigt und erhalten sein wollte. Sicher ist Volmer karriereorientierter als andere streitbare Linke, z. B. als Annelie Buntenbach, die vier Jahre später auf dem Bielefelder Parteitag die Pazifisten anführte. Aber innerhalb des grünen Spektrums liegt Volmers Bereitschaft, Inhalte für Karriereschritte zu opfern, nicht über dem grünen Durchschnitt.

Volmer setzte seine Situation im Auswärtigen Ausschuß absolut und interpretierte deshalb die Lage der Linken in der Partei fälschlich als schwach und bedroht. Außerdem unterschätzte er folgenschwer die strategischen Fähigkeiten der Realos. Einerseits diagnostizierte er in seinem Brief vom 10. November klarsichtig, daß Fischers Formel von der »Interventionspflicht bei Völkermord« Türöffner für Kampfeinsätze sei und damit eine völlige Programmrevision bedeute. Andererseits irrte er gewaltig in seiner Interpretation, der »Besinnungsaufsatz« Kleinerts sei schwammig, weil die konzeptionelle Diskussion der Realos »wenig entwickelt« sei. Zentrum und Ziel der Realo-Konzeption war es gar nicht, eine rechtlich und programmatisch einwandfreie Position zu entwickeln, sondern Regierungsfähigkeit zu signalisieren, die Chancen für Machtbeteiligung zu verbessern.

Ludger Volmer stellte am 10. November 1995 explizit fest, er halte wegen der Völkermordklausel inhaltlich keine Kompromißbildungen mit den Realos mehr für möglich. Gleichzeitig erklärte er aber seinen Antrag für die Bremer BDK zum »Integrationsangebot an die größten Teile der Partei«, die, so Volmers explizit geäußerte Fehleinschätzung, die bisherige pazifistische Position der Partei nicht für hinreichend hielten. Er beantragte deshalb in seinem Vermittlungsantrag, Blauhelme bereitzustellen, warnte aber gleichzeitig vor rüstungspolitischen Konsequenzen jeder Form eigenen militärischen Eingreifens und formulierte etliche pazifistische Lösungsansätze. Ungewollt machte sich Volmer so zum trojanischen Pferd der Realos. – Hätte Volmer in der 13. Legislaturperiode im Auswärtigen Ausschuß statt Schoppe, Poppe und Lippelt linke grüne Außenpolitiker wie z. B. Christian Sterzing um sich und damit das Bewußtsein von Stärke gehabt, wäre die Linke als Partei der Gewaltfreiheit aus Bremen hervorgegangen. Die innerparteiliche Gewalt, zu der ihr vorgeblicher Sieg die Realos seit Bremen beflügelte, hätte möglicherweise gestoppt werden können.

Die angeblich so schwachen und schutzbedürftigen Freunde Fischers feixten indessen längst. In seinem o. g. Begleitschreiben vom 12. Oktober amüsierte sich Kleinert bereits: »Wir verfolgen natürlich mit Interesse, was sich derzeit auch in anderen Spektren der Partei abspielt. Es ist sicher ein nicht unbeachtlicher Fortschritt, wenn – angestoßen besonders von Ludger Volmer – bei Teilen der ›Linken‹ nunmehr die Bereitschaft wächst, Blauhelmaktionen zu akzeptieren. (...) Wenn am Ende des Parteitags ein durch uns erheblich modifiziertes Volmer-Papier stünde, wäre dies (...) doch ein sehr gutes Ergebnis.«

Die Strategie der Realos war klar: Die Linke, die in Bremen nicht nur eine absolute, sondern eine 75 %-Mehrheit haben würde, sollte gespalten werden in die Regierungslinken und die – künftig im Einklang mit der »Welt« auch innerparteilich so genannten – »fundamentalistischen Linken« oder »Radikalpazifisten«. Die Positionen beider linker Strömungen wurden insgesamt von den Realos demagogisch als »kruder Isolationalismus« und »Nationalismus« (Fischer) diffamiert.

In Bremen gelang es den Realos, die de facto 25 % des Parteitags hinter sich versammeln konnten, den Mythos in die Welt zu setzen, sie hätten 38 % der Partei auf sich vereinigen können, es sei also keine Minderheit, die für Militäreinsätze stehe, sondern eine breite Strömung.

Der Hintergrund: Die Linke konnte sich vor und auf dem Parteitag nicht auf einen Antrag einigen, so daß sie zwei pazifistische (Uli Cremer und LDK Niedersachsen) und Volmers Vermittlungsantrag in die Abstimmungen schickte; die Realos konzentrierten sich auf den unter »Kleinert« firmierenden. In einem ersten, mit expliziter Rücksichtnahme auf die an Zahl geringeren Realos schriftlichen (!), Meinungsbild, sollten die zwei Anträge mit den meisten Ja-Stimmen ermittelt und danach in einer Abstimmung gegeneinander gestellt werden. Beim Meinungsbild hatten die 699 Delegierten *bei jedem* der vier Anträge eine Stimme. Volmers Antrag erhielt 371 Ja-, 212 Nein-Stimmen und 90 Enthaltungen, Cremer 316/277/79 und Niedersachsen 279/282/109. Das schlechteste Ergebnis hatte Kleinert mit 260 Ja- (= 38 % von 699 Delegiertenstimmen[7]) und 402-Nein-Stimmen (!) bei nur 19 Enthaltungen.

Damals verblüffte die unerwartet hohe Zustimmung für Cremer und Kleinert. Befragungen vor Ort ergaben, daß viele Delegierte beim Meinungsbild taktisch votierten, um in der eigentlichen Abstimmung die beiden Extreme, Kleinert und Cremer, zu haben. Die eigentliche Anhängerschaft des Realo-Antrags lag bei 25 %, wie die beiden nachfolgenden Abstimmungen zeigten: Als Volmer (41 % pro) gegen Cremer (33 % pro) gestellt wurde, gab es 25 % Enthaltungen. Als danach der im Sinne der Pazifisten modifizierte Volmer-Antrag zur Schlußabstimmung gestellt wurde, gab es 68 % Ja- und 25 % Nein-Stimmen. Die 7 % Enthaltungen in dieser letzten Abstimmung stammten aus dem pazifistischen Flügel.

Statt daß die Linke das im Meinungsbild offenbar gewordene Potential der starken pazifistischen Grundströmung (75 % für nichtmilitärische Konfliktlösungen, mehr als 30 % für konsequent gewaltfreie Friedenspolitik) für einen programmatischen pazifistischen Beschluß nutzte, ließ sie sich tragikomischerweise täuschen: Während Fischer und seine engsten Freunde die Auszeit nach dem Meinungsbild nutzten, um die vermeintlichen 38 % als Sieg an die Presse zu verkaufen und damit die Interpretation des Parteitags in ihrem Sinne zu beeinflussen, ließen sich führende Babelsberger davon irritieren, daß Realo Ralf Fücks und insbesondere seine Partnerin Marie-Luise Beck flehentlich bettelten, sie bräuchten doch auch einen Platz in der Partei und wollten nicht verstoßen werden. Anhänger des Volmer-Antrags übten während der Auszeit im Kreis der Babelsberger massiv Druck auf Uli Cremer und seinen Mitstreiter Lühr Henken aus, sich »doch endlich zu fügen« und dem Kompromiß, dem »eigentlich guten« Antrag Volmers doch zuzustimmen. Mit der Einführung des Wortes »eigentlich« in Debatten zur Positionsbestimmung traten die Linken auf rutschiges Gelände. Das von den Babelsbergern verursachte Chaos – erfolgreicher Druck auf Cremer, seinen Antrag zurückzuziehen, was dieser dann nach lautstarkem Protest des Saales wieder rückgängig machte – trug mit dazu bei, die Medien für die klar und überschaubar agierende »38 %-Strömung« einzunehmen.

Friedrich Heilmann und Frieder Otto Wolf, Mitbegründer und Sprecher des Babelsberger Kreises, analysierten später in nahezu Schuldbekenntnissen gleichenden Briefen an die Babelsberger das selbst verursachte Desaster. Aber da hatten der Mythos der 38 % und das Faktum der Dayton-Abstimmung im Bundestag schon die Patina des Sieges und der

Historie. Die Presse verhieß Fischer nach Bremen künftigen Lorbeer und die seit Fischers Streitschrift ohnehin in die Defensive gedrängten Linken kämpften fortan vergeblich, ihre Position als realistische zu vermitteln.

Schon vor dem Parteitag hatten wegbereitende Realos – Daniel Cohn-Bendit, Antje Vollmer, Werner Schulz – erklärt, die Abgeordneten entschieden bei der Dayton-Abstimmung nach ihrem Gewissen, nicht aufgrund eines imperativen Mandats des Parteitags. Die vermeintlichen 38 % münzte noch in Bremen Ralf Fücks zur zweiten Rechtfertigung um, im Bundestag für die Entsendung von Blauhelmen zu stimmen. Vier Realo-Abgeordnete enthielten sich drei Tage nach dem Parteitag auf Fischers Geheiß bei der Dayton-Abstimmung, damit nicht die Mehrheit der Fraktion zustimme, sondern das Verhältnis mit 22/22/5 »ausgewogen« sei.

Die offene Mißachtung der Delegiertenkonferenzen, strukturelle Gewalt von Teilen der Bundestagsfraktion und der unfaire Umgang mit Andersdenkenden innerhalb der Partei nahmen nach Bremen zu. Durch besondere Tatkraft zeichneten sich dabei die damalige Politische Geschäftsführerin des Bundesvorstands Heide Rühle und ihr Nachfolger Reinhard Bütikofer aus. Auf den Parteitagen nach Bremen sahen sie offenbar ihre Aufgabe nicht mehr darin, den Diskurs zur Außen- und Sicherheitspolitik zu organisieren, sondern darin, der Realomehrheit der Fraktion den Rücken frei zu halten, hinderliche Parteitagsbeschlüsse zu vermeiden.

Wie gewalttätig das Abkappen der Diskussion zugunsten der Re-Militärisierung der Außenpolitik betrieben wurde, offenbarte wenige Tage vor der Bundestagsentscheidung über die Nachfolge von IFOR (13. Dezember 1996) die Bundesdelegiertenkonferenz im thüringischen Suhl. Voraufgegangen war eine Fraktionssitzung, in der sich Fischers Agieren zum Trotz die Mehrheit der Fraktion hinter Volmers Antrag stellte, die Regierungsvorlage abzulehnen. Im Dezember 1996 waren die Kungeleien für die Listenplatzaufstellungen zur Bundestagswahl 1998 voll im Gange, und mancher fürchtete, daß Fischers Einfluss in die linken Landesverbände für einen sicheren Listenplatz denn doch nicht reiche. Etwas Distanz zu Fischer war deshalb opportun.

Diese Niederlage im geistigen Gepäck, nutzte Heide Rühle auf dem Parteitag die Gunst der frühen Freitagsstunde, um, sobald formal genug Delegierte eingetroffen waren, zuallererst per Abstimmung den Jugoslawienkonflikt von der Tagesordnung abzusetzen. Die Pazifisten aus Hamburg, Nordrhein-Westfalen und Niedersachsen steckten zu dieser Zeit nämlich groteskerweise noch mit der Bundesbahn im Schnee fest und wurden bei ihrer verspäteten Ankunft mit der beschlossenen Absetzung konfrontiert. Die Bundestagfraktion wertete die Absetzung als Freifahrtsschein. – Die Basisdemokratie war nach der Sprache eindeutig die zweite Leiche, die der Richtungswechsel pro Militäreinsätze innerhalb der grünen Partei auf dem Felde ließ.

Für das Verständnis der außenpolitischen Debatte auf der Magdeburger BDK, die im März 1998 das Wahlprogramm ausarbeiten sollte, ist ebenfalls die Vorgeschichte von besonderer Bedeutung. Zu dieser Zeit galten die Pazifisten den Realos schon als zu vernachlässigender Flügel, verhandelt wurde nur mit den Regierungslinken. Maßgeblich vom Baden-Württemberger Reinhard Bütikofer gesteuert, wurde drei Tage vor dem Parteitag ein Antragstext verfaßt, der die Militärgegner mit dem Satz in die Defensive drängte, »die Stationierung von NATO- und anderen Truppen« habe »nicht wie von vielen befürchtet zu einer Eskalation geführt«. Die Gründe (beispielsweise die pazifizierende massive Wiederaufbauhilfe und ein Wirtschaftswachstum von 50 % im Jahre 1996) wurden verschwiegen. Den NATO-Einsatz etikettierte der Antrag mit »im Kern friedenserhaltend« bewußt falsch. Hinzu kam die Warnung, bei einem Abzug der Truppen entstünde ein Sicherheitsvakuum. Bütikofer setzte eine Öffnungsklausel durch, nach der die Bundestagsfraktion jeweils im Einzelfall entscheiden können solle, ob man einem Einsatz zustimme oder nicht. Die Partei und das Programm wären damit entmächtigt worden. Hier wiederholte sich ein Vorgang: So wie Schäuble das Grundgesetz als irrelevant darzustellen versuchte, machten es führende Realos mit dem grünen Parteiprogamm.

Die Regierungslinken erklärten sich bereit, diesen Antrag mitzutragen, wenn die Realos im Bundestag dafür – entsprechend der Parteiposition – gegen die Amsterdamer Verträge und die NATO-Osterweiterung stimmen würden. Ein Kuhhandel, bei dem die Regierungslinken nur Positionen preisgaben. Volmer, nach wie vor isoliert im Auswärtigen Ausschuß, führte die Verhandlungen. Wieder glaubte er die Linke in einer Position der Schwäche und zu Zugeständnissen gezwungen.

Die Parteitagsregie übernahm den von Bütikofer mit Volmers Einverständnis modifizierten Antrag, wodurch die offene Diskussion über die eiligen Veränderungen nahezu unmöglich geworden war. Die Basis sollte einfach überfahren werden. Den Delegierten war durch die Kurzfristigkeit ohnehin die Möglichkeit genommen, die Veränderungen in ihren Kreisverbänden zu diskutieren und dazu eine Position zu entwickeln.

In dieser quasi vorentschiedenen Situation setzten die Pazifisten um Uli Cremer schließlich eine kurze Aussprache durch, es folgte die legendäre Abstimmung: 274 stimmten für den Bundesvorstandsantrag, 275 dagegen (bei 13 Enthaltungen). Noch aus der Defensive heraus strafte der Parteitag die Notwendigkeit zum präventiven Einknicken, die Volmer gesehen hatte, Lügen. Der Parteitag sprach sich gegen Bundeswehreinsätze und für die Rückkehr zum Parteiprogramm aus.

Während Jürgen Trittin noch erklärte, Regierungsfähigkeit könne man nicht daran messen, »ob man die Position Volker Rühes übernimmt« (Frankfurter Rundschau, 9. 3. 1998), beeilten sich Sprachrohre der Realos wie Gunda Röstel, den Ball zu verfälschen. So daß nach Magdeburg der Mythos fabriziert wurde, die Linken würden Bündnis90/Die Grünen um jegliche Wahlchancen bringen. Wer nach Magdeburg öffentlich gegen den Bosnien-Einsatz der Bundeswehr sprach, wurde fortan attackiert, ein Verräter, eine Gefahr zu sein. Die Bekämpfung Andersdenkender wurde jetzt noch härter geführt.

Der kaum mit Basisvertretern, sondern weitgehend mit hohen Funktionsträgern besetzte Länderrat im Juni 1998 revidierte Magdeburg – vermeintlicher Wahlchancen willen. Ende Oktober segnete die Bundesdelegiertenkonferenz den Koalitionsvertrag ab und nahm die Zustimmung zu ActOrd vom 16. Oktober in Kauf.

Den bisherigen Endpunkt der grün-internen Anpassung an den mainstream markierte der Sonderparteitag in Bielefeld am 13. Mai 1999. Aus der mehrheitlich pazifistischen Basis war nach einem knappen halben Jahr Regierungsbeteiligung eine mehrheitlich einsichtige, *»vernünftige«* Herde geworden. Bielefeld war der erste Parteitag mit Realo-Mehrheit. Immer wieder war die Partei Zeuge von Joseph Fischers Kniefällen vor der alten Koalition geworden – »er habe eingesehen« war zu einer seiner gängigen Formulierungen geworden. Das Vorbild wirkte: Kollektive Selbstunterdrückung für die »Macht«-beteiligung machte sich breit, ohne daß reflektiert worden wäre, ob Macht unter der Definitionsmacht anderer tatsächlich dieser Name gebührt. Erneut bewahrheitete sich Herbert Marcuses Diktum »Selbst der Kampf gegen die Freiheit wiederholt sich in der Seele des Menschen als Selbstunterdrückung des unterdrückten Individuums, und die Selbstunterdrückung wiederum stützt die Herrschenden und ihre Institutionen.« (»Triebstruktur und Gesellschaft«)

Wieder spielte im Vorfeld des Parteitags Ludger Volmer eine besondere Rolle bei der *»vernünftigen«* Relativierung von Positionen wider alle Vernunft. Gleich zu Beginn des Krieges, am 26. März 1999, erklärte Volmer, seit fünf Monaten Staatsminister, als Abgeordneter in einem Brief an die Grünen, weshalb er die »Luftschläge« mittrage. »Alle kritischen Fragen sind berechtigt und müssen gestellt werden, von jedem – Regierungs-,

Fraktions- und Parteimitglied – unter Beachtung seiner spezifischen Rolle und Funktion.« Mit anderen Worten: Alles ist relativ, nur die Interessen des Betrachtenden werden absolut gesetzt. In der Konsequenz könnte eine Entscheidung für Krieg je nach persönlicher Funktion richtig oder falsch sein.

Der sechsseitige Brief enthielt gezielt agierende Demagogie und eine Generalabsolution. Volmer sprach von »Vertreibung und Ausrottung« sowie von Miloševićs »Vertreibungs- und Vernichtungspolitik«. Wer aber vertreiben will, braucht und wird nicht ausrotten; wer jedoch ausrotten will, wird gewiß nicht vertreiben. Die beiden der NS-Rassenpolitik entnommenen Vokabeln »Ausrottung« und »Vernichtung(spolitik)« verfälschten. Die Vertreibung von Nichtserben aus bestimmten Siedlungsgebieten, bei der wie in allen Bürgerkriegen Morde verübt wurden, wurde in Richtung staatlich befohlenen Völkermords gesteigert. Wurden die Serben zum Verbrecher verzeichnet, so die grünen Abgeordneten zu hilflosen Unschuldslämmern. Mit Blick auf die Zustimmung zu ActOrd am 16. Oktober erklärte Volmer: »Niemand verfolgte eine aggressive Absicht (...) Niemand vertritt Interessen der Rüstungsindustrie, niemand will eine offensive NATO-Strategie.« De facto setzten sie Krieg in Gang, nun sollte die individuelle Gemütslage die Tat leugnen. Volmer erklärte, die »Tolerierung oder aktive Unterstützung der Luftschläge« sei später »unausweichlich« gewesen, »weil der Bundestag ihre Möglichkeit beschlossen hatte«. Rein grüne Politik gebe es nur um den Preis »der sofort einsetzenden Selbstisolierung«, die »wirkungslos« mache. »unser Pazifismus« hätte die Grünen »faktisch zu Kollaborateuren« gemacht. – Das ist haargenau die Argumentation, die Fischer seit seiner Streitschrift von 1995 verfolgt: die Selbstinszenierung als »verantwortlich« handelnde, aber schuldlose Opfer-Täter. Volmer-Sätze wie »Es war zu erwarten, daß die Politik den CNN-Bildern nicht auf Dauer hätte widerstehen können. Der rot-grünen Regierung wäre von allen Seiten Versagen, Feigheit, Unmoral vorgeworfen worden«, sind nichts als die Suche nach einer Selbstentschuldung. Sie zeigen, wie untauglich Volmers Konzept des »politischen Pazifismus« für die Praxis ist. In seiner kurz vor der Bundestagswahl erschienenen Dissertation[8] hatte er den politischen Pazifismus, unter konsequenter Umgehung der Wehnerschen Vokabel »lau«, definiert: »Eine selbstbewußte, gleichwohl selbstbescheidene, eine veränderungswillige, gleichwohl kompromißfähige, eine in den Ansprüchen weitreichende, gleichwohl in den Schritten gradualistische Strategie bietet der politische Pazifismus.«

Ein Staatsminister im Auswärtigen Amt suchte die Generalabsolution für Parlamentarier, die für einen Überfall aus der Luft votierten! – 54 Jahre nach dem Ende des 2. Weltkriegs, vier Jahre nach Kleinerts demagogischem Antrag für die BDK in Bremen, nach einer intensiven Debatte aus Anlaß der Tagebücher Viktor Klemperers, der Wehrmachtsausstellung und der Studie Goldhagens. Freiheit bewährt sich in der Bereitschaft, sich für etwas zu entscheiden und dann für das eigene Handeln die Verantwortung zu übernehmen. Dies zu lernen und zu verinnerlichen war das deutsche Nachkriegsprogramm. Freiheit als Verantwortung zu verstehen ist unverzichtbar für eine Demokratie. Der Brief Volmers, der diesen Geist so sehr leugnet, datierte wenige Monate vor dem Umzug der Regierung nach Berlin, als das Bonner Erbe offensichtlich schon vertan war.

Der Verlust an Selbstachtung, der in Volmers Brief spürbar ist, führte auf dem Bielefelder Sonderparteitag im Mai 1999 zu neuen Resultaten. Trotz um Klarsicht ringenden Widerstands der Pazifisten und insbesondere der Pazifistinnen um Annelie Buntenbach, stand die BDK generell im Zeichen der Unterwerfung.

Weshalb waren mehrere hundert Individuen bereit, einen Führer zu untertützen, der ihnen gerade offen seine Mißachtung ins Gesicht geschleudert hatte? Eindeutiger und nachdrücklicher als Fischer konnte man Anhängern und anhängenden Gegnern kaum sagen, daß sie irrelevant wären: »Ich werde das (die Einstellung der Bombenangriffe – S. C.) nicht umsetzen, wenn ihr das beschließt, damit das klar ist.« Und, als wollte er langsam und mit Salzkörnern auf der Zunge das Blut aus der langgestreckten Wunde lecken, die dieser Peitschenhieb geschlagen hatte, fügte er an: »Was ich euch als Außenminister bitte, ist, daß ihr mir helft, daß ihr Unterstützung gebt und daß ihr mir nicht Knüppel in die Beine werft und daß ich nicht geschwächt, sondern gestärkt aus diesem Parteitag herausgehe, um unsere Politik weiter fortsetzen zu können.« Die dem Possessivpronomen »unsere« implizite Behauptung, er gestalte die von den Grünen gewünschte Politik, war ein weiterer Gewaltakt demagogischer Sprache. Trotzdem: Die Mehrheit der so Behandelten stimmte lustvoll klatschend für eine Stärkung Fischers. Der Parteispitze zu folgen und zu gehorchen befriedigte offensichtlich viele.

Angst vor Inferiorität, vor Ohnmacht, Vereinsamung und Ächtung ist ein Motiv für Anpassung und Unterwerfung. Vor einem Ausschluß aus der Regierung, empfunden als neuerliche Marginalisierung, fürchtete sich nicht nur die Spitze, sondern auch ein großer Teil der Delegiertenbasis. Man unterwarf sich dem common sense, daß die NATO-Bombardierung »eigentlich« notwendig sei und der grüne Außenminister seine Sache »eigentlich« gut mache. Die Welt verliert durch Anlehnung an eine Autorität, durch Gehorsam für den verunsicherten Einzelnen ihren chaotischen Charakter. Fraktionssprecherin Kerstin Müller offenbarte in Bielefeld nur hilflos Zerrissenheit und signalisierte Gefolgschaft: Der große Bruder tut was für uns, laßt uns an der Strategie des geborenen Führers partizipieren. Eine Verhaltensweise, die Erich Fromm in »Studien über Autorität und Familie« als »narzißtische Ersatzbefriedigung durch masochistische Hingabe« bezeichnete. Nur: Müller idealisierte eine Autorität, die de facto keine Macht hatte. Was scherte es NATO-Generalsekretär Solana, daß Fischer von 444 grünen Delegierten den wenig verbindlichen Auftrag erhielt, sich für einen befristeten Waffenstillstand einzusetzen? Gerhard

Schröder, innerhalb der Koalition Experte für Demütigungsstrategien, zog unmittelbar nach dem grünen Parteitag erwartungsgemäß am Krallenhalsband: Ein besonderes Entgegenkommen bei grünen Lieblingsprojekten könne es nicht geben.

Bündnis 90/Die Grünen prostituierte sich dieser Art – einen Monat vor den Europawahlen – in S/M-Beziehungen mit Fischer bzw. mit dem Kanzler, ohne auch nur einen Gegenwert zu verlangen. Aus den ehemals antiautoritär agierenden Grünen war, das offenbarte Bielefeld, eine extrem autoritäre Partei mit informellem Machtzirkel geworden. Dieser berief sich sogar auf höhere Mächte und höhere Gewalt, vor denen alternative Aktivität und eigene Freiheit hätten enden müssen: Die Konfliktstruktur in Jugoslawien hätten die Grünen »geerbt«. Also übten sich die ehemaligen Alternativen darin, ihnen vermeintlich auferlegtes Leid zu ertragen und sich ins Schicksal zu fügen, »im Heroismus von Masochisten« (Fromm).

Daß ein Engagement für eine Waffenpause gleichzeitig die Zustimmung zur Wiederaufnahme des Krieges ist, wurde so gut als möglich verschwiegen. Mit dem Pathos, man habe in Bielefeld über Krieg und Frieden zu entscheiden, ließen sich die Delegierten wissentlich auf die falsche Fährte locken. Die falsche Etikettierung war nicht unwillkommen, bot sie doch das Schlupfloch, sich vor der Konsequenz eines Bekenntnisses zum Pazifismus zu drücken: dem Aufkündigen der Koalition. Bewußter und gewollter Selbstbetrug um der Illusion willen, via Identifikation das Gefühl der eigenen Ohnmacht in diesem Krieg zugunsten eines positiveren Ich-Bildes einzutauschen: Ohne Fischer würde der Krieg ganz sicher fortgesetzt. Indem man an Fischer festhalte, tue man also etwas gegen den Krieg. Absichtlich vermieden die Kriegsbefürworter eine Diskussion, ob das Parteitagsmotto »Frieden und Menschenrechte vereinbaren« mit den Mitteln des Krieges erreichbar sei. Statt der Sachfrage stellten sie die Vertrauensfrage, zwangen zu einer Antwort auf eine falsche Frage. Wenn man Fischer stützen wolle, müsse man die NATO-Strategie mittragen. Natürlich um der Menschenrechte willen. – *»Wer A sagt, muss auch B sagen«*, an diesen, auch den heute unter 40jährigen aus der Kindheit nur allzu vertrauten bürgerlichen Erziehungssatz, der zu Scheuklappenblindheit und Gehorsam verzieht, knüpften die Parteistrategen an. Sie machten sich geschickt Kindheitsmuster zunutze, die über Generationen noch aus dem 19. Jahrhundert tradiert sind: Wer in eine schlagende Verbindung eingetreten ist, muß irgendwann auch pauken, wer politisch erwachsen geworden ist, muß irgendwann beschlossenen Krieg mitführen, muß »B« sagen. Die Mehrheit erwies sich als *»gutes Kind«*.

Widerstand gegen den Krieg leisteten wenige, vor allem die Bundestagsabgeordnete Annelie Buntenbach und einige andere Frauen stritten gegen die neue Kultur »der großen Männer«. Halina Bendkowski, Nachfahrin in Ausschwitz Ermordeter, forderte explizit, die Grünen müßten in die Opposition, dort pazifistische Politik betreiben und einem antifaschistischen und friedenspolitischen deutschen Sonderweg den Boden bereiten. Genau das sei die Verpflichtung der 68er. Die nordrhein-westfälische Umweltministerin Bärbel Höhn warnte davor, daß die Konsequenz der NATO-Strategie sei, mit Bodentruppen bis Belgrad vorzudringen – was die Realos Daniel Cohn-Bendit explizit und Cem Özdemir implizit bereits forderten. Fischer stellte Bodenkrieg während des Krieges als ausgeschlossen dar, sagte aber später, man habe kurz davor gestanden, Bodentruppen einzusetzen. Wieviel Vertrauen kann man in einen Außenminister setzen, der in einer solchen Frage lügt?

Beim Strategie- und Grundsatzprogrammkongreß, der vom 19. bis 21. November 1999 in Kassel stattfand, wurde Kritik an Fischer geäußert (Waffenexporte; Aufrüstung der WEU; Bruch des Völkerrechts; mit Fischers Warnung vor einem nationalen Sonderweg würden die Handlungsspielräume

Deutschlands verspielt). Der Vizekanzler setzte sich damit inhaltlich gar nicht auseinander, sondern gab die Kritiker höchst demagogisch der Lächerlichkeit preis: Sie stünden doch nun schon 20 Jahre auf verlorenem Posten. – Ein Bundestagsabgeordneter, der auch gern Kritik an Fischer geübt hätte, verkniff sich das bereits und nannte als Begründung: »Wozu soll ich mich hier öffentlich abwatschen lassen? Mehr kommt dabei nicht heraus.« Viele Linke waren demonstrativ gar nicht erst angereist. *Basisgruen*, das seit Bielefeld wichtiger gewordene Netzwerk grüner Linker und Linker im Umfeld der Grünen, hatte zum Boykott aufgerufen, da die Parteilinke dort ohnehin nicht einbezogen sei.

Weshalb sind die Grünen nicht mehr fähig, eigene Politikvorstellungen zu vertreten? In Nordrhein-Westfalen, dem größten Landesverband, ist die Hälfte der Mitglieder noch keine vier Jahre dabei – eingetreten also nach der Regierungsbeteiligung in NRW. Die Zahl der Parteimitglieder ist im selben Zeitraum nahezu konstant geblieben, langjährige aus der frühen Phase gingen und gehen. Viele der neu hinzugekommenen hoffen auf die Regierungspartei als Strickleiter für den persönlichen Aufstieg, auf einen trickle-down-Effekt bei Jobs und Einfluß. Eine Bärbel Höhn, vor dem Sonderparteitag in Bielefeld umworbenste Kandidatin für die EU-Kommission, die – wohl wissend, daß sie sich damit um jede Chance redete – Fischer in Bielefeld offen attackierte, wird aus solchen Neugrünen nicht erwachsen. Opportunismus dürfte beim Schlüsselprofil für künftige Aufsteiger ganz oben stehen. Eine Partei, die primär Arbeitsplatz mit Karriereperspektive ist, verliert ihre Politikfähigkeit – und ebenso die Legitimität, demokratische Verantwortung zu übernehmen. In geringerem Maße ist diese Tendenz auch bei den anderen Parteien spürbar, vor allem bei der SPD.

Der Krieg beschleunigte die Entpolitisierung der SPD, was ein Blick auf den einen Monat vor der Bielefelder BDK stattgefundenen Sonderparteitag der SPD zeigt. Anberaumt war er, um nach Lafontaines Weggang kurz vor Ausbruch des Krieges einen neuen Vorsitzenden zu wählen. Beherrschendes Thema wurde aber der vom einzigen Kandidaten befürwortete Überfall auf Jugoslawien. Die Delegierten waren – wie die Grünen vor eine falsche Frage gestellt – in einem Dilemma. Die Parteitagsregie nutzte den Tag zu einem gezielten Angriff auf die Vernunft.

Der Kriegsparteitag der SPD – Die semantische Säuberung der Sprache zu Kriegszwecken

Verantwortung – ein Wort, das schwer wiegt. New Labour Germany diente es einer e-mail-Adresse gleich als Werbespot: »Verantwortung.SPD«. So lautete am 12. April 1999 der Schriftzug unter dem Rednerpult, an der Wand und dann nochmal als Computerlichtbild für ganz Begriffsstutzige. Schröder benutzte diese Vokabel in seiner Rede auf dem Sonderparteitag der SPD in Bonn allein in der vierseitigen Passage über den Kosovo neunmal als Substantiv – nebst vier adjektivischen Varianten. Ohne es einmal zu definieren. Nicht der Sinn, sondern der Klang wurde gebraucht. Schröder kidnappte das Wort und vertrieb den Sinn daraus. Semantische Säuberung der Sprache als strategische Maßnahme einer kriegführenden Partei. Ein Vierteljahrhundert nach Hans Jonas Buch »Das Prinzip Verantwortung« entkernte die SPD das Wort »Verantwortung« und machte es zum Fetisch. Freiheit, Selbstbestimmung, ethisches Handeln, der aufklärerische Impetus – perdu. Weil das Wort Schröder und den Seinen ein blasses, aber magisches Abstraktum ist, konnten sie den Begriff als Schmieröl für die Kriegsmaschinerie entdecken und es hineinspritzen in das Getriebe der Gemüter. Der Kanzler raunte das Wort, beschwor die Verantwortung mit den Händen, den einknickenden Beinen, mit der ganzen Körperhaltung – und verriet sie prompt.

Verantwortung tatsächlich zu übernehmen, weigerte er sich.

Mit dem Satz »Die Belgrader Führung allein hat es in der Hand, den NATO-Einsatz zu beenden«, legte er die Verantwortung für die Beendigung des Krieges ausschließlich in die Hände Miloševićs. Er verzichtete auf die Freiheit, selbst über das eigene Handeln zu entscheiden, machte ein souverän gewordenes Deutschland zur Marionette eines Kriegsverbrechers und sprach sich selbst damit gleichzeitig frei von der Verantwortung für und der Mitschuld an den Leiden der Zivilbevölkerung. Wie die Grünen machte sich auch der die Leitlinien der Politik bestimmende Kanzler zum »Opfer-Täter« und verschaffte sich damit das vermeintliche Recht, in jeglicher Form, ohne auf ein Maß achten zu müssen, zuzuschlagen – denn er war ja »Opfer«. Ein Opfer braucht nicht rational zu argumentieren, es kann drohen, den Gegner verzerrt darstellen, es kann selbstgerecht sein – denn ein Opfer ist immer auf der richtigen Seite. Als Opfer stellt man sich außerhalb von Verantwortung, auch wenn man sich deren Rahmen leiht: »Verantwortung.SPD«. Selbstbestimmtes Kalkül waren die Konstruktion (Beschluß des Bundestags noch in der 13. Legislaturperiode), die für den Opfer-Täter-Status ebenso konstituierend war wie das Feindbild Milošević. Schröder, Fischer und Scharping waren schon vor Rambouillet selbst Opfer der Magie ihrer Worte geworden: Sie stilisierten sich nicht mehr zu Opfern, sondern sie erlebten sich als Opfer. Mit allen Konsequenzen für ihr politisches Handeln: Nicht sie selbst, sondern allein Milošević war in ihren Augen auch für die »Kollateralschäden«, die zunehmenden Massaker im Kosovo und die wachsende Flüchtlingswelle verantwortlich. Deshalb irritierten die zivilen Opfer ihres Handelns die drei deutschen Kriegsherren nicht in ihrem Tun. Allem Verantwortungspathos zum Trotz: Der Opferstatus schafft künstlich eine neue Phase kindlicher Schuldunfähigkeit.

»Wer Verantwortung übernimmt, der schafft Vertrauen«, formulierte Gerhard Schröder. »Vertrauen« war das zweite Glitzerwort im Kriegskapitel seiner Parteitagsrede. Es wurde neunmal als Fetisch mißbraucht. Kann man jemandem – einem Bundeskanzler zumal – vertrauen, der vorgibt, Verantwortung zu übernehmen, sie aber de facto von sich weist? Kann man einer solchen Persönlichkeit Soldaten oder einen ganzen Staat anvertrauen? Wie glaubwürdig ist ein solcher Mann? Welches seiner Worte ist überhaupt wahr?

Zu Rambouillet erklärte Schröder dreist, alle Parteien hätten diesem Abkommen zustimmen können, trotzdem habe die Belgrader Führung alle Vermittlungsversuche scheitern lassen. Das so zu formulieren war grobe Täuschung, aber die Delegierten hatten offensichtlich kein Interesse daran, die Fakten klarzustellen. (Vgl. das Kapitel »Krieg ist das Versagen der Politik – Frieden das Meisterwerk der Vernunft«) Zu gewohnt war das Spiel mit falschen Schablonen und folglich falschen Lösungen.

Christa Wolf hat in ihrer Erzählung »Kassandra« eindrucksvoll beschrieben, wie im Vorkrieg und im Krieg zuerst die Sprache ihrer Lebendigkeit beraubt wird, wie Nachrichten und Geschichten »hergestellt« werden, »gehämmert, gezimmert, glatt wie eine Lanze (...) Jubelnd lief das Volk durch die Straßen. Ich sah eine Nachricht zur Wahrheit werden.« »Und die Palastschreiber (Schröders) machen nachträglich aus dem halbwegs mißglückten Unternehmen (Rambouillet) großmäulig das ERSTE SCHIFF (der Einfluß der deutschen Diplomatie).« »Laßt euch nicht von den Eignen täuschen«, muß man Christa Wolf ein drittes Mal zitieren.

So wie in Kassandras Troia »Achill das Vieh« von der Apposition zum Eigennamen wird, so wurde auf dem Sonderparteitag in den Reden Schröders, Scharpings und Clements Milošević zur Inkarnation des Bösen. Greueltaten wurden wortreich ausgemalt – »Mordbrennerei«, Menschen werden »zermatscht«, so die Sprache des nordrhein-westfälischen Ministerpräsidenten Wolfgang Clement. Die NATO-Luftbombardements auf zivile Plätze färbte die Kriegsfraktion dagegen mit Worten schön: »Luftschläge«, »Aktionen« und »Auseinandersetzungen«. Dazu teilte die SPD eine Schwarz-

Weiß-Denken entspringende, farbig bebilderte »Dokumentation Kosovo« aus, die kleine Zitate und Ausschnitte von Fakten zusammenklitterte – ein in dieser Kombination hetzerisches Sammelsurium, per Mausklick zusammengesuchte Bausteine aus dem Menü »Kriegsberichterstattung parteiisch« von »Verantwortung. SPD«.

Auf der Basis dieses schon gefälschten Schwarz-Weiß-Bildes formulierte Schröder, »diesen Verbrechen tatenlos zuzusehen, wäre zynisch und verantwortungslos gewesen«. Er lobte, daß Parlament und Volk sich einig darin seien, daß das Morden im Kosovo beendet werden müsse. Schröder agierte geschickt: Ihm gelang die Rekrutierung von Kriegsgegnern zu Kriegsbefürwortern, indem er nicht fragte, ob die Delegierten die Fortsetzung des Krieges, sondern, ob sie ein Ende der serbischen Menschenrechtsverletzungen wollten. Der neue SPD-Führer tat sprachlich den Kriegsgegnern Gewalt an. Diese Gewalt eines Politikers, der die politische Rede mißbraucht, dieser polit-kulturelle Massenbetrug wurde von den meisten Delegierten und Rednern ohne Gegenwehr hingenommen.

Im Krieg erklärt der Oberbefehlshaber die Lage, und die Soldaten folgen dieser Sichtweise. In der »Dialektik der Aufklärung« erklärten Horkheimer und Adorno, daß auch die Unterwerfung der Masse unter einen Führer und dessen Weltsicht wider besseres Wissen von der Masse inszeniert wird, eine Show, in der sich die nicht individuelles Individuum sein wollenden Personen bewußt instrumentalisieren. Nach 18 Tagen Bombardements waren große Teile der SPD in solcher Krieg erduldenden und Krieg am Leben erhaltenden Geistes- und Gemütsverfassung angekommen – und 75 % der Delegierten wählten den »Oberbefehlshaber« im Krieg zum Nachfolger Oskar Lafontaines im Bundesvorsitz der SPD. Ein Feind draußen schließt die eigenen Reihen, sogar wenn der eigene Führer nur mit dem Klang der Münze zahlt.

Einen Korridor für Flüchtlinge und eine zweitägige Waffenruhe, wie sie Egon Bahr forderte, lehnten die meisten ab: Milošević mißverstünde ein derartiges Angebot als Schwäche. Diese Begründung verschleierte die eigentliche Ursache: Aus der Unterbrechung wäre ein Abbruch geworden, weil man die Zustimmung der Bevölkerung zu erneuten Bombardements nicht mehr hätte bekommen können. Zu offensichtlich war die Sinnlosigkeit der Luftangriffe.

Zweieinhalb Wochen Krieg zeigten Wirkung. Anders war es bei der politischen Klasse. Manche hatten bereits vollständig die Vogelperspektive auf den Konflikt und alternative Lösungswege verloren. Statt Interessen zu formulieren – also Sicherheit für die Menschen der Region – und gemeinsame Interessen zu identifizieren, baute die SPD Positionen auf und argumentierte auf der Stärke-Schwäche-Koordinate, die nur Verlierer und Gewinner kennt. Laut Koalitionsvertrag will die rot-grüne Regierung zwar Konfliktforschung und Konfliktvorbeugung fördern, aber im Frühjahr 1999 beherrschte sie selbst nicht mal das kleine Einmaleins dieser Sparte.

Wenige beharrten auf ihrer Freiheit, auch im Krieg ihrem Realitätssinn zu vertrauen und nach Alternativen zur Mittäterschaft zu suchen: Hermann Scheer, Sigrid Skarpelis-Sperk, Andrea Nahles, Benny Mikfeld – und der sonst dem Schröder-Flügel zugehörige Henning Voscherau. Skarpelis-Sperk legte den Sprachkrieg Schröders offen: Welches »Vertrauen« könne Rußland noch haben, nachdem Deutschland die 2+4-Verträge gebrochen habe? Weshalb gälte Schröder die »Verantwortung« gegenüber den Bündnispartnern so viel mehr als die Verantwortung für die Menschen in Jugoslawien, die Wahrung der sozialen und wirtschaftlichen Menschenrechte? Andrea Nahles fragte, ob es wirklich ein unverantwortlicher Sonderweg sei, nach Alternativen zum bloßen Weiterso zu suchen. Während für die meisten Sozialdemokraten Pazifismus offenbar bereits nicht mehr war als nur noch »die Eingrenzung des Militärischen« (so der Grüne MdB Helmut Lippelt), eine Definition, die dem Geist dieser radikal-idealistischen Bewegung das Rückgrat bricht, richtete Nahles dem Pazifismus die gebrochenen Knochen, indem sie daran erinnerte, daß darunter der Verzicht auf Gewalt bei Einsatz des eigenen Lebens zu verstehen sei.

Ähnlich wie in Bielefeld, wo Auswahl und Reihenfolge der Redner das hehre Prinzip Auslosung verhöhnten und Staatsminister Ludger Volmer als letzter Redner zu hören war, gehörte zur Inszenierung der SPD, daß – just nachdem der Linke Erhard Eppler für die Schröder-Linie gesprochen hatte – ein Geschäftsordnungsantrag wie ein Deus-ex-machina-Coup die durch strenge Redezeitbegrenzungen ohnehin strangulierte Diskussion über Krieg und Frieden bei »Verantwortung SPD« kappte.

Die beiden »Spät«geborenen: Gerhard Schröder und Joseph Fischer

Politiker agieren wie jeder andere Mensch im Berufsleben auch auf der Basis persönlicher Sozialisation. Mehr als nur 14 bzw. 18 Jahre trennen Schröder und Fischer vom 1930 geborenen Helmut Kohl. Der Oggersheimer war Zeitzeuge des Nationalsozialismus, Schröder und Fischer sind auf sehr unterschiedliche Art und Weise Kinder des Wiederaufbaus in der alten Bundesrepublik. In den Biographien beider finden sich punktuell viele Westdeutsche wieder. Dies ist wesentlich in einer Zeit, über die Herbert Marcuse 1973/74 vorausblickend sagte: »Das Erkennungszeichen der Demokratie – Herrschaft des Volkes und durch das Volk (Selbstherrschaft) – nimmt jetzt die Form einer umfassenden *Identifikation* (Hervorhebung Marcuses – S. C.) der Menschen mit denen an, die sie regieren – das ist die Karikatur demokratischer Souveränität.«[9]

Deutsche Geschichte bricht sich viel stärker im Leben Fischers als Schröders. Der heutige Außenminister stellt sich selbst auch bewußt als Kristallisationspunkt dar. Gemeinsam ist beiden, daß sie sich jeweils mit einer Macho-Haltung gegenüber der eigenen Partei profilierten – und u. a. wegen der journalistischen Verwertbarkeit ihrer Tabubrüche von den Medien belohnt wurden bzw. werden.

Beide, der frühere Straßenkämpfer mehr als der frühere Juso, erlebten ihre politische Sozialisation zur Zeit der Großen und der sozial-liberalen Koalition, also zur Zeit des Radikalenerlasses, der Bekämpfung der RAF, des NATO-Doppelbeschlusses, der ersten Atomkraftwerke. Ihre parlamentarische Sozialisation jedoch erfuhren sie in der zähen, eine Generation währenden Regierungszeit Helmut Kohls, die durch ihre scheinbare Unendlichkeit eine neue Wehrlosigkeit schuf, Widerständige entmutigte, immer weiter mäßigte, anpaßte. Bis sie ihn, Kohl, als Norm annahmen, es schließlich nicht mehr anders, sondern nur noch »besser« machen, Kontinuität wahren wollten.

Beide, Schröder und Fischer, sind im doppelten Sinne bürgerlich: bereit, Fakten, Realität zu akzeptieren, und vermeintlich darauf angewiesen, zu »streben«. Eine Kombination, die wenig Raum läßt für Gewissen, Respekt vor dem Recht oder die Suche nach Alternativen – dafür aber umso mehr struktureller Gewalt den Weg freiräumt.

Erziehung orientiert sich, so Erik H. Erikson in »Identität und Lebenszyklus«, nicht an der Gegenwart, sondern an früheren Generationen. Das Kind wird nach dem elterlichen Über-Ich erzogen, das von Großeltern und Urgroßeltern geprägt ist. Der Satz *»Nimm Vernunft an«* ist seit Generationen Kern kleinbürgerlicher Erziehung, wenn sie auf Opportunismus als Überlebensstrategie setzte. Der Satz heißt nichts anderes als: Laß dich fremdbestimmen. In den Äußerungen beider Hauptakteure spielt das Wort *»vernünftig«* – mal explizit, mal implizit – eine zentrale Rolle. *»Nimm Vernunft an«*, ein Satz aus der Kindheit, den Schröder lernte, während Fischer zunächst dagegen rebellierte. Während Helmut Kohls langer Regierungszeit füllte sich dieses Muster in den Köpfen seiner beiden Gegner mit Inhalten der damaligen Koalition. *»Nimm*

Vernunft an« ist Urgrund der Schlagworte Schröders und Fischers – »Kontinuität«, »Verantwortung«, »erwachsen werden«, »Sachzwang«, »keine Alternative«. *»Nimm Vernunft an«* ist die Basis für *»Wer A sagt, muß auch B sagen«, »bleib im Rahmen«.* Der Satz prägt die Politik dieser beiden »Spät«-geborenen.

Das Zusammenspiel gerade dieser zwei Politikertypen mit den Bürgern, ihre Akzeptanz oder Beliebtheit, sagt viel über den Substanzverlust der Demokratie: Beide suchen nicht den Citoyen oder die Citoyenne – und ein Volk, das sich regieren lassen will, sucht sich Politiker wie diese beiden.

Die NATO führt Krieg, *also* machen wir mit. Ein Psychogramm Gerhard Schröders

Gerhard Schröder legt Wert darauf, kein »Kriegskanzler« zu sein (Der Spiegel, 15/1999), aber dieser Don Juan der Macht war von Beginn an eher prädestiniert einer zu werden als etwa sein bedächtigerer Vorgänger.

Kohl verstand sich noch als Gestalter, nicht als bloßer Moderator politischer Prozesse. Ein Moderator sollte un*partei*isch sein, aber in der Interpretation des Vertreters der Dienstleistungsgesellschaft und -politik gehört es zu dieser Rolle, sich bereitwillig in die Pflicht nehmen zu lassen. Setzen die »Großen« international die Zeichen auf Krieg, hat ein Moderator im nationalen Rahmen die Aufgabe, das künftige Faktum Krieg in die Gesellschaft zu transportieren, für die Beteiligung am Krieg Zustimmung zu gewinnen. Ein Land, das mehr als 50 Jahre den außenpolitischen Sonderweg ging, sich nicht an Kriegen zu beteiligen, kriegskompatibel zu machen. Der scheinbar starke Mann in der deutschen Exekutive hat, obwohl er keinen Kurswechsel wollte, einen »Paradigmenwechsel« eingeleitet: Er räumt bereitwilligst struktureller Gewalt den Weg frei und macht die Demokratie zur Attrappe.

Schröder ist Symptom einer unpolitischen Zeit. Einer

visionslosen Zeit, die den Anspruch auf Gestaltung weitgehend aufgegeben hat. Deshalb ist er jetzt an der Spitze der deutschen Politik. Dieses »political animal« (Erhard Eppler) inkarniert geradezu die Krise des Politischen heute, die Dialektik der Demokratie. Er zerstört das Fundament der Demokratie: die Vernunft. Obwohl *»vernünftig«* eins seiner Lieblingsworte ist. 1995, im Vorlauf des Wettbewerbs um die Kanzlerkandidatur, lenkte er selbst immer wieder gezielt das Interesse auf die Interpretation, daß derjenige der beste Kandidat sei, der am besten »ankäme«, der sich besser inszenieren könne. Er merkantilisiert sich und Politik, erhebt das Spiel um Angebot und Nachfrage zum Qualitätsnachweis und hat sich selbst dem »Laden SPD« (Schröder, 1. September 1995) als bestverkäufliches Produkt angedient. Ausgeblendet blieb bis nach Lafontaines Rücktritt im März, wer der bessere Kanzler wäre, wer zukunftsorientierter gestalten könne. Schröder unternimmt gar nicht mehr den Versuch, mit dem dummen Souverän über Politik zu reden, sondern reitet auf der Welle, stattdessen Perfomance zu bieten.

Weshalb vertrauen Bürger ausgerechnet einem auf Anerkennung und Macht fokussierten Pragmatiker, der ein primär taktisches Verhältnis zur Politik hat? Das Politikerprofil wird heute nach dem Modell von Meinungsumfragen erstellt – und Schröder, der vorgebliche »Kerl«, will »so bleiben, wie die Menschen mich offenbar haben wollen« (Der Spiegel, 36/1995). Er hält einen Springbrunnen inszenierter Themen und Meinungsumfragen in Gang und läßt sich selbst wie ein bunter Ball von ihm tragen. Statt eigenständig zu agieren, macht er sich zum verlängerten Arm von »berechtigten Interessen«, »Freunden«, »Partnern«, reagiert auf Erwartungen, die selbst schon ein Kunstprodukt sind: Wir leben in einer zum Gebrauch verformten Wirklichkeit, in der selbst die »Idee« zum »Einfall«, zur Ware verkommen ist. Die durch Film und Werbung hypnotisierte Alltagswelt ist ein Vakuum, das hohe Ansprüche weckt, aber nicht befriedigt, sondern der Fixierung auf Idole Vorschub leistet. Daß Schein und

Wirklichkeit auseinanderklaffen, ist bereits akzeptiert. Schröder zieht nur nach.

Die über Jahre hohen Werte bei Meinungsumfragen für den Inszenator legen Zeugnis ab von der seit 1989 gewachsenen Bedürftigkeit der Menschen nach kraftvoller Orientierung, nach Identifikation mit einem, der vorgibt, die Richtung zu kennen. Der vorprescht, der was riskiert und gewinnt. Der Halt zu geben verspricht in einer komplexen und komplizierten, kaum durchschaubaren globalen Wirklichkeit, in der sich immer mehr Männer, Frauen und Jugendliche draußen vor der Tür wiederfinden. Viele suchen einen der ihren, einen, der es geschafft hat, der so ist, wie sie sich gerne sähen, um über Identifikation ein positiveres Selbstwertgefühl wenigstens auf der Gruppenebene zu erhalten. Groß ist die Sehnsucht, hoffen zu können. Der Niedersachse spielt auf der bekannten Klaviatur: Er präsentiert die Krise – tatsächlich drohenden Abbau von Arbeitsplätzen oder die Existenz von Flüchtlingen – und inszeniert sich als den, der die Menschen durch die aktuelle Krise führt.

Was macht Schröder immer wieder so anziehend und begehrenswert auch für die, die nur Bauern bei seinem Spiel um die Dame Macht sind? Die Gemeinsamkeit pragmatischer Sprache? Was macht seine Botschaften so eindeutig und eingängig, so zustimmungsfähig?

Was drängt ihn, ein politisches Ziel nach dem anderen auf dem freien Markt zu veräußern, in immer neue Schaukämpfe um beinah beliebige Inhalte zu gehen? Die großen Themen Willy Brandts oder Hermann Scheers sind ihm fremd und wohlfeil. Wozu stellt der ehemalige Porzellan- und Spielwarenverkäufer politische Grundsätze, internationale Vereinbarungen (kein Angriffskrieg ohne UN-Mandat) und Ziele (Schutz der Erdatmosphäre) als wohlfeile Tauschwaren für persönliche Macht in sein Ladenregal?

Das die einen faszinierende, von den anderen seit Jahren mit Mißtrauen beäugte Kuckucksei der SPD verkauft sich, das Produkt Schröder, als zupackenden Realisten, als Mensch, für den »Tatsachen erkennen heißt, sie anzuerkennen« (Horkheimer, Studien über Autorität und Familie). Für Schröders Politik heißt das z. B.: »Jene, die spezifisch ökologisch denken (...), werden wir den Grünen nicht mehr abnehmen können. Wir müssen statt dessen mit der CDU um Modernität konkurrieren.« (Der Spiegel, 37/1995). Die Äußerungen des Politstrategen sind geprägt von der Struktur des *»ist/sind – also«:* »Mein tägliches Brot ist es, mittelständische Unternehmen über Pleiten wegzuschleppen.« (1. September 1995) Das zugrunde liegende Muster: Tatsache *ist* Mitte der 90er, daß Automobilfirmen Probleme haben, der Ministerpräsident hat *also* die Stellenbeschreibung, die Steigerung der Verkaufszahlen mit staatlicher Hilfe zu managen. Oder, ebenfalls 1995: Daß Stoiber und Teufel genauso wie er Länder regieren, in denen die Automobilproduktion eine wichtige Rolle spielt, *ist* eine Tatsache, *also* kann er sich die Bündnispartner nicht aussuchen und »will es auch nicht«. Dieses immer wiederkehrende Muster, das vielen aus dem eigenen Leben vertraut ist, wirkt schlagkräftig und erscheint Krisen bezwingend. Es verschafft Schröder breite Zustimmung. Obwohl der Umstand, daß die Freiheit nur darin besteht, den Zwang zu bejahen, irritieren sollte.

Schröders Äußerungen nach dem Muster des *»ist/sind – also«* offenbaren in extremer Ausprägung eine Art der Wahrnehmung und Reaktion, wie sie oft in chancenloser Armut aufwachsenden Kindern antrainiert wird. Armut hat zwar ihre eigenen Gesetze und befördert eindimensionales Denken, aber sie wirkt nicht auf jeden gleich. Im negativen Fall jedoch kann sie sich, quasi erpresserisch, ihre eigenen Charaktere schaffen: Duckmäuser, servile Liebesdiener, Boxer. Weshalb Gerhard Schröder sich mehr als andere dem Wind, dem er ausgesetzt war, gebeugt und sich, trotz scheinbarer Härte und Kompromißlosigkeit, auch selbst windschief gemacht hat, um »in die Höhe wachsen zu können«, wäre eine interessante Frage – daß es so ist, belegen seine Sprache und sein Handeln.

Unreflektiert und ohne Gegenpart ist kleinbürgerliche Erziehung hochgradig korrumpierbar. Sie war das Zahnrädchen im nationalsozialistischen System. Ein *gutes* Kind stellt der überlasteten Mutter keine dummen Fragen, es hat keine verrückten Wünsche. Ein *vernünftiges* Kind bekommt auch einen Gutenachtkuß. Es lernt, was und wer weiterbringt und *also* gut ist; es begreift rasch, wo man wegschauen muß, um wen und was man sich *also* nicht zu kümmern braucht. – Eigene Vorstellungen, Ziele und Urteile, Vorrangigkeit von Verantwortungsbewußtsein auch für Unbekannte – lauter Fremdworte einseitiger kleinbürgerlicher Erziehung. Was nicht nutzt, *ist* un»*vernünftig«, also* wird es ausgemerzt.

Kleinbürgerliche Erziehung zerstört leicht, um ein Durchkommen trotz erdrückender Abhängigkeit zu ermöglichen, individuelle Identität und formt stattdessen ein Produkt, das sich selbst instrumentalisiert und inszeniert, um den Aufstieg zu schaffen. Für das *vernünftige*, das gute Kind zählt nicht, was es tut, sondern allein das Lob. An die Stelle originärer Selbstbewußtheit treten Ehrgeiz und Geltungsbedürfnis, unablässiges Buhlen um Anerkennung durch wahllose Mächtige. Wer sich nicht selbst für gut befinden darf, braucht dafür Dritte. Braucht ständig neue Herausforderungen, die »Aufgaben« genannt werden.

Und Gerhard Schröder? Sein Vater arbeitete als Hilfsarbeiter, er fiel im Zweiten Weltkrieg, noch vor der Geburt des Sohnes. Früh mußte der Junge sich darein schicken, daß Tatsachen erkennen heiße, sie anzuerkennen. Brutalität der Armut: Die Familie, Mutter und sechs Kinder, lebte in einer hölzernen Wohnbaracke nahezu auf dem Fußballfeld des Dorfs. Wenn sonntags die Mannschaften anrückten, Bälle gegen die Wände der Baracke donnerten, war das eine Tatsache. Nicht zu ändern. Mußt du akzeptieren. – Heute ist er selbst derjenige, der drauflosbolzt, 1995 dröhnten Scharping die Ohren, im Winter 1998/99 Lafontaine und den Gewerkschaften, im Frühjahr 1999 Trittin.

Eine andere typische Folge unreflektierter kleinbürgerlicher Erziehungsmuster: Schröder läßt sich – Mitte der 90er als niedersächsischer Ministerpräsident ebenso wie als kriegsführender Kanzler – von der Maxime leiten, daß man sich nach der Drecke strecken müsse, daß einem das Hemd näher sei als der Rock: »Es ist ja in der Tat so, daß wir dieses Deutschland in eine ziemlich schwierige Lage gebracht hätten, wenn wir auf einem deutschen Sonderweg bestanden hätten.« (Der Spiegel, 15/1999)

Rückblende: Volksschule, danach kaufmännische Lehre in einem Gemischtwarenladen. Den Lehrling, den Letzten in der Reihe, beißen immer die Hunde, da mag er noch so pfiffig sein. Dann: Hilfsarbeiterjobs auf dem Bau, der Versuch, durch Bildung aufzusteigen: Abendschule, Mittlere Reife und Abitur, Jurastudium, politische Karriere. Er wollte nach oben, und er kam nach oben.

Bis heute treten kleinbürgerliche Überlebensstrategien kantig als Skelett unter sonnengebräunter Haut hervor, kein Parfüm hat den antrainierten Geruchssinn irritiert: Fakten haben alles präjudizierende Wirkung, nur eine einzige Reaktion ist *»vernünftig«*, das heißt opportun und daher »möglich«. Schröders politisches Weltbild ist funktional und eindimensional. Er ist einer der reinsten Vertreter des westlichen Fundamentalismus, es gebe keine andere Wirtschafts- und Gesellschaftsform als die jetzige. Unverändert blendet er Irritationen aus und weist Fragen zurück, reduziert Wirklichkeit auf einen Teilausschnitt, de-realisiert, weil nur diese Art wahrzunehmen opportunes Handeln als vernünftig erscheinen läßt. Weil nur die Simplifizierung eingängig ist, populär, gut zu vermarkten. Ökologie zu vertagen, vom Ökokapitalstock zu leben hat nur durch die skizzierte kleinbürgerliche Brille den Anschein des ökologisch *»Vernünftigen«*. Realistisch betrachtet ist es ein Wahnsinn, wenn ein führender Politiker explizit erklärt, Politik nur mit Blick auf die Zeit bis zu den nächsten Wahlen zu gestalten (Die Zeit, 1.9. 1995). Aber es geht d'accord mit den Egoismen der Wähler. Recht ist dem gelernten Juristen, was »sich rechnet«: Schröders Rechtsverständnis würde ihn nicht dazu führen, sorglose Umweltkriminalität der Produzenten und Konsumenten von Benzinschluckern als das wahrzunehmen, was es ist: ein Verbrechen an der Zukunft, ein Kapitalverbrechen aus der Sicht der Menschen in Bangladesch, denen das Meer (oder wir?) ihr Land raubt.

Statt einseitige kleinbürgerliche Erziehungsmuster zu reflektieren, kultiviert Schröder sie, erhebt sie zum Maßstab politischer Vernunft: Das *vernünftige* Kind »macht sich nützlich«, guckt selbst, wo ein Handlanger gebraucht wird, ein Lob, vielleicht auch mal ein Groschen winkt. Für den armen kaufmännischen Angestellten von einst sind Konzernchefs und Staatslenker die Autorität geblieben, um deren Anerkennung er ringt. Seine Persönlichkeit erhält in der Tat ihr »tägliches Brot« in der Anerkennung durch Unternehmer.

Wie Don Juan, diese kleinbürgerliche Gestalt, scharwenzelt Schröder um jede tänzelnde Konzernspitze, offen zutage liegen seine Geilheit, in die Medien zu kommen, und die Wahllosigkeit seiner Partnersuche (Indonesien, Taiwan, VW, Veba, NATO). Ein Don Juan, der keine politische Idee zeugen, der nicht gestalten will. Ein Don Juan, der nur seine Sucht nach Anerkennung und Erfolg, seinen Geltungstrieb befriedigen muß, der folglich jeden bedient. Auch das Kanzleramt war nichts als eine besonders ferne, widerspenstige Braut, die es zu erobern galt. Davon hätte ihn höchstens der Chefsessel eines großen Konzerns abbringen können.

Schröder sucht sich dort Verbündete und Argumente, wo schon die stärksten Bataillone stehen – bei der NATO, der Wirtschaft, der vermuteten Mehrheitsmeinung, dem, was als »modern« gilt. »Modern«, dieses Zauberwort der Reaktion, ist neben *»vernünftig«* und der Konsequenzen ziehenden Kombination *»ist/sind-also«* das Kernelement Schröderscher Sprache. Der Politiker hat, nicht nur bei seinem Fahnenwechsel beim Euro, einen sicheren Instinkt dafür, wie lange es für ihn opportun ist, den Widersacher zu geben, und wann er die Front wechseln muß. Selbstgefällig sonnt er sich im

Bewußtsein, auf der stärkeren Seite zu stehen – »Ich halte es da mit dem Bundespräsidenten, der einer der wichtigsten Grundgesetzkommentatoren war (...) Aber ich weiß: Man kann das auch anders sehen.« (Der Spiegel, 15/1999) Sind Andersdenkende offensichtlich schwächer, duldet und demütigt er sie zugleich, wie etwa während des Krieges den pazifistischen Flügel der SPD, der ihm »bekannt und willkommen« war (Der Spiegel, 15/1999). Achtung vor Anders- und damit in Schröders Augen Nicht-*Vernünftig*denkenden scheint ihm nur sehr bedingt notwendig: »Das ist das Konzept der Macher, wer daran mäkelt, ist ein Miesmacher«, erklärte er im Sommer 1999 zum Sparpaket Eichels. Gerhard Schröder hat die Axiome der Demokratie nicht verinnerlicht. Opposition sei illegitim, ist die Essenz dieses Kanzlerwortes, das arrogant und egoman alle potentiellen Kritiker von vornherein in die Ecke der Schmuddelkinder stellte. Wer von der demokratischen Meinungsbildung ausschließt, drängt Kritiker in Resignation oder Gewalt. Die einzigen verbleibenden Reaktionsmöglichkeiten.

Schröders politisch-inhaltliche Bindungslosigkeit bedingt sogar seinen Erfolg: Immer wieder gelingt es ihm, der so ziel- und orientierungslos ist wie die, die sich von ihm führen lassen wollen, sich selbst zur Projektionsfläche für vielerlei Erwartungen zu machen. Er wirkt tatkräftig, denn zur Unverbindlichkeit in der Sache gesellt sich bei Schröder die Verbindlichkeit im Ton: »Wir kümmern uns drum.« Oder: »Wir haben eine Entscheidung getroffen, die nach unserer Auffassung ohne Alternative ist. Zu dieser Entscheidung stehen wir ohne Wenn und Aber.« (Der Spiegel, 15/1999)

Schröder pflegt eine präsidiale Art, seine stets an Worthülsen und Allgemeinplätzen reichen Reden abzulesen, er zelebriert jedes einzelne Wort mit Betonung, als könnte er ihnen damit magischen Sinn einhauchen. Es wirkt wie der Versuch, sich der Menge zu entrücken, so daß seine Suche nach »*vernünftigen* Lösungen« mittels »Begegnungen« scheinbar in einen anderen nicht zugänglichen Raum verlegt wird. Statt reale Politik gegen Atomkraftwerke oder für Arbeitsplätze auf den Weg zu bringen, weiht Schröder die bloße Begegnung (Bündnis für Arbeit, Atomkonsensgespräche). Es ist ein der Virtualität des Fernsehens folgendes Spiel mit symbolischer, uneigentlicher Politik. Letztlich treibt Schröder seinen Spott mit dem Souverän, instrumentalisiert Themen, Wähler und Erwählte in einer Show. Er ist eine der Hauptfiguren im dritten Akt des Dramas *Die Dialektik der Demokratie*.

Das politische Chamäleon: Joseph Fischer ist der personifizierte Gnadenakt für alle, die des Widerstands müde geworden sind

Kein grüner Politiker ging so oft auf unbekanntes Terrain wie Joseph Fischer. Das erzwingt von jedem zu Beginn ein gewisses Maß an Hochstapelei und fordert die Kunst, sich selbst auch inszenieren zu können – bis zur partiellen Selbstaufgabe im Dienste neuer Rollen. Im Lauf der Zeit begegnet man denn auch verschiedenen Fischers. Rasch wechselnde neue Herausforderungen bedeuten einen enormen Druck auf die Persönlichkeit – und Verschleiß. Fischer wollte unbedingt ins Außenamt, da das Kanzleramt dem kleineren Koalitionspartner versperrt ist. Er ist in seinem Ministeramt angekommen so wie Christa Wolfs Achill einst in Troia ankam. Der neue Ort veränderte beide erneut.

Politisiert sei er durch die Frage an die Elterngeneration »Warum habt ihr das zugelassen?« Die Häufigkeit, mit der er dies während des Krieges einflocht, ließ stutzen, denn Wiederholungen sind bei Joseph Fischer nicht Folge von Einfallsarmut, sondern stark strapaziertes rhetorisches Mittel. Interessanter als die Frage nach der Wahrheit dieser Aussage ist daher die nach dem Wozu dieser Selbstinterpretation.

Wer für sich Verbundenheit mit antifaschistischer Tradition beansprucht, wird in Deutschland inzwischen als auf der ehrbaren Seite stehend geortet und dankbar begrüßt. Außerdem gibt man sich selbst so historisches Gewicht: Man ist nicht mehr bloßes Individuum, sondern zugleich aktiver Teil eines kollektiven historischen Prozesses. Konsequenter und gekonnter als Helmut Kohl modellierte sich Fischer zum lebenden deutschen Denkmal.

Fischer betreibt die Historisierung der eigenen Person verstärkt, seit er Außenminister ist – und zeitgleich mit dem Kosovokonflikt, den er mit dem Nationalsozialismus gleichsam galvanisierte. 1995 war Bosnien für Fischer »das Spanien unserer Generation«, im Kosovokrieg sagte er dasselbe über den Kosovo – was übrigens seine Behauptung vom 15. 4. 99 in seltsames Licht taucht: »Das Kosovo ist und bleibt ein Ausnahmefall. Niemand sollte denken, das sei die neue Regel der NATO.« Der Mann, der für seine politische Identität die Frage, weshalb die Elterngeneration »das« zugelassen habe, für fundamental hält, faßte dieses »das« während des Krieges erstaunlich unklar: Mal war es »Faschismus«, dann »Auschwitz«, dann »Vertreibung« – Begriffe, die er manchmal sinnwidrig synonym verwandte, obwohl rechtsgerichtete, nationalistische und autoritäre Bewegungen und Herrschaftssysteme einerseits und ein bürokratisch und strategisch geplanter und durchgeführter Genozid sowohl voneinander als auch von Vertreibung unterscheidbar sind. Aber solche Differenzierung wollte er gerade nicht: »die serbische Sonderpolizei, gewissermaßen die SS von Herrn Milošević«, oder: »die Leute stehen unter Schock, weil sie denken, sie sind plötzlich im Film *›Schindlers Liste‹* aufgewacht«. Fischer warnte davor, »diese barbarische Form des Faschismus wieder zuzulassen« (Zitate aus dem ZDF-Interview vom 8. 4. 1999). Das Wort »wieder« setzt explizit gleich.[10] Kommunikationsbeziehungen seien auch Machtbeziehungen, sagt Pierre Bourdieu (»Die verborgenen Mechanismen der Macht«), und »ein Wort an die Stelle eines anderen setzen heißt, die Sicht der sozialen Welt zu verändern und dadurch zu deren Veränderung beizutragen«. Bezogen auf den Kosovo erleichterte dieses Deutungsmonopol es Fischer, Zustimmung für den Krieg zu sammeln. Bezogen auf seine eigene Person war diese Sprache der gefälschte Paß, um sich auf den Sockel zu wirklichen Antifaschisten zu schmuggeln. Das suggerierte Image wirkte außerdem beim Sonderparteitag in Bielefeld wie ein Sicherheitsnetz für den in der Luft hängenden Außenminister, der sich mit der Rechten an der NATO festkrallte, mit der Linken die Grünen nicht losließ.

Einmal im Auswärtigen Amt, gab es für Fischer keine Notwendigkeit mehr, die NATO grundsätzlich in Frage zu stellen, er hätte sich selbst einer seiner international herausgehobensten Bühnen beraubt – und das ist nicht seine Art. Im Herbst 1998 irritierte er zwar die NATO mit der Forderung, sie solle auf die Option des Ersteinsatzes von Atomwaffen verzichten, sah dann aber rasch, daß ihn diese Position beispielsweise den Platz an Madeleine Albrights Seite kosten würde. Erfolgversprechender war es, mit dem Schlagwort »Menschenrechte« einen »militärischen Pazifismus« (Ulrich Beck) zu inszenieren, der ihn ins Scheinwerferlicht stellte. Dafür nahm er in Kauf, daß sich imperiale Machtlogik über die Hintertür humanitärer Selbstlosigkeit wieder neu etablierte. Ulrich Beck kommentierte das Geschehen mit den Worten: »Die grenzenlose Selbstermächtigung eines militärischen Humanismus der Menschenrechte ist äußerst gefährlich. Die Befugnis, mit moralischem Anspruch in anderen Staaten einzufallen, kann zur Quelle eines neuen Kreuzrittertums der Menschenrechte werden. Er ist in einer Welt voller Diktatoren die Einladung zum unendlichen Krieg, ein Freibrief zum Machtmißbrauch. Und dies im Zeitalter einer technizistischen Militär-Chirurgie, welche die operative Kontrollierbarkeit des Krieges in der Weltrisikogesellschaft vorgaukelt.«

Fischer legt Wert auf die Pose der Wahrhaftigkeit, aber welche seiner lustvoll geführten Argumentationen wahrhaftig ist, läßt sich schwer feststellen, weil er oft Haken schlägt. Heiner Geißlers Diktum, der Pazifismus der 30er Jahre habe Auschwitz erst möglich gemacht, veranlaßte den grünen Abgeordneten am 23. Juni 1983 noch, seinen CDU-Kollegen zu belehren, es sei »eine unglaubliche Infamie, die Opfer des Nationalsozialismus für die an ihnen begangenen Verbrechen auch noch verantwortlich zu machen«. Namentlich erwähnte er Carl von Ossietzky und Erich Mühsam. Am 30. Juli 1995 sprach Fischer selbst davon, daß, wer Milošević nicht mit allen denkbaren, also auch militärischen Mitteln entgegentrete, »weitere Katastrophen und zahllose unschuldige Opfer mitverantworten« müsse. Am 21. April 1999 beichtete der Sohn einer gläubigen Katholikin sogar öffentlich, es sei »rückblickend keine unschuldige Position« gewesen, daß er erst nach Srebrenica »intervenieren« wollte. Der Fischer des 23. Juni 1983 hätte ob Fischers mea culpa vom 21. April 1999 geschäumt: Es sei eine Infamie zu behaupten, wer damals engagiert nichtmilitärische Konfliktlösungen gesucht habe, sei mitschuldig am Massaker von Srebrenica.

Vielleicht wäre der Fischer von 1991 ein zukunftsfähigerer Außenminister gewesen als der von 1999, denn 1991 wog er noch Schaden und Nutzen ab, dachte in Alternativen. Am 9. Januar 1991, während des Golfkrieges, erklärte er: »Es ist doch irre, da sehenden Auges reinzulaufen, nur weil man das Gefühl hat, der (Saddam – S. C.) darf so einfach nicht davonkommen.« Vier Jahre später, nach Srebrenica, denkt er bereits eindimensional: *Etwas tun* ist ihm Synonym für *Beteiligung an militärischen Aktionen* geworden – und ein Wert an sich, denn ansonsten mache man sich mitschuldig.

Notwendigkeit zur Konfliktbereitschaft sieht der einstige Rebell gegen die bürgerliche Gesellschaft der 60er Jahre heute kaum noch im Kabinett und auf internationalem Parkett, sondern bei den Grünen. Der 91er Fischer hätte aus der Tatsache, daß Deutschland an Bevölkerung und Wirtschaftskraft das stärkste Land in Europa ist, noch gefolgert, daß es mit diesem Gewicht Gestaltungsalternativen forcieren solle. Der 99er Fischer dagegen ist aus der konstruktiven Umtriebigkeit in die Administration gefallen und sieht aufgrund des deutschen Schwergewichts nur noch »ein Vielfaches an Verantwortung auf uns zukommen« (8. April 1999). – Sich anzupassen, ein- und unterzuordnen – davor war er als Jugendlicher aus Schule, Elternhaus und Lehrstelle geflohen. Nun, 35 Jahre später, quetschte er sich ins System, um sich die Anerkennung zu holen, die er als 18jähriger nicht bekam – weil er sie damals gar nicht anstrebte. Nachgeholte Adoleszenz einer Person, die inzwischen erhebliche öffentliche Bedeutung erlangt hat und diesen Prozeß nicht mit Eltern oder Therapeuten, sondern in der Politik austrägt. Das von ihm so oft erwähnte *»Erwachsenwerden«* der Grünen heißt, weil es schließlich um den Lebensabschnitt des 16- bis 18jährigen geht, realiter: unmündig werden, in die Noch-Kind-Rolle schlüpfen. Sich der Initiation Abitur zu unterwerfen: die USA und die EU als Eltern und Lehrer zu akzeptieren, gegen die man nicht aufbegehren, vor denen man nicht ausreißen darf. Fischer redet nur vom Erwachsenwerden der Grünen, aber auch die Bonner Republik soll die Reifeprüfung mit ihm nachholen. Fischers Bild vom erwachsenen Staat ist ganz von der Perspektive des Jungen bestimmt, der genauso wie die Bonner Republik vieles nicht durfte, was die Großen durften. Individuelles wird nicht nur auf der kollektiven Ebene der Partei, sondern auch auf der nationalen nachgeholt. Die um den Preis von Rechtsbrüchen und militärischer Gewalt betriebene Aufnahme in den Kreis der »ältesten Demokratien«, der »normalen Nationen« ist Deutschlands Initiation für die Erwachsenenwelt. Diese Nation dürfe nie wieder einen Sonderweg gehen, so plappert Fischer nach. Der Satz ist ihm Mitte der 90er Jahre zum Dogma geworden, wobei er darunter nicht nur militärische Alleingänge faßt.

Der Ausreißer ist zum Bobtail geworden, der die Schafherde treibt und zusammenhält, nun will er, »daß die Regeln akzeptiert werden«, nun straft er selbst Ausreißer ab. Fischer war zwar Teil der APO, agiert aber – damals wie heute – selbst mit Vorliebe autoritär. Er genießt es, vor Publikum Mitarbeiter niederzumachen und: grüne Minister vor versammelter Journalistenschar von zu Hause herbeizuzitieren: »In zehn Minuten bist du hier!« (Der schaffte es in acht.)

Ähnlich autoritär und wenig an der objektiven Realität orientiert, agiert er als Außenminister. Sein Ziel sei es, daß Kosovaren und Serben im Kosovo »wieder friedlich leben« könnten, das sei möglich, schließlich gebe es im Nachkriegsdeutschland auch wieder »blühende jüdische Gemeinden«. Polizeischutz, Sicherheitsanlagen und verwüstete jüdische Friedhöfe verschweigt er, verdrängt, daß im Kosovo der Haß auf beiden Seiten geschürt und Milošević überdauern wird.

Fischers Eltern wurden nach dem Zweiten Weltkrieg aus Ungarn ausgewiesen, mit wenigen Habseligkeiten fuhr die Familie im Viehwaggon nach Deutschland, wo Fischer 1948 geboren wurde. Das Kind dieser »Vertriebenen« hat im Kosovo-Konflikt seine Rolle gefunden: Vertriebenen die Rückkehr in die Heimat zu ermöglichen. Auch wenn da nur noch Trümmer sein sollten. Fischer, der 1995 Parallelen zum Faschismus aus strategischen Gründen suggerierte, ist im Kosovokrieg der Magie seiner eigenen Worte erlegen: Inzwischen will er seiner Vätergeneration beweisen, daß er besser, moralischer sei. Dieser individuelle Wunsch liegt einer Lunte gleich in der nationalen Politik. Die Menschen in Belgrad und die aus dem Kosovo flüchtenden Familien waren dem Realo Stichwortgeber jenseits der Bühne. Der den Angriffskrieg befürwortende grüne Hauptdarsteller folgte seinen eigenen Antriebskräften – nicht Botenberichten und nicht internationalen Rechtsvereinbarungen.

Der nun brave, vorbildliche Sohn erhob sich daran, daß »deutsche Soldaten im Bündnis mit den ältesten Demokratien heute nicht mehr Angst und Schrecken bringen, sondern Hoffnung für Menschen, die verfolgt werden« (8. April 1999). Der Satz könnte von Rühe stammen. Fischer übernahm mehr Vokabular vom früheren Verteidigungsminister als von seinem Amtsvorgänger, insbesondere die Formulierung »Entschlossenheit im Durch- und Umsetzen und auch die nötige Härte«. Wie einst Rühe sah er darüber hinweg, daß eine dieser »ältesten Demokratien«, Frankreich, im Südsudan ethnische »Säuberungen« aktiv unterstützt, die ein weitaus größeres Ausmaß haben als die Verbrechen im Kosovo. Wie Rühe stilisierte er den Konflikt auf dem Balkan zur Schicksalsfrage Europas – und übersah geflissentlich die Kurden der Türkei.

Partei und Person bindet Haßliebe aneinander. Selbst zum Teil des politischen Establishments geworden, bohrt Fischer seine Sporen nun fast ausschließlich in die Grünen. Trotzdem schafft er es immer wieder, selbst mit schwachen Reden (Parteitag in Kassel) und trotz Statutenbruch (Quote beim 1998er Parteitag in Bonn) innerparteiliche Gegner, die ihn zehn Minuten zuvor noch heftigst angegriffen hatten, zum Applaudieren zu bringen. Die irrationale Begeisterung für Fischer hat mehrere Gründe: Manche sind der Suche nach Alternativen und des Schwimmens gegen den Strom müde geworden. Manche junge Berufspolitiker, wie Matthias Berninger, waren nie von Grund auf politisiert. Für sie, die keine Lust (mehr) auf Renitenz haben oder die Reste bereitwillig herunterwürgen, ist Fischer der personifizierte Gnadenakt, das Billet für ein bequemeres politisches Leben. Außerdem bietet der erfolgreiche, aber sich auf Parteitagen respektlos gerierende Fischer Fläche für gewünschte Identifikation und vor allem: Er befriedigt, katholischem Erbe treu, archaische kultische Bedürfnisse des Menschen: sich selbst gemeinschaftlich zu feiern. »Die Macht der Worte«, sagt Bourdieu, »wirkt nur auf diejenigen, die disponiert sind, sie zu verstehen und auf sie zu hören, kurz ihnen Glauben zu schenken. Auf béarnisch sagt man für gehorchen crede, was auch glauben heißt.« Nicht nur die individuelle Persönlichkeit eines Akteurs bildet sich am Generationen überdauernden Über-Ich, sondern auch die bedürftige Masse.

Wenn Rechtsradikale in Landesparlamente einziehen, heißt es oft, wenn es in Deutschland einen Volkstribun vom Schlage Haiders gebe – jung, dynamisch, modern, demagogisch –, dann sähe es noch schlimmer aus. Einen Politiker mit diesen Fähigkeiten und Eigenschaften gibt es bereits. Fischer, von linksaußen kommend, jetzt in der rechten Mitte, agiert nur in einem anderen Spektrum. Derzeit. Aber man kann sich nicht wirklich sicher fühlen. Mit Mitteln der Gewalt »für Ordnung zu sorgen« war für Fischer keine neue Rolle. In den 70er Jahren verprügelte er als Kopf der Putzgruppe Polizisten, verletzte das staatliche Gewaltmonopol – vorgeblich für die Arbeiterklasse, Hausbesetzer, Ulrike Meinhof und Kämpfer der ETA. Im Krieg gegen Jugoslawien veranlaßte er als Außenminister Luftbombardements, brach nun das Völkerrecht – vorgeblich um der Menschenrechte willen. Django trägt nun edles Tuch. Erfüllt für Fischer der Weg in die Politik die gleiche – legalisierende – Funktion wie der Berufseintritt bei der Polizei oder beim Militär für viele gewaltbereite junge Männer? Fischers Verhalten vor und im Kosovokrieg läßt kaum einen anderen Schluß zu, als daß er zu seinen Wurzeln zurückgekehrt ist – oder sich von ihnen nie ernsthaft entfernt hat. Denn nichts deutet darauf hin, daß Fischer heute mehr Respekt vor Menschenrechten und Rechtsvereinbarungen hätte als früher. Sein Motto heute ist »right or wrong my Bündnis«. Oskar Lafontaine warnt zu Recht vor Konvertiten: »Aus dem Slogan ›Frieden schaffen ohne Waffen‹ wird ›Frieden schaffen mit aller Gewalt‹.«[11] Unübersehbar sind Fischers Machtanspruch und sein demagogisches Talent, Zustimmung und sogar Begeisterung damit zu entfachen, daß er Feindbilder schafft, andere lächerlich macht, Tabus bricht und falsche Realitäten vorgaukelt.

Nachdenklich macht dabei auch der Umstand, daß Fischers Argumentation, man müsse einen Krieg führen, um die Menschenrechte durchzusetzen, in der Konstruktion der allen Katholiken bekannten Ideologie gleicht, das Opfer, der Kreuzigungstod sei die Voraussetzung für die Erlösung, das Einverständnis mit dem Tod die Pforte zum Leben. Diese Ideologie, die in Kirchen und Schulen von einer Generation zur nächsten weitergereicht wird, wurde in der deutschen Geschichte gründlich mißbraucht, beispielsweise bei der Frage »Wollt ihr den totalen Krieg?« Übrigens aktualisiert auch die Rose und Rosenschere verwendende Imagewerbung der Bundesregierung dieses Muster: Wenn ihr Opfer bringt, könnt ihr Wachstum erreichen. Gerade weil die Ideologie des angeblich notwendigen sadomasochistischen Konformismus in (West-) Deutschland so internalisiert ist, hätte ein Demagoge wie Fischer leichtes Spiel, sie auszunutzen.

Politik der »großen Männer«: eine Gesellschaft »starker Männer« und »schwacher Frauen«

Schon im Bosnienkonflikt wurde mit Geschichten über Vergewaltigungen Politik gemacht. Von 50–60 000 Opfern war die Rede. Die damals als Journalistin tätige Alexandra Stiglmayer schrieb am 5. November 1992 in der »Weltwoche« von systematischen Massenvergewaltigungen an Bosnierinnen, von Vergewaltigungslagern. Stiglmayers »Enthüllungen« erschienen auch als Titelgeschichte des »Stern« und wurden u. a. von der »ZEIT«, der »Süddeutschen Zeitung«, der »taz« immer wieder zitiert. Als jedoch Martin Lettmayer, 1992/93 für die Osteuropa-Agentur ZOLCER in Jugoslawien, den Schilderungen nachging und die genannten Orte aufsuchen wollte, stellte sich heraus, daß Stiglmayers Berichte absurd übertrieben und teilweise sogar gegenstandslos waren. Lettmayer: »Aber keiner traute sich damals, gegen den Wind der öffentlichen Meinung zu blasen. Wer die Vergewaltigungslager anzweifelte, lief Gefahr, als Vergewaltigungsverharmloser und Serbenfreund verschrien zu werden. Eine Medienkarriere ist schnell beendet ...«[12] Die Nachfrage nach Berichten über Vergewaltigungen schuf sich ihre Artikel. Texte über die sexualisierten Verbrechen an Serbinnen waren dagegen nicht gefragt.

Wie sehr Frauen im gesamten Jugoslawienkonflikt als Vergewaltigungsopfer instrumentalisiert wurden, um Feindbilder zu schaffen, offenbart die Tatsache, daß die Internationale Frauensolidaritätskonferenz 1993 in Zagreb nur unter der Bedingung stattfinden durfte, daß Vergewaltigungen durch kroatische Truppen nicht thematisiert würden. Daß UÇK-Kämpfer Serbinnen vergewaltigten, muß als wahrscheinlich gelten, auch wenn die westlichen Medien darüber nicht berichteten. Soldaten sind potentielle Vergewaltiger. Auch Männer, die als sogenannten Beschützer kamen. Daß UN-General MacKenzie sich wegen wegen der Vergewaltigung von vier muslimischen Mädchen verantworten mußte, wurde ebenso unter den Tisch gekehrt wie die Tatsache, daß niederländische Militärs Srebrenica verlassen mußten, nachdem es durch sie zu Vergewaltigungen gekommen war. Der UNHCR berichtete, daß Kosovarinnen, die bis nach Albanien geflüchtet waren, dort von der albanischen Mafia verschleppt und zur Prostitution gezwungen wurden. Vom Erlös des Frauenhandels wurden Waffen für die UÇK gekauft.

Der Schutz der Kosovarinnen vor Vergewaltigung war ein vorgeschobener Kriegsgrund. Wie unwichtig ihre Menschenrechte auch der deutschen Politik tatsächlich waren, beweist vielleicht am besten die Tatsache, daß für gynäkologische und therapeutische Betreuung vergewaltigter Frauen wieder Frauenorganisationen zuständig und auf Spenden angewiesen waren. Die Politik war geizig, nachdem sie die Opfer sexualisierter Gewalt für ihre demagogischen Zwecke zum zweiten Mal mißbraucht hatte.

Ob Frauen vergewaltigt werden, interessiert Politiker de facto kaum. In Deutschland wird alle fünf bis zehn Minuten eine Frau vergewaltigt, aber ein Politikum ist das nicht. Art. 19 Ausländerrecht (eigenständiges Aufenthaltsrecht für ausländische Ehefrauen) schützte jahrelang Vergewaltiger in Deutschland; er wurde erst im Frühjahr 2000 im Sinne der Opfer geändert.

Vergewaltigungen sind eine Folge hierarchisierter Geschlechterverhältnisse und somit leider Teil des Alltags – und noch mehr Teil jedes Krieges. Je mehr Krieg eskaliert, desto mehr nehmen auch Vergewaltigungen zu. Die NATO-Angriffe auf Serbien steigerten 1999 zwangsläufig Verrohungsprozesse unter serbischen Milizen. Nach der ersten

Woche der NATO-Bombardements sei die Zahl der Vergewaltigungen »sprunghaft« gestiegen, schreibt Dominique Serrano-Fitamant, Koordinatorin des UNFPA-Programms für Opfer sexueller Gewalt in Albanien und Mazedonien (EMMA, 5/1999). Hinzu kam die kriegsbedingte Verarmung und Entwurzelung der Frauen: Wer sich aufgrund von Hunger prostituieren muß, ist Opfer struktureller Gewalt. Dies endet nicht mit dem Ende des Krieges. »Heute mißbrauchen die Helfer die Opfer von gestern«, urteilt Madeleine Rees vom UNO-Hochkommissariat für Menschenrechte über die Lage in Bosnien. Erzwungene Prostitution und Frauenhandel hätten sich in dort nie gekannten Ausmaßen etabliert – und zwar dort, wo internationale Einheiten stationiert sind (EMMA, 5/1999).

Die Bomben der NATO bewahrten Frauen nicht vor Vergewaltigung, sondern sie machten sie erst recht hilflos, gaben sie Gewalt preis, die sich perfiderweise sexueller Praktiken bediente. Im Krieg wird die Vergewaltigung der Frau des Kriegsgegners zu einer Art von Verständigungscode von Mann zu Mann via Frau: Der Körper der Frau des Gegners wird, einer Vieh- oder Landenteignung vergleichbar, vom Sieger in Besitz genommen und erhält als Brandmal das Stigma der Vergewaltigung.

Die Medien, die in vielfacher Weise während des Krieges in den nationalen Konsens einer normalen Nation einstimmten, versagten insbesondere in diesem Punkt: Nicht nur, daß sie versäumten, die Willkürlichkeit und Vorgeblichkeit des Arguments bloßzulegen, nein: Sie etablierten wesentlich selbst das Bild der starken militärischen männlichen Beschützer und der hilflosen Frau, die mit Kopftuch, entblößter Brust und Säugling auf dem Arm flüchtete. Als »Spiegel«-Cover brannte sich dieses Klischee in die Erinnerung ein. Der Krieg und die Kriegsberichterstattung veränderten die Geschlechterbilder, re-etablierten hierarchische Ungleichheit.

Karin Gabbert resümmierte zutreffend, im Kosovo-Krieg

erscheine »›das Männliche‹ als Kontinuum und ›das Weibliche‹ fragmentiert«. Sie kritisierte auch, wie manche Journalisten und Journalistinnen, um solche Bilder weinender Frauen zu bekommen, selbst als rücksichtslose Bedränger agierten.

Waren Frauen in diesem Krieg wirklich nur passive Opfer? Es kämpften etliche US-Soldatinnen. Das Militär war nicht uniform männlich. Berichte aus anderen Bürgerkriegen legen nahe, daß die UÇK wie andere »Befreiungsarmeen« vor ihr von Zivilistinnen unterstützt worden ist, die für sie spionierten oder als Botin fungierten, Kämpfer versteckten, sie medizinisch und mit Nahrung versorgten. Lauter Funktionen, die überall Frauen wahrnehmen, weil sie – fälschlich – als weniger gefährdet gelten als Männer. An aktiven Frauen waren aber westliche Medien nicht interessiert.

Auch die Überlebensleistungen der Frauen wurden unter den Tisch gekehrt, so konnten die männlichen Soldaten um so tatkräftiger erscheinen. Deutsche Soldaten bauten Zelte auf und verteilten Lebensmittel. Das waren Fernsehbilder. Daß Frauen das Überleben von sieben, acht Kindern und alten Menschen auf der schwierigen und gefahrvollen Flucht sicherstellten, daß sie das Leben in den Flüchtlingscamps organisierten, Kindern und Alten Schutz boten, war Journalisten nicht Stoff für Portraits und Reportagen. Es paßte nicht ins Bild: Im Krieg haben Frauen schwach und passiv zu sein. Opfer der Geschichte, die Männer machen. Wurden Frauen interviewt, holte man ihre Leidensgeschichte aus ihnen heraus, nach ihrer politischen Meinung fragte man sie nicht.

Die westlichen Medien schufen, auch indem sie Frauen einseitig verzeichneten, die Kunstwirklichkeit, in der männliches militärisches Handeln plausibel erschien. 30 Jahre nach dem Beginn der Frauenbewegung war immer noch Alice Schwarzers »EMMA« das Medium, das Fernsehen und die großen und kleinen Printmedien an genderspezifisch geschärfter, aufklärerischer Berichterstattung weit übertraf.

Es war den Medien auch keine Analyse wert, weshalb unter den aktiven Kriegsgegnerinnen so überproportional viele

Frauen waren. Bei der SPD insbesondere Sigrid Skarpelis-Sperk und Andrea Nahles, bei den Grünen Annelie Buntenbach, Steffi Lemke, Marianne Hürten, Bärbel Höhn und Barbara Steffens. Zahlreiche Frauengruppen demonstrierten Woche für Woche gegen den Krieg, u. a. die friedenspolitisch engagierten *Frauen in Schwarz*. Berichtet wurde aber nur über Ilona Rothe. Die Soldatenmütter paßten nämlich ins Bild. Karin Gabbert: »Diese ›weibliche‹ Stimme kann leicht in ganz traditionelle Kriegserzählung eingeordnet werden. Deutsche Männer ziehen wieder in den Krieg, während deutsche Frauen zu Hause um sie weinen. Frauen bitten ihre Brüder, Männer und Söhne stets, nicht in den Krieg zu gehen. Aber die Männer wissen, daß es sein muß. In diesen Erzählungen bestärkt das die männliche Macht. Genau wie eine machtlose, ängstliche, verlassene Frau.«

Macht und Interesse des Trosses hinter und vor den Politikern

Die Demagogie von Politikern fußt immer öfter auf Fernsehbildern. Sie stellen Politiker gewaltsam in Kulissen, in denen sie vor Wählerpublikum reagieren sollen. Im Somaliakrieg waren die Amerikaner geradezu TV-Marionetten, wie insbesondere ihr Abzug bewies: Er war ausgelöst durch Fernsehbilder von einem amerikanischen Soldaten, den Somalis durch Mogadishu schleiften.

Wie über die Ereignisse auf dem Balkan zu denken sei, bestimmten schon früh zwei amerikanische PR-Firmen (Ruder Finn und Hill & Knowlton), die erst für die Kroaten, dann für die Bosnier arbeiteten. Im Gespräch mit Jacques Merlino erklärte ein Vertreter der PR-Firma Ruder Finn, ihren größten Erfolg hätten sie im Sommer 1993 gehabt, als sie rasch auf Berichte von Roy Gutman über Todeslager der Serben reagierten: »Wir sind sofort auf den Zug aufgesprungen und haben drei große jüdische Organisationen in unserem Sinne beeinflußt: die B'nai B'rith Anti-Defamation League, das American Jewish Committee und den American Jewish Congress. Wir haben ihnen vorgeschlagen, eine Anzeige in der ›New York Times‹ zu veröffentlichen und vor den Vereinten Nationen eine Protestkundgebung zu organisieren. Das hat hervorragend geklappt; die Parteinahme der jüdischen Organisationen für die Bosnier war ein außerordentlich gelungener Schachzug. Im Handumdrehen konnten wir die Serben in der öffentlichen Meinung den Nazis gleichsetzen. Sehen Sie, das jugoslawische Problem ist sehr vielschichtig, niemand verstand, was dort vor sich ging (...) aber auf einen Schlag hatten wir eine einfache Geschichte mit Guten und Bösen.«[13]

Anders als in anderen Ländern wurde es in Deutschland zum Steigbügel der »normalen Nation«, die »Lehre aus Auschwitz« militärisch gezogen zu haben. Dafür wurde die Singularität der Shoah geleugnet. Die fatale Etikettierung von Guten und Bösen durch Fischers Bedeutungsverkehrung von »weichen oder widerstehen« schuf zusätzliche Dynamik.

Günter Gaus schrieb am 30. April 1999 im »Freitag«, die demokratisierte, also auf mehrheitliche Stimmungen gestützte Außenpolitik tendiere ihrer Natur nach zu Irrationalität. Sie fördere Demagogen, denen sie den Vorteil biete, inhaltlich nicht konkret werden zu müssen und argumentativ nicht schlüssig.

Die Medien waren mitentscheidend für die teilweise Zustimmung der Bevölkerung zum Überfall auf Jugoslawien: Insbesondere viele Journalisten der elektronischen Medien saßen im Boot des Konsenses der Demokraten im Bundestag. Ausnahmen, kritisch-engagierte Sendungen gab es jedoch auch hier. Die meisten aber präsentierten Flüchtlingselend, führten die »humanitäre Katastrophe« im Mund, bevor die NATO-Angriffe sie ins Unerträgliche gesteigert hatten. Sie drängelten in Fernsehinterviews, »wann passiert denn nun endlich etwas?« (Lieblingswendung von Ulrich Wickert/

Tagesthemen) und erzeugten so vor dem Wahlvolk Handlungsdruck. Politiker, die den Angriff befürworteten, wurden prompt von Journalisten als starke Männer auf den Schild gehoben. Abwarten, verhandeln, Kompromisse suchen – das war nicht das Ereignis, auf das die Journalisten lauerten. In ihrer berufsbedingten Erwartung, es solle doch etwas geschehen, und zwar am besten mit deutschen Akteuren, lag ihnen der Gedanke fern, zu fordern, Deutschland möge wie früher beiseite stehen. Zum Filmen und Interviewen ist eine solche Position nicht so gut geeignet. Folglich war insbesondere das Fernsehen aus Eigeninteresse bemüht zu bebildern, daß Deutschland ein »normaler Staat« sei und einen normalen Beitrag leiste – Zufall, daß es diesmal Krieg war.

Als der Angriff begann, übernahmen Journalisten die Sprache der Politik, sprachen von »den Serben«, der jugoslawische Präsident wurde zum »Serbenführer«, die UÇK zur »Befreiungsarmee«, man sprach von »klarer Sicht« und – statt von Überfall – von Luftoperationen. Obwohl seit den angeblich chirurgischen Angriffen auf Bagdad jedem Journalisten hätte klar sein müssen, daß Luftbombardements zwangsläufig auch Zivilisten treffen und lebensnotwendige Infrastruktur zerstören. Stattdessen zeigten selbst die öffentlich-rechtlichen Fernsehsender NATO-Luftbilder angeblich erfolgreicher High-Tech-Einsätze, meist ohne diese Bilder kritisch zu kommentieren. Selbst völkerrechtswidrige Bomben auf Raffinerien wurden vom Fernsehen teilweise als Erfolg der NATO präsentiert, da damit die Treibstoffversorgung Jugoslawiens gefährdet sei und der Krieg somit seinem Ende näherrücke. Die Informationspolitik der NATO wurde zu Beginn des Krieges nicht kritisiert, sondern die NATO-Informationen wurden als Wahrheit präsentiert. Eine grobe Verletzung journalistischer Sorgfaltspflicht. Sehr spät erst, als die sogenannten Kollateralschäden nach Wochen des Krieges ein neues Thema serviert hatten, stellten Fernsehjournalisten die Frage, wozu das Ganze denn nütze, wer ein

Interesse am Wiederaufbau eines zerstörten Landes oder an einer weiteren Region mit der Landeswährung »DM« hätte.

Robert Fisk, Sonderkorrespondent des »Independant« im ehemaligen Jugoslawien, kritisierte die geringe Bereitschaft von Journalisten, bei NATO-Pressekonferenzen kritisch nachzufragen.

In Deutschland gab es täglich Sondersendungen und in den Zeitungen Sonderseiten zum Krieg, dort wurde die Öffentlichkeit mit Neuigkeiten von der Front gefüttert. Die Bezeichnung »Krieg« zu verwenden war zu jener Zeit ein gemäßigter Tabubruch, denn die Politiker sprachen von Luftoperationen. Die »ZEIT« überschrieb ihre Seiten mit »Der Krieg«, der »Freitag« titelte in seinem speziellen Logo »Krieg in Europa« – obwohl es genaugenommen, so Ernst-Otto Czempiel, ein Überfall der NATO auf ein Land war, das sich im Bürgerkrieg befand. Beide Formulierungen folgten außerdem – durch den bestimmten Artikel bzw. die regionale Zuordnung – der Prioritätensetzung der Politik, daß dieser Krieg etwas Besonderes sei – anstatt im Logo eine eigene Sichtweise zu vertreten. Auch für linke Journalisten war es schwer, sich dem Mißbrauch der Sprache so zu widersetzen, daß sie nicht selbst, unfreiwillig, zur Täuschung der Eignen beitrugen. Ein Grund für diese Kritikschwäche der Medien ist, daß Sprachkritik, wenn überhaupt, im Feuilleton stattfindet. Dabei müßte jeder politische Korrespondent dieses Handwerkszeug beherrschen und permanent in der Sachberichterstattung benutzen. Eine Demokratie bedarf ebenso dringend kontinuierlicher kritischer Pflege der politischen Sprache wie der Mensch einer täglichen Reinigung. Wer, wenn nicht die Journalisten, sollte das leisten? – Während dieses Krieges fand man in verschiedenen Zeitungen, auch in der FAZ und der »Süddeutschen«, die analytisch besten Artikel im Feuilleton. Damit stellt sich die grundsätzliche Frage, wieviel die an Tagesaktualität und Begegnungen klebende Politikberichterstattung der jeweils ersten Zeitungsseiten für ein solches Thema überhaupt taugt.

Die Ungewißheit der Quellen war ein grundsätzliches Problem. Kein Medium wies so konsequent journalistischer Sorgfaltspflicht entsprechend wie die »Frankfurter Rundschau« auf die Fragwürdigkeit ihrer abgedruckten Bilder und Berichte hin. Mehrfach wurden, in verschiedenen Medien, Versuche unternommen, Politiker des Mißbrauchs ungesicherter oder falscher Bilder und Berichte zu überführen. Ulrich Deppendorf belegte am 30. April 1999 im »Bericht aus Berlin«, daß Rudolf Scharping Bilder als Beweis für »ethnische Säuberungen« vor Rambouillet ausgab, die de facto Tote einer militärischen Auseinandersetzung zeigten. Deppendorf war aufgrund der Recherche in der Lage und grundsätzlich auch willens, Scharping der gefälschten Kriegspropaganda zu bezichtigen, blieb aber so höflich, daß Scharping, der ihm ständig ins Wort fiel, seine Version des Krieges wieder und wieder vor den Fernsehzuschauern ausbreiten konnte. Selbst nach Scharpings Satz »Ich finde, ein Fernsehsender, der im Zweifel auch serbisches Bildmaterial übernimmt, der begibt sich möglicherweise in eine kleine Schieflage.« stellte er nicht die Gegenfrage, ob der Verteidungsminister im Krieg die öffentlich-rechtlichen Medien zu Staatspropagandisten degradieren wolle. Die im Krieg hinzugewonnene Macht der »großen Männer« ließ sich gut daran ablesen, wie leicht sie Journalisten zurückdrängten.

Kritisch aufklärend beleuchtete Panorama am 15. April 1999 das Zusammenspiel von Politik und Medien, indem Zitate von Politikern (Scharping: »Es gibt ernstzunehmende Hinweise auf im Kosovo errichtete Konzentrationslager«, Schröder: »Die Deportationen der Menschen dort nehmen zu.«) mit der Aufbereitung/Nutzbarmachung durch einige Medien konfrontiert wurden. Im Nu wurden aus Vermutungen »Tatsachen«. Udo Röbel, Chefredakteur der »Bild«-Zeiung: »Ich habe keine Angst, Dinge beim Namen und auf den Punkt zu bringen, wie man das von ›Bild‹ erwartet. Wenn Sie die Seite ›Sie treiben sie ins KZ‹ (Titelseite 1. April – S. C.) sehen – dieses Bild war so eindrucksvoll, der Treck von Zehntausenden aus Priština, das sprach eigentlich für sich selbst. Und wenn dann an diesem Tag der Verteidigungsminister von KZs in Serbien oder im Kosovo spricht, dann bekommt es mit diesem Bild und dieser Zeile eine unheimliche Dramatik.«

Selbst kritische Medien boten meist nur Nachvollzug der Taten, obwohl es im Sinne von aufklärender Berichterstattung wichtig gewesen wäre, immer wieder zu fragen, ob der Krieg überhaupt zum Ziel führen könne. Fischers friedlicher multiethnischer Kosovo etwa ist eine Fata Morgana geblieben. Als Ludger Volmer Anfang April in einem größeren Grünen-Kreis berichtete, daß die NATO schon nach einer Woche händeringend nach Objekten suchte, auf die sie Bomben werfen könnte, drang dies noch am gleichen Wochenende über verschiedene undichte Stellen zu Pressevertretern, aber sie machten diese Nachricht nicht so publik, daß daraus die ultimative Forderung hätte entstehen können, die Bombardements sofort zu beenden.

Die Presse gilt als kritische Säule der Demokratie, aber de facto belohnt sie Machos und Rambos. Nicht der Konsens ist für kommerzielle Medien reizvoll, sondern der Streit. Medien suchen die Nähe der Mächtigen, sie setzen auf die Gewinner. Das Eigeninteresse von Journalisten, wichtige Informationskanäle nicht zu riskieren, hält sie an der Leine der Exekutive, domestiziert sie schleichend. Es erfordert Zivilcourage von einem Journalisten, einem Minister eine Lüge vorzuwerfen, und noch mehr Mut, seinem Sender zu sagen, es gebe diese »Fakten« nicht, über die alle anderen Berichte machten. Zivilcourage ist die elementare Ressource einer transparenten Demokratie, in besonderer Weise muß sie Politikern abgefordert werden – und Journalisten. Der Zeitraum vom Sommer 1995 bis zum Kriegsende war bei der Presse keine Hochzeit der Zivilcourage.

In welcher Verfassung die Presse ist, wird immer wichtiger. Im Zeitalter von Medien und Meinungsumfragen werden die entscheidenden politischen Weichenstellungen, also welches Thema mit welcher Stoßrichtung verfolgt werden soll, immer mehr vom Tross im »Gefolge« der Politiker mitbestimmt oder gar bestimmt. Ist dann eine gewonnene Wahl nur noch die Belohnung für die richtige Zusammenarbeit mit den »wichtigen« Medien, wie es die von der SPD als Kröte geschluckte Kanzlerkandidatur Schröders war? Wird die gewonnene Wahl zur Belohnung für richtiges Horchen auf den Bürgerwillen? Die in der Realität zu beobachtende Entwicklung ist fatal, denn der Mehrheit des Trosses ist die Vermarktbarkeit Richtschnur eigenen Handelns, nicht die Problemlösung.

Interessant wird in diesem Zusammenhang sein, wie sich das Internet, das die Vernetzungs- und Kampagnefähigkeiten der Informierten enorm steigert, auswirken wird: Ob es die Medien zu kritischerer Berichterstattung für die Nicht-Informierten zwingen wird.

1 Die »Putzgruppe« war der – nachher auch mit Molotowcocktails – bewaffnete und gewaltbereite Arm des »Revolutionären Kampfs«, einer von Fischer und Cohn-Bendit gegründeten linken Gruppierung der Frankfurter Spontiszene in den 70er Jahren. Gegründet, trainiert und angeführt wurde die »Putzgruppe« von Fischer.

2 Vgl. die nahezu gleichlautende Aussage Wörners 1993 beim Bundesverfassungsgericht; Anmerkung 37 von Kapitel 2.

3 Eine Parteinahme für die Serben habe schon als »Anzeichen von mentalem Irrsinn« gegolten (FAZ, 27. 9. 1999).

4 Zu den Prozessen selbst und zur Argumentation der Staatsanwälte vgl. Kapitel 2, S. 62f.

5 Daß die UN erst am 24. 10. 1945, also nach dem Ende des Zweiten Weltkriegs und der Shoah gegründet wurden, war dem Strategen Kleinert offenbar nicht präsent.

6 Vgl. das Verhalten Geißlers nach der Entdeckung der schwarzen Kassen und die Geschichtsdebatten (Kapitel 2).

7 Alle Prozentzahlen sind im folgenden gerundet, um ein klareres Bild zu erhalten, dadurch ergibt die Addition manchmal nur 99 %.

8 Ludger Volmer, Die Grünen und die Außenpolitik – ein schwieriges Verhältnis. Münster 1998

9 Herbert Marcuse, Das historische Schicksal der bürgerlichen Demokratie. In: Herbert Marcuse, Nachgelassene Schriften. Bd. 1, Hrsg. Peter-Erwin Jansen, Lüneburg 1999.

10 Das war common sense der rot-grünen Regierung. Verteidigungsminister Rudolf Scharping schrieb am 3.5. 1999 in der FAZ: »Vergleiche mit den Nazis mögen hier und da hinken – eines bleibt: Wer mit *derselben* (Hervorh. – S. C.) fanatischen Überzeugung Menschen systematisch mordet, vertreibt, vergewaltigt (...), dem muß mit aller Macht in den Arm gefallen werden.« – In ihrer Antwort (BT-Drs.14/1062 vom 17.5. 1999) auf die Kleine Anfrage der PDS-Abgeordneten Ulla Jelpke – »Ist die Bundesregierung der Auffassung, daß der Vorwurf der Errichtung von ›Konzentrationslagern‹ gegen die jugoslawische Regierung vor dem Hintergrund der Besetzung des Balkans durch die deutsche Wehrmacht vor ca. fünf Jahrzehnten und der damaligen Errichtung von Konzentrationslagern in Jugoslawien heute eine angemessene Wortwahl ist?« – formulierte Rot-Grün kurz und knapp: »Ja.«. Auf die Frage, ob die Bundesregierung darin nicht eine Verharmlosung der Verbrechen des deutschen Faschismus sehe, antwortete die Bundesregierung ähnlich bündig: »Im Gegenteil.«

11 Oskar Lafontaine, Das Herz schlägt links. München 1999.

12 Martin Lettmayer, Da wurde einfach geglaubt, ohne nachzufragen. In: Serbien muß sterbien. Wahrheit und Lüge im jugoslawischen Bürgerkrieg. Hrsg. Klaus Bittermann. Berlin 1994, S. 37–49.

13 Jacques Merlino, Da haben wir voll ins Schwarze getroffen. In: Serbien muß sterbien, S. 153–163.

Stefanie Christmann

Führt ein Weg von der Oligarchie zurück zur Demokratie?

Ist »Demokratie« unserer Spielart heute ein Fossil? Kern von Demokratie ist, daß alle, die in einem geographischen Raum leben, über die Bedingungen ihres Zusammenlebens entscheiden. Unserer global aktiven, wissenschaftlich und technisch Jahrtausende determinierenden Gesellschaftwelt wäre folglich nur ein *Rat aller Generationen und Kulturen* angemessen. Ein solcher Rat wäre Science fiction. Aber es gibt Strategien, die nicht-demokratischen Mächte der Gesellschaftswelt demokratisch zu zivilisieren, damit die Idee »Demokratie« Basis und Ziel von Politik bleibt und nicht den Historikern zur Archivierung übereignet werden muß.

Am Beginn des 21. Jahrhunderts ist die Demokratie strukturell und personell in äußerst schlechtem Zustand, und sie hinkt der Entwicklung in mehrfacher Hinsicht hinterher. Längst hat die »Wissenschaft ihr Monopol auf Weltdeutung und die Technik ihr Monopol auf Weltgestaltung« (Erika Feyerabend) durchgesetzt. Regierung und Parlament sind ihre halbgebildeten Notare. Die Macht nationaler und transnationaler Unternehmen wächst, die großen machen als »globalitäre Regime« (Ignacio Ramonet) rund um den Erdball Politik. Das einflußreiche Expertenkarussel wird zum großen Teil von globalitären Regimen finanziert und puscht zum Beispiel die Gentechnik, diese tragischste und groteskeste Manifestation der Dialektik der Aufklärung. Wie medioker große Teile der politischen Klasse sind, spiegelt sich nirgendwo so extrem wie in der Tatsache, daß sich für eine Enquete-Kommission zur Bioethik und Biomedizin erst nach längeren Anläufen eine Mehrheit finden ließ – während die Akteure der Gentechnik bereits menschliche Gene patentieren lassen. Damit werden Menschen erstens zum vermarktbaren Steinbruch, und zweitens hat man den Menschen der Zukunft vor Augen. Wer klont, könnte demnächst – patentgeschützt – auch das von ihm oder von Auftraggebern gewünschte »zoon politikon« in beliebiger Zahl herstellen.

Globalitäre Regime und individuelle Konsumenten schaffen global Fakten wie den Treibhauseffekt, Fakten, die in ihren Auswirkungen nicht nur auf unser Territorium und die nächsten zwei, drei Generationen begrenzt sind. Sie vergittern die Freiheit der nächsten 100 000 Generationen – so lange reicht z. B. die Halbwertzeit von Atommüll. Mindestens. Atomkraft und Gentechnik erweitern das Zeitfenster, für das ein demokratischer Staat Entscheidungen trifft, ins Unendliche. Eine kleine Clique maßt sich heute das Recht an, den Nachgeborenen ihre Souveränität zu rauben. Kinder haften für ihre Urururahnen: Denn so lange es strahlenden Atommüll und gentechnisch veränderte Lebewesen, Pflanzen und Tiere gibt, sind polizeistaatliche Mittel notwendig, die diese Gefahrenträger vor Kriminellen, aber auch, so weit dies Menschen möglich ist, vor Naturkatastrophen und Kriegen schützen. – Der frühere Innenminister Manfred Kanther spielte sich in der 13. Legislaturperiode im Parlament als Verteidiger von Demokratie und Rechtsstaat gegen Autonome bei den Gorleben-Protesten auf. Als bewegten sich Rechtsstaat und Demokratie heute noch in den drei Einheiten der attischen Tragödie! Die Einheit und damit Überschaubarkeit von Zeit, Ort und Handlung ist heute gerade nicht mehr gegeben. Ungeborene können keine rechtsstaatlichen Mittel einlegen zur Verteidigung ihrer Lebens- und Entscheidungsspielräume, ihrer Souveränität. Argumentiert man also tatsächlich mit »Rechtsstaat« und »Demokratie«, führt das zur Forderung nach einem Konsens, keine Entscheidungen mehr zu treffen, die die Gestaltungsfreiheit und das Selbstbestimmungsrecht künftiger Generationen kappen.

Sowohl innerhalb einzelner Staaten als auch international wächst der Einfluß der globalitären Regime. Der Umsatz von Toyota übersteigt das Bruttosozialprodukt von Norwegen, aber anders als Norwegen ist Toyota keine Demokratie. Ein Beispiel von vielen. General Motors schlägt Dänemark, Ford Südafrika, Shell hat die Macht in Nigeria. Nachdem Regierungen demokratisch nicht legitimierte Institutionen wie Zentralbanken und vor allem transnationale Konzerne ermächtigt haben, vollzieht vorgeblich demokratische Politik heute fast nur noch Anpassung an sogenannte Sachzwänge. Eine gewählte Regierung ist den Starken der Wirtschaft ein »Trampolin«[1] und den Schwachen der Gesellschaft (wenigstens in reichen Staaten noch) nachsorgendes Sozialamt. Das durch öffentlichen Druck abgesetzte Multilaterale Investitionsschutzabkommen (MAI) und die gescheiterte WTO-Konferenz von Seattle (November 1999) planten, die Staaten weiter zugunsten der großen Konzerne zu entmächtigen. Den nationalen Regierungen sollte die Möglichkeit genommen werden, ökologische oder soziale Standards einzuführen oder auch nur zu behalten, sie sollten auch das Recht verlieren, nationale Unternehmen vor globalitären Regimen zu begünstigen. – Es bräuchte u. a. ein international verbindliches Kartellrecht samt zupackender Kartellbehörde, um zu verhindern, daß globalitäre Regime zu alles beherrschenden Dinosauriern wachsen. Herkömmliche Demokratien, Nationen, erhielten dann wieder eine Chance, würden wieder politikfähiger.

Globalitäre Regime üben auf Regierungen massiv Druck aus, wenn es darum geht, bei internationalen Organisationen (GATT, WTO) die für sie günstigsten Rahmenbedingungen auszuhandeln. Sie senken dagegen den Daumen, wenn zivilisierende Innovationen auf der Tagesordnung stehen – Korruptionsbekämpfung, die Besteuerung von Gewinnen aus Devisenspekulationen oder die Verteuerung der Verkehrswege. Regierungen lassen sich in die Rolle des Statthalters drängen, »gezwungenermaßen« oder auch freiwillig: Schröder agierte 1999 ganz offen für Ferdinand Piëch bei der Verhinderung der EU-Richtlinie zur Altautoverordnung als dessen politischen Arm. Einerseits ist eine nationale Regierung selbst Häftling der wahrhaft Mächtigen, andererseits die phantasiebegabte Peitsche des Kommandierenden. Ein Statthalter entwickelt eigene Strategien, sich Gegner vom Hals zu halten, der Opposition die Operationsbasis zu entziehen: Tricks (Parteitagsregie, Spielregeln bei Parlamentarischen Untersuchungsausschüssen, im Falle der CDU: eine Kriegskasse), Sprachkrieg, die Losung »Es gibt keine Alternative«, massive Diffamierung Andersdenkender etc. Die Bonn/Berliner Demokratie – ist sie nur eine Farce, ein aus der Sicht von Lobbyisten gut funktionierendes Statthalter-System?

Richard von Weizsäcker traf 1992[2] den Nerv der Politiker, als er erklärte, zu viele seien »machtversessen auf den Wahlsieg und machtvergessen bei der Wahrnehmung der inhaltlichen und konzeptionellen politischen Führungsaufgabe«, zu viele »von Jugend an« bloße Parteisoldaten, die ihrer Partei alles verdanken. Politiker klebten ängstlich an der Parteilinie und seien primär Fachleute dafür, »wie man politische Gegner bekämpft«. Von den Parteien ist für die Demokratie und für die Abwendung des Ökozids, für eine Bildungsreform zugunsten realitätsnaher Widerständigkeit nichts zu erhoffen. Die Wahrscheinlichkeit, die Parteien von innen zu beleben, geht gegen Null. Der vom früheren Bundespräsidenten diagnostizierte Mißstand hat sich während der 90er Jahre noch erheblich verschlechtert. Die CDU-Spendenaffäre ist nur eine extreme Konsequenz; sich auf sie zu konzentrieren statt auf die Ursache, den Parteienstaat, wäre falsch. Daß die illegale Parteienfinanzierung – aber auch die Flugaffäre in Düsseldorf, die »Vergünstigungen« für Hombach und Glogowski – bisher nicht zu einer offenen Diskussion über Opportunismus und Zivilcourage innerhalb von Parteien und Verwaltungen geführt haben, offenbart die Geist- und Kulturlosigkeit der in diesem Bereich Tätigen. Parteien sind inzwischen auf breiter Fläche und insbesondere für die jüngeren Mitglieder weniger Mittel zur kollektiven als vielmehr zur individuellen Zukunftsgestaltung. Karriereleiter für kaum links politisierte Smarties wie Matthias Berninger oder Carsten Schneider. Staatssekretärsjobs, wie sie Hans Martin Bury oder ehemals Cornelia Yzer bekamen, sind die glänzenden Möhren, die die Parteispitze den Jährlingen vor die Nüstern hält, um sie in die eigene Richtung zu locken. Die Jusos und das grüne Jugendbündnis sind (noch) herzerfrischende Altertümchen aus politischeren Zeiten.

Von Weizsäcker identifizierte die Parteizentralen als mächtigste, die Gewaltenteilung aufhebende Institutionen – während es im Grundgesetz über Parteien nur heißt, sie wirkten an der politischen Meinungsbildung mit. Entscheidungen des Parlaments sind Ergebnis des – in der Verfassung nicht erwähnten – Fraktionszwangs, der den Bundestag zu einer der autoritärsten Veranstaltungen dieser Republik macht. Jan Philipp Reemtsma kritisierte bei der Verleihung des Demokratiepreises an Daniel Goldhagen mit Blick auf die Vätergeneration die »Bereitschaft zum Freispruch von der Notwendigkeit, persönlich Konsequenzen zu ziehen«. Im Bundestag grassiert solche Bereitschaft. Fatalerweise verzeiht auch der überwiegende Teil der Öffentlichkeit Parlamentariern ihre Unmündigkeit als menschlich. Eine Gewissensentscheidung, die womöglich bei der nächsten Wahl den sicheren Listenplatz kosten würde, halten nur wenige Bürger für zumutbar.

Demokratie verkürzt sich zum Institutionensystem, hinter dem sich informelle Zirkel verbergen. Ernsthafte Diskussionen über Verantwortung in der Demokratie werden tunlichst gemieden, beziehungsweise zur Sprachschablone entwertet wie beim Kriegsparteitag der SPD im Frühjahr 1999. Die verbreitete Bereitschaft von Parlamentariern zum Opportunismus – lieber die Arbeitsplätze der anderen unterminieren oder Öko-Ressourcen verschleudern, als den eigenen Arbeitsplatz gefährden – ist aber weit problematischer als das Diäten- und Altersversorgungsproblem, an dem sich der Ärger der Öffentlichkeit entzündet. Da sich die Abgeordneten bei Abstimmungen wie willige Herdentiere verhalten, könnte ein Kabarettist jedoch fragen, weshalb sie die Diäten bekommen – und nicht die Parteizentralen.

Es gibt ein »Recht des Menschen auf Freiheit und Moral« sagte Reemtsma. Fragt sich, wie Koalitionsabgeordnete und Minister, die dieses Recht spießbürgerlich-feige preisgeben, den Vorwurf, Ausführende einer Statthalter-Demokratie zu sein, zurückweisen wollen. Möglicherweise hockt derzeit nirgendwo ein so hoher Prozentsatz von »willenlosen Exekutoren« (Reemtsma über Teile der Wehrmacht), die ihre Hand auf Befehl ihrer Führung heben, wie in den Bonn/Berliner Parlamentssesseln. Gegensteuern könnte man diesem Verfall durch eine Stärkung plebiszitärer Elemente. Ein Weg dazu führt nach Karlsruhe, denn der Parlamentarische Rat wollte, falls Deutschland jemals wiedervereinigt werden sollte, eine Volksabstimmung über eine neue Verfassung. Sie wurde dem Souverän seit dem Fall der Mauer vorenthalten – die Mitglieder der Verfassungskommission entstammten dem Bundestag und den Ländervertretungen, nicht der außerparlamentarischen Gesellschaftswelt.

Weshalb stimmten, obwohl es so viele ParlamentarierInnen gab, die gegen den Krieg waren, Artikel schrieben und auf Podiumsdiskussionen auftraten, so wenig Parlamentarier gegen den Krieg und die Vorratsbeschlüsse? Am 16. Oktober 1998 (Luftstreitkräfte) stimmten 62 (von 580) Abgeordnete gegen den Krieg, 18 enthielten sich – darunter acht Grüne und sieben von der SPD. Zu denen, die sich enthielten, gehörten Ludger Volmer, Hermann Scheer, Christian Sterzing und Winni Nachtwei. – Als am 13. November der Bundestag nochmals über die »deutsche Beteiligung an der NATO-Luftüberwachungsoperation über dem Kosovo« abstimmte, votierte von den Kriegsgegnern der SPD nur noch Uwe Hiksch mit Nein, sechs enthielten sich, darunter Andrea Nahles. Hermann Scheer, Detlev von Larcher und Sigrid Skarpelis-Sperk stimmten sogar zu. Aber nicht der wegen der Finanzpolitik Eichels inzwischen aus der SPD ausgetretene Hiksch, sondern Hermann Scheer war innerparteilich der engagierteste Gegner Schröders in der Kriegsfrage. Kein SPD-Abgeordneter hatte wie er sein Abgeordnetenmandat genutzt, um für Alternativen zu kämpfen. Ähnlich bei den Grünen: Ein »Nein« (Monika Knoche) bei vier Enthaltungen (u. a. Annelie Buntenbach und Hans-Christian Ströbele). Nicht Knoche, sondern Buntenbach und Ströbele hatten den innerparteilichen und den öffentlichen Widerstand gegen den Krieg organisiert. – Am 25. Februar (Vorratsbeschluß für die Entsendung von Bodentruppen nach Mazedonien) gab es nur 41 Nein-Stimmen (von 604) und zehn Enthaltungen. Die Nein-Stimmen der SPD stammten von Klaus Barthel und Uwe Hiksch, die der Grünen von Monika Knoche, Annelie Buntenbach, Steffi Lemke, Christian Simmert und Christian Ströbele. Die Koalition brachte es trotz zahlreicher Kriegsgegner nur auf sieben Nein und sieben Enthaltungen.

Der Fraktionszwang (offiziell: Fraktionsdisziplin) hat die Debatte aus dem Bundestag heraus ins Exil gedrängt und die Abstimmung entwertet. Letztlich stimmen nicht die Abgeordneten zu einzelnen Gesetzen oder Maßnahmen ab, sondern das Bundestagswahlergebnis präjudiziert alle Entscheidungen der kommenden Legislaturperiode (soweit der Bundesrat nicht betroffen bzw. eine Verfassungsänderung geplant ist). Die spannenden Debatten werden vor den Abstimmungen außerhalb des Parlaments geführt: in den Fraktionen, auf zahlreichen öffentlichen Veranstaltungen und in den Medien. Dort kommenden dann auch die Minderheiten zu Wort, falls sie prominente Sprecher haben. Talkshows bieten werbewirksame Auftritte, aber nicht das Niveau, das sich der Parlamentarische Rat einmal für den Bundestag erhoffte. Im Plenum dagegen erhalten den Fraktionsvorständen genehme Redner das Wort für die unter den Fraktionen ausgehandelten Redeminuten. In der Regel ein Vertreter der Parteimeinung und ein sanfter Kritiker; in der Debatte vom 13. November 1998 (deutsche Beteiligung an NATO-Luftüberwachungsoperationen über dem Kosovo) bei der SPD Gernot Erler – statt z. B. Hermann Scheer –, bei den Grünen Angelika Beer – statt z. B. Annelie Buntenbach. Harten Kritikern der Parteilinie bleibt nur die Möglichkeit, ihre Kritik schriftlich zu Protokoll zu geben. In der Debatte vom 13. November mußten dies die Grünen Buntenbach, Knoche, Simmert, Ströbele und Schewe-Gerigk tun.

Noch absurder war die Debatte vom 25. Februar 1999 (Extraction Force): Nachdem mit Außenminister Joseph Fischer bereits ein Vertreter der Grünen in der Exekutive gesprochen hatte, vertrat Realo Helmut Lippelt die grüne Fraktion am Rednerpult. Der Fraktionsvorstand der Grünen verhinderte, daß einer der Kriegsgegner vor der Abstimmung das Wort erhielt. Christian Ströbele konnte lediglich nach der Abstimmung kurz reden – unter Berufung auf § 31 GO, das konnte dann auch der Fraktionsvorstand nicht verhindern. Wieder blieb den Abgeordneten Buntenbach, Knoche, Schewe-Gerigk und Simmert kein anderes Mittel, als ihre abweichende Meinung durch eine schriftliche Erklärung wenigstens im Protokoll festzuhalten. Erst am 15. April – nach 22 Tagen Krieg – gelang es erstmals jemand aus der Gruppe der grünen Pazifisten, sich beim Fraktionsvorstand das Wort für eine Debattenrede zu erkämpfen: Annelie Buntenbach.

Vor der Bevölkerung verteidigt die neue Koalition – im Wissen oder im Gefühl um die eigene Machtlosigkeit – die Reste der eigenen Macht mit einem Popanz um vorgebliche Omnipotenz. Schröders »Wir haben verstanden« signalisiert, er sei in der Lage, die Wünsche der WählerInnen zu befriedigen, es habe nur ein Vermittlungsproblem gegeben. Der Beitrag der Bürger wird von den selbsternannten Managern der Probleme der Bevölkerung scheinbar nicht mehr gebraucht. Politiker spiegeln vor, mit den Stimmen der Wähler könnten sie alle Probleme für die Wähler lösen, sie ihnen abnehmen. Das ist eine demokratieschädigende Re-

Infantilisierung der Bürger. Die Wahlversprechen Schröders, das von ihm gepflegte Image des Machers und Krisenmanagers wirken fatal. Die SPD machte Wahlkampf mit einem Plakat, das vor Helmut Kohls Gesicht eine Maus und einen Computerbildschirm zeigte, dazu die Schrift »Wollen Sie dieses Programm beenden – ja/nein«. Das Plakat deklassierte Politik, also individuelle und kollektive (Über-)Lebensgestaltung, zu einem beliebigen Freizeitangebot oder einer Ware, die man sich per Mausklick beim omnipotenten Anbieter bestellen könne. – Ähnlich kontraproduktiv ist die Art und Weise, wie die Grünen die sogenannte Ökosteuer als »Macher« des ökologischen Umbaus preisen. Auch mit einer Ökosteuer, die diesen Namen verdiente, müßten schließlich die BürgerInnen die Leistung erbringen, ihren Alltag neu zu organisieren, sich mit öffentlichen Verkehrsmitteln zurechtzufinden, andere Elektrogeräte zu kaufen etc.

Schröder übertrifft Helmut Kohl in der Inszenierung von Wahlen, aber auch im Alltagsgeschäft wird Politik bei ihm weit mehr zur Show als bei seinem Vorgänger. Adorno, der 1969 starb und daher weder Präsident Bill Clinton noch Kanzler Gerhard Schröder kannte, ahnte im »Jargon der Eigentlichkeit« die politische Unkultur unserer Zeit voraus: Die Bürger »werden damit getröstet, es sei schon etwas geschehen, wenn sie gemeinsam über das reden, was sie bedrängt. Das Gespräch wird, aus einem Mittel, über etwas sich klar zu werden, zum Selbstzweck und zum Ersatz dessen, was seinem Sinn nach daraus folgen sollte. Der Überschuß im Wort Begegnung, die Suggestion, es ereigne sich bereits etwas Wesenhaftes, wenn Hinbestellte sich unterhalten, hat ebenso jene Täuschung zum Kern wie die Spekulation auf Hilfe im Wort Anliegen«. Das Bündnis für Arbeit und die anderen, demokratisch nicht legitimierten Konsensrunden, in denen dem Kapital mehr Einfluß gegeben wird, als es das Grundgesetz vorsieht, sind neue Spielarten dieser Begegnungen.

Das Volk entwickelt zunehmend Abscheu, weil de facto

wenig Konstruktives geschieht und weil politische Willensbildung als Machtpolitik innerhalb kleiner informeller Zirkel der Parteispitzen betrieben wird, die teilweise auch noch nur über Medien miteinander kommunizieren. Die steigende Zahl von NichtwählerInnen ist einerseits in den schlechten Ergebnissen der Politik begründet, andererseits – wie Vergleiche von Wahlbezirken in Villenvierteln und Armenvierteln belegen – aber auch darin, daß inzwischen mehr als ein Drittel der Wählerschaft wirtschaftlich und sozial derart ins Abseits gedrängt wurde, daß es sich auch an der Demokratie nicht mehr beteiligt. Daß eine Demokratie, die nicht sozial ist, auf Dauer nicht Demokratie bleibt, sondern zur Oligarchie mutiert, wird aber nicht mal thematisiert. Wohin kann dieser doppelte Ausschluß führen? Herbert Marcuse schrieb 1973/74: »Die konturlosen Massen, die heute die Grundlage der US-amerikanischen Demokratie bilden, sind die Vorboten ihrer konservativ-reaktionären wo nicht gar neofaschistischen Tendenzen.« – Betrachtet man das passive Wahlrecht, so ist die Situation noch schlimmer. Nicht nur bei der Frauen- und der infolge des deutschen Staatsbürgerschaftsrechts besonders desaströsen Migranten-Quote. Manchmal wird zwar gefragt, ob es im Bundestag einen Arbeiter gebe. Gar nicht gefragt wird aber, ob ein Erwerbsloser, der nicht Akademiker ist, ein Mandat habe.

Die Mängel des Systems in ihrer Summe und in ihrem Zusammenspiel führen dazu, daß die Gestaltung der Zukunft, die Abwehr von Gefahren nicht gelingt. Das Problem, daß Parteien – von Ausnahmen abgesehen – als Personal Mittelmäßigkeit anziehen und sich außerdem bereitwillig »Sachzwängen« ergeben, führt zu einer parteiübergreifenden »Konsensdiktatur« (Hermann Scheer). Als regierungsfähig gilt, wer (macht-)strukturverfestigend wirkt und technologiefreundlich im Sinne großer Konzerne ist.[3] Ein Zeitgeist wie in Kafkas »Schloß« hat sich unter tatkräftiger Beteiligung der Medien verfestigt: Obwohl nie klare Befehle vom Schloß ausgesprochen wurden, reagiert das Dorf in vorauseilendem Gehorsam mit Unterwerfung und Ausschluß Andersdenkender. Wer sich nach links bewegt oder darauf pocht, dort bleiben zu wollen (z. B. weiter fordert, die Käufer von Benzin müßten – ähnlich wie bei Müll in anderen Aggregatzuständen – auch die durch sie verursachten Umweltschäden zahlen), den trifft die Feme. Die Definitionsmacht für die Freiheit des Denkens und Forderns, für die Bestimmung von struktureller Gewalt und Grenzwerten, blieb schon im 98er Wahlkampf bei der Koalition und ihrem Gefolge. Die Domestizierung Andersdenkender wird innerhalb der ehemaligen Linksparteien zur hehren Pflicht. Der Selbstunterdrückung muß die Unterdrückung derer folgen, die noch die Freiheit behaupten, derer man sich selbst amputiert hat. Denn sie stellen die Notwendigkeit der Unterwerfung und damit das eigene Selbstbild in Frage.

Von der ideologisierten Standortdebatte geleimt, sahen bereits im vergangenen Bundestagswahlkampf auch SPD und Grüne in Unternehmerfreundlichkeit die Einlaßkarte für die Regierungsbank. Dabei mutierten selbst ehemals linke Konzepte wie die Ökosteuer (Einnahmen sollten zur Förderung regenerativer Energien verwandt werden, damit zur Minimierung der Macht der Energiekonzerne) zum rechten Projekt (Entlastung der Arbeitgeber von Sozialleistungen). Auch die Art, wie Grüne und SPD sich der CDU-Sichtweise anpaßten, mit der neuen Volkspartei des Ostens, der PDS, könne man nicht koalieren, war ausgesprochen reaktionär. Im Wahlkampf 1998 wurde nicht über Zukunftsfragen diskutiert, sondern die Hoffnung verbreitet, die »großen Männer« würden es schon richten. Der Wahlkampf war ausgerichtet auf Kohl, Schröder und Fischer, auf sich autoritär gerierende Männer. SPD und vor allem die Grünen gestehen ihren Lichtgestalten durchaus zu, gegen Parteitagsbeschlüsse zu verstoßen, jede Zügelung durch eine demokratische Mehrheit könnte schließlich als Beeinträchtigung der Potenz der »großen Männer« interpretiert werden. Die freundliche Wiederaufnahme Helmut Kohls in die Bundestagsfraktion im

März 2000 folgte dem gleichen Muster. Bei den Grünen wurde Regelverstoß (Dayton-Zustimmung entgegen dem Parteitagsbeschluß, ActOrd-Zustimmung entgegen dem Parteiprogramm und dem Völkerrecht) sogar zum Ausweis von Regierungsfähigkeit. So macht man Demokratie unglaubwürdig. Das Medienzeitalter fördert den Rückschritt zu einer »L'etat c'est moi«-Haltung der Politiker.

Die virilen Lichtgestalten, die Polit-Idole selbst sind so angepaßt wie die, die sie begeistern. Zur Erneuerung kaum fähig. So wollte Schröder gar nicht das Programm Kohls »beenden«, wie es das Wahlplakat suggerierte, sondern er wollte nur eine moderne Version verkaufen. Die Bundestagswahl 1998 hätte, da es erstmals seit 1949 keine in der Regierung verbleibende Partei und damit keine »Erbansprüche« gab, die Möglichkeit geboten, den Ressortzuschnitt der gesellschaftlichen Realität der Jahrtausendwende und den Risiken unserer Zeit anzupassen. Anders als 1949, als Nationen noch über Diplomaten miteinander verkehrten, bestimmen inzwischen die Telekommunikation, G7-Treffen, internationale Konferenzen das politische Geschehen. Das Auswärtige Amt (AA) verliert damit an Bedeutung, schon Anfang der 90er Jahre wurde dazu im AA eine eigene Arbeitsgruppe geschaffen. Die Außenwirtschaftspolitik hat im Zeitalter transnationaler Konzerne und globalitärer Regime einen völlig anderen Charakter. Süßwasserknappheit und Treibhauseffekt sind die zentralen Risiken. Jeder vierte Erdbürger gehört inzwischen zu den absolut Armen. Trotzdem beschloß Rot-Grün nicht, das sogenannte Entwicklungshilfeministerium zum Ministerium für globale Strukturpolitik auszubauen und es in der informellen Hierarchie der Ressorts an die Stelle des Platzhirschs AA zu stellen. Ein Grund (von mehreren): Joseph Fischer wollte unbedingt den Hermelin der vergangenen Epoche. Zeitgemäß wäre gewesen, das AA zur nachgeordneten Behörde eines Ministerium für globale Strukturpolitik zu machen oder es dort zu integrieren. Ebenso beschloß die neue Regierung nicht, das nachsorgende Umweltministerium zu einem Ökologieministerium auszubauen, das die beiden für die CO_2-Reduzierung zentralen Bereiche Verkehr und Bau ebenso umfaßte wie Landwirtschaft und die Zuständigkeit für Wasser, Energie, die Brüsseler Agrarpolitik und Gentechnik. Diese beiden – Ökologieministerium und Ministerium für Globale Strukturpolitik – wären die wichtigsten Ressorts, wenn man Globalisierung, Überlebensrisiken und die Menschenrechte künftiger Generationen ernst nähme. Sie zu schaffen, wäre Modernisierung gewesen. Nicht mal ein Europaministerium oder ein Ministerium zur Neuorientierung einer alternden Gesellschaft wurden geschaffen. Die derzeitige horizontale Struktur (Ausbildung, Arbeitsphase, Rente) ist in einer alternden Gesellschaft nicht fortsetzbar. Eine tragfähige Alternative, nämlich eine vertikale Gliederung, zu entwickeln, in der Lernen, Erwerbsarbeit, Engagement und Freizeit lebenslang integriert gelebt werden können, wäre nur in einem gebündelten Kraftakt der jetzigen Ressorts für Arbeit und Soziales, Gesundheit und Bildung möglich. Auch diese Chance wurde vertan. Stattdessen setzte man neue Köpfe auf alte Ressorts, die man nur nach aktuellen Begehrlichkeiten und Schwergewichten etwas anders zuschnitt (z. B. auf Lafontaines Wünsche im Bereich Wirtschaft und Finanzen).

Die von der gegenwärtigen Demokratie hervorgebrachte politische Klasse traut sich nicht einmal, den tatsächlich Mächtigen gegenüber kritisch zu agieren. Verschuldung zu stoppen mag richtig sein, aber ein Sparpaket auf Kosten der Ärmsten statt auf Kosten der Reichen ist kein Ausweis von Regierungsfähigkeit. Sondern es beweist, daß die »Regierenden« allzu *»vernünftig«* den Interessen der Reichen und der Privilegierten (z. B. Beamte) folgen. Verschuldung im Naturverbrauch zu stoppen ist viel dringender als die monetäre Staatsverschuldung zu begrenzen. Die großen Parteien sind Überbleibsel der sozialen Kämpfe des 19. Jahrhunderts, gefangen im nach wie vor nicht aufgehobenen

Gegensatz zwischen Kapital und Arbeit. Heute gehen aber vom Gegensatz Mensch versus (übernutzter) Natur die Hauptrisiken aus. Notwendig ist eine Politik, die die Interessen künftiger Generationen und der Menschen im Süden gleichberechtigt verfolgt – während die bestehenden Parteien, auch die Grünen, auf den Wohlstand (nicht das Wohlleben) der jetzigen Generationen zielen. Die Parteien in ihrer jetzigen Form sind nicht zukunftsfähig. Die Anwälte nachhaltiger Politik, insbesondere Nichtregierungsorganisationen (NRO), die Interessenvertretungen unserer Zeit, sind aber nicht Teil des in der Verfassung institutionalisierten politischen Systems. Die Grünen, die zu Beginn die gleiche Rolle für die NRO spielten wie die SPD früher für die Gewerkschaften, gleichen sich den anderen Parteien an. Von welcher Perspektive man die Krise der Parteien auch betrachtet, man gelangt immer wieder zum Kern des Problems, nämlich der Tatsache, daß die Demokratie Beute der Parteien ist und die Kanzlermehrheit die Gewaltenteilung aushebelt. Sie hat Exekutive und Bundestag im Griff. Die Kanzlermehrheit bestimmt die Wahl des Bundespräsidenten, die Besetzung der Judikative – und der öffentlich-rechtlichen Medien. Da das Parlament, und damit die stärkste Fraktion bzw. die Koalitionsfraktionen den Kanzler wählen, sind in der Folge Regierung und der größere Teil des Parlaments ein Team: Sie können bei den nächsten Wahlen nur gemeinsam gewinnen oder verlieren. Der Parlamentarische Rat wollte, daß das gesamte Parlament die Regierung kontrolliere, nicht nur die Minderheitsfraktionen, die de facto machtlos sind. Bei Gesetzesvorhaben, Untersuchungsausschüssen, Mittelzuweisung. Dem Wunsch des Parlamentarischen Rats nach echter Gewaltenteilung käme man nur nach, wenn der Kanzler direkt vom Volk gewählt würde. Das könnte die unheilige Allianz zwischen Koalitionsfraktion und Regierung knacken, Exekutive und Legislative trennen. Der Parlamentarische Rat hat eine das unverzichtbare Prinzip der Gewaltenteilung aushebelnde Konstruktion geschaffen. Also müßte man ein

Modell suchen, daß dieses Prinzip verwirklichte. Nichts zu tun gibt die Demokratie den Parteizentralen preis.

Der Parteienkritiker Hans Herbert von Arnim schlug Anfang der 90er Jahre und erneut Anfang 2000 für die Länderebene eine direkte Wahl der Ministerpräsidenten durch das Volk vor und erhoffte sich davon einen auch die Bundesebene demokratisierenden Effekt. Um die Lehrer- und Beamtenparlamente, zu denen sich auch die Landtage entwickelt haben, zu revitalisieren, forderte er außerdem, daß die Parteien nicht mehr feste Listenplätze vergeben können sollten, sondern daß dem Wähler über die Instrumente des Kumulierens und Panaschierens die Möglichkeit gegeben werde, selbst über die Wertigkeit von Abgeordneten zu entscheiden. Außerdem wollte von Arnim die bei einer direkten Wahl des Chefs der Exekutive durch das Volk sinnlos werdende Fünf-Prozent-Klausel abschaffen. Fehlte diese Hürde, könnten kleine Interessenparteien wie »Die Grauen« oder »Die feministische Partei DIE FRAUEN«, könnten Listen von NRO-Vertretern, unabhängigen Wissenschaftlern und engagierten Bürgern in erheblicher Zahl Abgeordnete ins Parlament bringen, die aus der Legislative heraus nicht nur Diskussionen über Alternativen initiieren, sondern auch radikalere Gesetze durchsetzen könnten.

Von Arnim diskutierte diese Vorschläge Anfang der 90er in einem breiten Spektrum von Persönlichkeiten des politischen und öffentlichen Lebens. Bezeichnenderweise sprachen sich damals die Grünen Daniel Cohn-Bendit und Antje Vollmer gegen die Abschaffung der Fünf-Prozent-Klausel aus. Kein Wunder. Denn ihr verdanken die Grünen ihre Präsenz im Parlament. Gäbe es diese Hürde nicht mehr, würden ihre heutigen und ihre enttäuschten WählerInnen sofort VertreterInnen von NRO ins Parlament wählen statt Grüne.

Immer wieder wird gegen eine Direktwahl des Kanzlers das Argument angeführt, das Ergebnis seien amerikanische Wahlen, bei denen nur das Image, die Show und die Zahlungskräftigkeit der Sponsoren zählten. Aber amerikanisieren sich denn nicht auch ohne Direktwahl unübersehbar die Wahlkämpfe? Dieser Trend ist kaum abwendbar. Die Frage ist vielmehr, ob man wenigstens die Legislative davor schützen kann, ob man die Wahl der gesetzgebenden Versammlung wieder aufwerten kann. Was derzeit unter »Bundestagswahl« firmiert, ist doch de facto eine – immer mehr nach amerikanischem Muster verlaufende – Kanzlerwahl, deren bloßes Anhängsel die Wahl der Legislative ist.

Hinzu kommt, daß auch die zweite Kammer, der Bundesrat, weitgehend von den Parteizentralen für die eigenen Zwecke instrumentalisiert wird. Der Bundesrat war in den letzten drei Jahrzehnten 20 Jahre in den Händen der Opposition; er ist keinesfalls Anwalt des Föderalismus, sondern das Instrument, mit dem die Koalition am wirkungsvollsten blockiert oder zu einer Veränderung ihrer Gesetzesvorlagen gezwungen werden kann. Mitglied sind die Ministerpräsidenten, nicht vom Volk gewählte Repräsentanten (Senatsmodell). Die stärkste Oppositionskraft betrachtet Politik ebenfalls aus der Perspektive der Exekutive – der Bürger und seine Grundrechte fallen daher leicht dieser großen Koaliton zum Opfer. Die Ministerpräsidenten sind zumeist auch Mitglied des Parteipräsidiums, womit sich der Kreis zu den Parteizentralen wieder schließt.

Richard von Weizsäcker forderte in Reaktion auf den Machtmißbrauch Helmut Kohls eine zeitliche Beschränkung der mit Macht verbundenen Mandate, vor allem »ein vernünftiges Zeitmaß im Amt eines Parteivorsitzenden. Dies ist ja gerade die Lehre aus dem, was Kohl erkannt und praktiziert hat, daß es die Herrschaft der eigenen Partei ist, die die entscheidende Chance zur Macht bietet.«[4] Die Grünen, die in ihren Anfangsjahren genau dieser Machtkonzentration durch das Rotationsprinzip und durch die Trennung von Amt und Mandat vorbeugen wollten, schafften schon nach wenigen Jahren im Bundestags das Rotationsprinzip ab. Dann drängte Joseph Fischer mit allen Mitteln zu einer Strukturreform, die die Trennung von Amt und Mandat aufheben sollte. Die Karlsruher Bundesdelegiertenkonferenz Mitte März 2000 widersetzte sich jedoch den Plänen Fischers, *»erwachsen«* und *»vernünftig«* zu werden.

Hätte Deutschland auf Bundesebene eine Gewaltenteilung und ein autonomes Parlament gehabt, wäre es der Regierung wahrscheinlich nicht geglückt, die Kriegsteilnahme durchzusetzen. Die These, Demokratien führten keinen Krieg, steht vielleicht nach wie vor im Raum, jedenfalls wenn man so konsequent ist, eine auf Zeit gewählte Parteiendiktatur nicht mit dem Wort »Demokratie« schönzureden.

Gibt es Möglichkeiten, die Demokratie so zu reformieren, daß sie fähig wird, das zentrale Problem des Überlebens anzupacken? Der Ökozid rückt näher und näher, der UNEP-Bericht vom September 1999 verweist auf dramatische Veränderungen.

Jens Reich forderte Anfang 1995 einen unabhängigen, von Wissenschaftlern besetzten Ökologischen Rat, der unbelästigt von Wahlen jeweils über einen Zeitraum von mindestens zehn bis fünfzehn Jahren die Rechte künftiger Generationen gegen die Parlamentarier vertreten sollte. Reich forderte, daß dieser Rat sowohl selbst Gesetzesinitiativen starten als auch ein Vetorecht besitzen und Ge- und Verbote aussprechen können solle.

Vom Blickwinkel demokratischer Rechte gesehen, wäre das eine Diktatur, eine Ökodiktatur. Zwar sollte unbedingt diskutiert werden, ob Parlamente und Regierungen, die mit lauter Einzelentscheidungen den Weg in den ökologischen Untergang zementieren, Unrechtsregime sind, die es im Sinne eines stellvertretenden Notwehrrechts zu entmachten gilt. Dennoch ist die Frage, ob ein solcher Rat der Ökoweisen das geeignete Mittel wäre, den Ökozid abzuwenden. Denn wer würde über die Besetzung des Rates entscheiden? Wer könnte gewährleisten, daß diese Personen, auf die sich sofort alle Anstrengungen der Lobbyisten konzentrieren würden, unbestechlicher und unabhängiger Anwalt des Überlebens blieben? Die Konzentration der tatsächlichen Macht bei einigen Vertretern der Wirtschaft, insbesondere im Bereich der Energiewirtschaft, der Informationstechnologien und der Medien wird durch einen Ökologischen Rat keinesfalls beendet und durch ein zukunftsfähigeres Konzept ersetzt.

An dieser die Demokratie aushebelnden Machtverteilung ändert auch Mohssen Massarats Empfehlung nichts, neben Bundestag und Bundesrat dritte, von Nichtregierungsorganisationen zu besetzende Kammern einzurichten, die alle vier Jahre neu zu besetzen seien. Dies sei notwendig, da Parteien, auch die Grünen, einen Mix aus verschiedenen Themen vertreten, während NRO sich ganz auf die Durchsetzung ihres jeweiligen Ziels konzentrieren. NRO erfahren legitimierende Zustimmung aus der Bevölkerung gerade wegen dieser Fokussierung, während Parteien aus vielerlei Gründen gewählt werden. Obwohl es in Deutschland eine Mehrheit für den Atomausstieg gibt, erhielten die Grünen bei Wahlen nie die absolute Mehrheit. Massarats Vorschlag ist unter demokratischen Gesichtspunkten weit besser als Reichs, da er auf Demokratie von unten statt auf Kontrolle von oben setzt. Er installiert die progressiven Interessenvertretungen der Konflikte unseres und des kommenden Jahrhunderts im parlamentarischen Raum selbst.

Etwas Neues hinzufügen – oder das Bestehende reformieren? Ökorat, Dritte Kammern, aber auch Mediationsverfahren etc. sind allesamt Lösungen der End-of-Pipe-Mentalität. Auch ein verbessertes Klagerecht. Obwohl eine gerichtlich einklagbare, im Grundgesetz verankerte Verpflichtung des Staates, die natürlichen Lebensgrundlagen für »nachrükkende« Generationen so zu schützen, daß die volle Regenerationsfähigkeit gesichert wird, höchst sinnvoll ist. Aber weder Ökologie noch Demokratie ist über solche End-of-Pipe-Maßnahmen realisierbar. Das Volk, Wissenschaftler, NRO etc., würden zu Aufpassern der Regierung. Zu kurz greift auch die aktuelle Initiative der Bundestagsabgeordneten Marion Caspers-Merk (SPD) und Winfried Hermann

(Bündnis 90/Die Grünen), einen Nachhaltigkeitsrat zu schaffen. Denn er führt zwar viele Bereiche zusammen, ist aber bei der Regierung nur *beratend* tätig. Eine Übertragung des von Arnimschen Modells auf die Bundesebene hätte, wenn sie gelänge, mehr Durchsetzungskraft. Wahrscheinlich würde jedoch derzeit die dafür nötige $^2/_3$-Mehrheit an den Interessen der Parteizentralen scheitern. Von Arnim allerdings erhofft sich von Volksbegehren und Volksentscheiden auf Länderebene neue Impulse, offenere Einstellungen auch für die Bundesebene.[5]

Während all diese Reformvorschläge bei den Repräsentanten ansetzen, eröffnen sich ganz andere Perspektiven, wenn man bei der realen Machtverteilung ansetzt. Hermann Scheer, Träger des Alternativen Nobelpreises 1999, beschreibt – auf der Suche nach einem Einstieg ins solare Zeitalter[6] – eine realisierbare Gesellschaftsveränderung, auf der man aufbauen könnte. Scheer fordert auf, die fossilen Machtketten zu sprengen, indem konsequent individuelle und regionale Nutzungsmöglichkeiten für erneuerbare Energien wahrgenommen werden. Wie dorthin zu gelangen ist, stellt der Autor technisch-wissenschaftlich und politisch dar, wobei auch der Aspekt neuer Erwerbsarbeitsplätze einbezogen ist. Was aus ökologischen Gründen dringendst geboten ist, böte zugleich eine wichtige Voraussetzung für die Regeneration der Demokratie, denn Scheers Strategie entmächtigte eine alles erdrückende Macht, die Energiekonzerne. Sie schüfe damit einen von deren Herrschaft freien Raum (es blieben allerdings einige andere Machtkomplexe, aber der Energiekomplex ist der elementare). Scheers Konzept macht die Regionen zu funktionierenden gesellschaftlich-wirtschaftlichen Einheiten mit eigenen Kreisläufen. Dieser Wandel durch vielfältiges Handeln würde Identität und Unabhängigkeit, weitgehende Autarkie schaffen. Energie, der Dreh- und Angelpunkt einer industriellen und nachindustriellen Gesellschaft, würde zur Basis der Unabhängigkeit, statt die Schlinge der Abhängigkeit zu sein. Wenn die Erde überleben soll, gibt es zu Scheers Konzept bisher keine Alternative.

Auf der Basis dieser Neustrukturierung könnte der Egoismus der Menschen (»Aber nicht vor meiner Haustür«) für die Vertretung der Interessen künftiger Generationen zum Nutzen werden, denn: Jedes Projekt braucht zur Realisierung einen Ort. Die erstarkten Regionen könnten sich ein Vetorecht ertrotzen, daß auf ihrem Land kein Projekt gegen ihren Willen realisiert werden dürfte. Ein solches Instrument würde zwar gewiß nicht jede zukunftsfeindliche, spätere Generationen übervorteilende Entscheidung verhindern, aber sicher einen sehr großen Teil.

Da Ökologie, die bisher für viele den Beigeschmack von Strafgeldern hat, innerhalb des solaren Umbaus als Gewinn an Lebensqualität und Unabhängigkeit erlebt würde, kann man durchaus auf das Urteilsvermögen der Bürger bei solchen Plebisziten vertrauen. – Die Alpenschutzinitiative des Schweizer Volks, das die Politik erheblich unter Druck setzt, zeigt, daß Bürger nicht Politikern hinterherhinken. Das Politikerargument, Ökologie sei nicht zu vermitteln, ist falsch. Das Schweizer Beispiel offenbart zugleich, wie sehr eine Demokratie des demokratischen Engagements der Bürger bedarf. In Deutschland mißtraut man ihnen aber, versucht, sie von der Politik fernzuhalten.

Zentral ist für eine zukunftsfähige, sich dem Überleben widmende Demokratie ein Paradigmenwechsel in allen Bereichen der Bildung, nicht zuletzt in der Erwachsenenbildung. Eine Auseinandersetzung mit der eigenen Lebensperspektive, eine konsequente Erziehung zum globalen Überleben muß an die Stelle eingelagerten »Bankierswissens« (Paolo Freire)[7] treten. Daß Parteienstaat und Demokratie sich derzeit als so untauglich erweisen, eine ökologisch vertretbare Wirtschafts- und Lebensweise zu fundieren, liegt wesentlich auch darin begründet, daß Wähler und Gewählte eine Bildung erfahren haben und immer noch erfahren, die sie mit Fachwissen vollstopft(e) oder ihnen vorgebliche Schlüsselqualifikation ohne Ziel vermittelt(e). Ohne begreifbar zu machen, daß Ziel allen Lernens nicht allein ist, im Wettbewerb zu bestehen, sondern auch Überleben und Leben für alle sicherzustellen. Trotz Computerkursen und anderem scheinbar modernen Schnickschnack der Lernmedien und -methoden ist Bildung vergangenheitsorientiert: Sie dient der Einpassung ins bestehende System. Ihr Ziel ist nicht abgeleitet von den Risiken der Gegenwart und Zukunft.

Das technologische Zeitalter verstärkt die Wirkung der Bankiersbildung noch, denn es unterwirft die Menschen den Apparaturen (Arbeitszeiten richten sich nach Maschinenlaufzeiten etc.). Wer bespielsweise den Nutzen, den Zeitgewinn eines Computers abschöpfen will, muß sich in der Bedienung der Funktionsweise des Computers anpassen, schrittweise und sehr diszipliniert in einer vorgebenen Reihenfolge aus vorhandenen Menüs auswählen. Auch so wird Technik zum Weltzustand: Ein Computernutzer muß sich *»vernünftig«* verhalten, er kann nicht mehrere Schritte überspringen, und er kann keine nicht vorgesehenen Wünsche an den Computer äußern. Sie werden ihm verweigert. Das Programm ist die Welt des Möglichen, *in* diesem *Rahmen* muß man *bleiben.* Insofern ist der Computer eine Erziehungsinstanz, die die bürgerliche Familie als Agent der Gesellschaft an Effektivität weit übertrifft. Den fantastischen Visualisierungs- und Kommunikationsmöglichkeiten von Computern zum Trotz: Sie machen Menschen windschief und rauben ihnen das Vertrauen, unbotmäßiges Verhalten könne sich lohnen, es sei möglich, nach den Sternen zu greifen. Computer sind Mitverursacher der Regression des überlebensfähigen Individuums.

Man könnte den Bildungsauftrag von Schulen, Erwachsenenbildungseinrichtungen und Medien klar und mit wenigen Worten benennen: die Menschen zu befähigen, den Ökozid abzuwenden. Es gibt derzeit nichts Wichtigeres, als den Planeten als Lebensgrundlage für alle zu erhalten. Daß die Vorstellung, dies schaffen zu können, so unrealistisch klingt, verweist nicht auf einen utopischen Charakter dieser Idee, sondern auf die Vorherrschaft von Interessenvertretern, die die Verwirklichung dieser Vorstellung verhindern.

Gerade weil das in Schulen und Universitäten vermittelte Bankierswissen von der Lebenssituation des Lernenden wegführt zu Disziplinen und Themen, erscheint es auch der Politik normal, gewohnt, sich mit Themen zu beschäftigen – statt die unterdrückte Angst der Menschen vor dem ökologischen Kollaps und dessen reales Näherrücken zum Ausgangspunkt allen Handelns zu machen. Fortgeschrittenen Industriegesellschaften eigen ist der nicht-terroristische, demokratische Verfall der Freiheit: Es gibt nur noch eine effiziente, reibungslose, *»vernünftige«* Unfreiheit, die ihre Wurzeln im technischen Fortschritt selbst zu haben scheint. Marcuse spricht in Anlehnung an Freud vom Todestrieb, der als bestimmendes Prinzip den bürgerlich-repräsentativen Demokratien innewohne, die den Kapitalismus schützen, domestizieren, aber auch verschleiern. Den fortgeschrittenen Industriegesellschaften gelänge es, die ihr innewohnenden oppositionellen Kräfte in Schach zu halten, aus Gegnern Verteidiger des Status quo zu machen. Die Grünen, noch nicht gegründet, als Marcuse diese Gedanken niederschrieb,[8] sind das Paradebeispiel für die Richtigkeit seiner These. Marcuse sieht den Ausweg im Wechsel der Perspektive, man müsse die Dinge aus ihrer künstlichen Isolierung (ihrem *»Rahmen«*, S. C.) herausholen, sie in einen weiteren Zusammenhang stellen, dann verlören sie ihre vorgebliche Plausibilität. Begriffe wie »gesellschaftlich notwendig« und »gesellschaftlich überflüssig« erhielten dann einen anderen Inhalt. Eine Re-Vitalisierung der Vernunft und der Demokratie braucht als Basis die Abkehr von und Alternativen zur »Bankiersbildung«, d. h. eine kulturelle Revolution, die Freiheit als Akte der Befreiung aus Bevormundung definiert.

1 Das Bild vom »Trampolin« stammt von Bodo Hombach/Gerhard Schröder, die damit aber, die Wirklichkeit ins Gegenteil verkehrend, das soziale Netz bezeichnen, das Erwerbslose und Arme in den Kreis der Erwerbstätigen katapultieren soll.

2 Richard von Weizsäcker im Gespräch mit Gunter Hofmann und Werner A. Perger. Frankfurt a. M. 1992.

3 Das neutrale Wort »technologiefreundlich« wird zu einem ideologischen Begriff. Nicht einbezogen sind nämlich Befürworter von z. B. Windkraft- oder Solaranlagen, Technologien, die den Verbraucher unabhängig oder in speziellen Bereichen autark machen.

4 Richard von Weizsäcker, Macht, Ehre, Recht. In: FAZ 28. 1. 2000.

5 Hans Herbert von Arnim: Wie die politische Klasse ihre Schlüsselstellung nutzt. In: Frankfurter Rundschau, Dokumentation, 25. 2. 2000.

6 Hermann Scheer, Solare Weltwirtschaft. München 1999.

7 Paolo Freire, Pädagogik der Unterdrückten. Hamburg 1993.

8 Herbert Marcuse, Das Problem des sozialen Wandels in der technologischen Gesellschaft. In: ders., Nachgelassene Schriften; das Manuskript ist auf den 28. 4. 1961 datiert.

Personenregister

Die Autoren

Stefanie Christmann
Jg. 1959, Studium der Germanistik u. Geschichte in Bonn, 1989 Promotion, 1990 Invalid's Association of Nazi Persecution in Tel Aviv (vertritt Holocaust-Überlebende in Entschädigungsfragen vor deutschen Gerichten), 1991 bis Juni 1994 Referentin im Planungsstab des Bundespräsidialamtes, anschließend von der EU geförderter Studienaufenthalt in Eritrea, seit Juli 1996 Parlaments-Korrespondentin der Wochenzeitung »Freitag«, seit 1995 Vorsitzende der Esel-Initiative e. V. (Hilfe zur Selbsthilfe für alleinerziehende eritreische Landfrauen; www.esel-initiative.de).

Publikationen: Auf der Suche nach dem verhinderten Subjekt. Zeitgenössische DDR-Prosa über Faschismus im Licht der Frankfurter Schule. Würzburg 1990; Eritrea. Kronshagen 1995; Die Freiheit haben wir nicht von den Männern. Frauen in Eritrea. Bad Honnef 1996.

Dieter S. Lutz
Jg. 1949, Studium der Politik- und Rechtswissenschaft in Tübingen, Zürich, Den Haag, London, 1976–1994 stellvertretender Wissenschaftlicher Direktor des Instituts für Friedensforschung und Sicherheitspolitik an der Universität Hamburg, dann Stiftungsvorstand des IFSH, seit 1993 Privatdozent für Politikwissenschaft an der Universität Hamburg, seit 1998 Honorarprofessor in Kiel.

Mehr als 550 Veröffentlichungen, darunter 55 Bücher zu friedens- und rechtswissenschaftlichen Fragestellungen im In- und Ausland, Begründer der wissenschaftlichen Buchreihe »Demokratie, Sicherheit, Frieden«, die seit 1975 im Nomos-Verlag erscheint, Begründer und Herausgeber der »Vierteljahresschrift für Sicherheit und Frieden« (seit 1983), Begründer des OSZE-Jahrbuches (erscheint seit 1995 in dt., engl. und russ. Sprache)

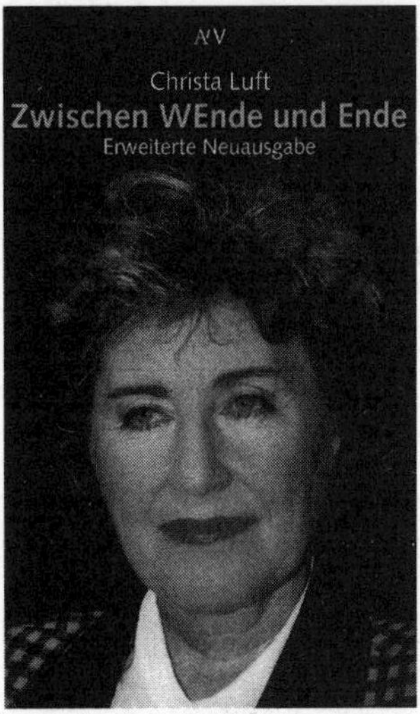

Christa Luft

Zwischen WEnde und Ende

Reminiszenzen einer Zeitzeugin

Erweiterte Neuausgabe

306 Seiten
Band 7021
ISBN 3-7466-7021-7

Für die Neuauflage dieses Buches hat Christa Luft ein subtiles Resümee des vergangenen Jahrzehnts geschrieben. Sie mißt die Zusagen westdeutscher Politiker an den Realitäten, wundert sich über manche Weggefährten und Gesprächspartner von damals und erzählt von eigenen Mühen, Niederlagen und Erfolgen als PDS-Abgeordnete. Über der anekdoten- und faktenreichen Bilanz ihrer Arbeit im Bundestag seit 1994 steht das Motto: Es gibt immer Alternativen.

Mit »Zwischen WEnde und Ende« ist Christa Luft »weit mehr gelungen als ein fesselnd zu lesender Erlebnisbericht einer Augenzeugin. Dieses Buch ist zugleich ein konstruktiver Beitrag zum Thema ›Nachdenken über Deutschland‹, der nach vorn weist und den so notwendigen wie schwierigen Integrationsprozeß der Deutschen in ihrem neuen ›Bund‹ befördern kann und soll.«

Freie Presse

AtV

Aufbau Taschenbuch Verlag

Wolfang Engler

Die Ostdeutschen

Kunde
von einem verlorenen Land

348 Seiten, Gebunden
ISBN 3-351-02490-8

Gleichheit aufgrund von Eigentumslosigkeit war das Signum der ostdeutschen Gesellschaft. Sie verband die Menschen miteinander und sicherte ihnen zugleich ein hohes Maß an ökonomischer Unabhängigkeit. Wolfgang Engler zeigt in seinem perspektivreichen Rückblick, wie entscheidend diese Faktoren Verstand, Gefühl, Handeln und sämtliche Eigenheiten von drei politischen Generationen geprägt haben. Lebendig, präzise und ohne Ressentiment schildert er, wie sich Arbeiter, Künstler, Intellektuelle und Funktionäre in neuen Häusern und Städten einrichteten, weshalb ihr Sinn für die Moderne verkümmerte, warum Regierende wie die Masse der Regierenden aus vielen Krisen wenig lernten, die Wirtschaftsreformen scheiterten und der gesellschaftliche Aufbruch in den sechziger Jahren versandete.

Ein intellektuelles Fest: Die erste Mentalitätsgeschichte der Ostdeutschen.

Aufbau-Verlag

Karl Georg Zinn

Sozialstaat in der Krise

Zur Rettung eines Jahrhundertprojekts

118 Seiten
Band 8528
ISBN 3-7466-8528-1

Karl Georg Zinns Analyse der modernen Industriegesellschaften widerlegt die weitverbreitete Ansicht, der Sozialstaat sei in Zeiten der Stagnation des kapitalistischen Marktsystems nicht mehr zu finanzieren. Für den Volkswirtschaftler und Autor erfolgreicher Bücher u.a. über die Soziale Marktwirtschaft steht nicht die Restauration, sondern die Reform des Kapitalismus auf der Tagesordnung. Seine Vorschläge zu einer wirtschafts- und sozialpolitischen Krisentherapie basieren auf dem Abbau der seit mehr als zwei Jahrzehnten steigenden Massenarbeitslosigkeit. Er zeigt, daß bei sachgerechter Organisation und entsprechender Produktion und Verteilung das erreichte Sozialniveau gesichert und die öffentlichen Haushalte saniert werden können.